课程、学习与技术前沿系列教材

教育学中的数据科学

欧阳璠　主编

ZHEJIANG UNIVERSITY PRESS
浙江大学出版社
·杭州·

图书在版编目（CIP）数据

教育学中的数据科学 / 欧阳璠主编. -- 杭州 ： 浙江大学出版社，2024.11

ISBN 978-7-308-24787-0

Ⅰ．①教… Ⅱ．①欧… Ⅲ．①教育研究－数据处理 Ⅳ．①G40-03

中国国家版本馆 CIP 数据核字（2024）第 068197 号

教育学中的数据科学
JIAOYUXUE ZHONG DE SHUJU KEXUE

欧阳璠　主编

策划编辑	黄娟琴　李　晨
责任编辑	高士吟
责任校对	郑成业
封面设计	周　灵
出版发行	浙江大学出版社
	（杭州市天目山路148号　邮政编码310007）
	（网址：http://www.zjupress.com）
排　　版	杭州林智广告有限公司
印　　刷	杭州高腾印务有限公司
开　　本	787mm×1092mm　1/16
印　　张	13.75
字　　数	323千
版 印 次	2024年11月第1版　2024年11月第1次印刷
书　　号	ISBN 978-7-308-24787-0
定　　价	49.80元

总　序

课程、学习与技术前沿系列教材共 11 册，由浙江大学教育学院课程与学习科学系的十余位老师编写。该系列教材的内容涉及课程与教学论、教育技术学、学习科学、脑科学等多个学科领域，具有前沿、多元、交叉等特点。

由课程教学论专业盛群力教授担任主编的《教学设计——学与教的模式》将面向课堂探讨教学设计理论和程序、帮助学习者更有效地进行课堂学习作为全书核心，以学习过程研究的理论为依据，探究教学活动的有效性，突出学与教过程的统一；以学习结果分类理论为依据，讨论教学策略的选择运用，强调教学目标、教学过程和教学评价三者的一致性。

由课程教学论专业刘正伟教授担任主编的《语文课程、教材与教学国际比较研究》对 21 世纪以来发达国家母语课程、教材及教学改革进行了比较研究，阐述了数字化时代国际母语教育形成的共同理念、教学模式，以及教学传统与个性特色。

由课程教学论专业刘徽教授担任主编的《课堂问答的智慧与艺术》与教师课堂问答实践中的真实困惑和现存问题紧密对接，从什么是有效的课堂问答、怎样设计好的问题、怎样提问、怎样解答、怎样教会学生提问五大方面全方位解答了"如何构建促进学生深度思考的课堂回答"。

由课程教学论专业刘徽教授担任主编的《走向深度的合作学习》基于对合作学习在教学实践中重要作用的深思，立足于对合作学习内涵、定义、机制等的深入探讨，围绕合作学习的小组构建、策略方法、课堂实施、评价方式等全面阐述了"如何设计促进学生深度思考的合作学习"。

由教育技术学专业李艳教授和百人计划研究员陈娟娟博士所著的《学习科学与技术》重点介绍了学习科学与技术领域的基本概念和国内外现状，具体内容包括学习科学的基础、教与学中的技术、多媒体学习理论、学习科学方法论、学习设计与学习工程、计算机支持的协作学习、学习评估以及未来的学习。

由课程教学论专业屠莉娅副教授担任主编的《创意课程与学习》聚焦当前课程与学习改革的新理论、新实践与新策略，以素养导向下重构知识与超越学科的学习、非认知性学习和环境、媒介与学习变革为主要模块与主题，分析当前课程与学习变革的繁杂的理论和改革新取向，以推动课程与学习转型的实践。

由课程教学论专业何珊云副教授担任主编的《项目化学习的理论与实践》聚焦教与学方式的改革，从概念理解、学习价值、学习过程、核心要素、实践深化等方面，梳理

了项目化学习的理论与发展，呈现了其多样的实践框架，为拔尖创新人才培养提供了有效的落实路径。

由教育技术学专业百人计划研究员耿凤基博士担任主编的《大脑可塑性与教育》融合教育学、心理学和神经科学，解析认知学习的神经机制并将其应用于教学实践。内容包括注意力、记忆、执行控制、思维能力、社会情绪和动机的认知神经基础及其发展规律，并基于此总结了可以通过哪些教育干预策略提升个体的认知学习能力。

由教育技术学专业百人计划研究员欧阳璠博士担任主编的《教育学中的数据科学》介绍了三个教育学中的数据科学的基本应用领域，分别是学习分析、教育数据挖掘和人工智能教育，阐述了这三个领域中的概念、技术、教学和研究应用，以及这三个领域面临的问题和发展趋势，旨在促进数据科学驱动的教育实践及研究。

由教育技术学专业特聘研究员翟雪松博士和教育技术学专业李艳教授担任主编的《智能教育的理论与实践》探讨了人工智能技术与教育教学融合应用的发展与趋势。教材分析了不同历史时期智能技术对教育发展的重要推动价值，并在此基础上分析了利用智能技术进行教育教学的理论基础，以及智慧学习环境、智能教学工具、智能评价等应用维度。

由课程教学论专业百人计划研究员汪靖博士担任主编的《基于核心素养的教学设计与实践》主要围绕核心素养的内涵、框架、要素，以及支持核心素养培养的课程和教学实践展开深入探讨，为"培养什么样的人，如何培养人，为谁培养人"这一系列教育根本问题提供理论依据和实践指导。

感谢本系列教材编写团队的所有人员，他们在教材编写过程中投入了大量的时间和精力。也特别感谢浙江大学本科生院和浙江大学出版社对本系列教材出版的大力支持。

课程、学习与技术前沿系列教材全体作者

于浙江大学紫金港校区

2024 年 8 月 10 日

前 言

我们正处于一个数据爆炸的时代，计算机、互联网、人工智能和5G的发展与应用使得可获取的显式数据呈指数型增长，人类社会已经正式进入大数据时代。数据科学是在大数据背景下产生的新兴跨学科领域，它通过捕捉、分析数据来理解社会中各种现象的本质规律、变化过程和发展趋势，为人类决策提供数据依据。自党的十八大以来，以大数据驱动国家治理成为国家治理体系和治理能力现代化发展的一项重要战略。数据科学对我国生物科技、金融、医疗、教育等学科的发展产生了重要影响，不同的社会组织（如企业、医院、政府、学校）越来越依赖数据科学来解释各种不同的数据并提供可操作的建议，以改善决策结果和提高实践价值。教育领域中的数据科学也逐渐引起了教育学者、研究人员、实践者及开发设计人员的广泛关注，数据科学在教育变革中成为一个不断增长的热点。根据党的二十大报告中加快建设数字中国的系列部署，教育系统将积极深入实施教育数字化战略行动，构建网络化、数字化和个性化的教育体系。数据驱动的教育实践和研究已经成为教育领域中的一个新兴发展方向。其中，深化大数据运用是提高教育数据管理水平、构建全面支持体系、推动教育治理能力优化和教育数字化转型的重要技术驱动力量。尤其是在新冠疫情之后，随着在线学习和混合式学习的迅速发展，我们可以通过技术手段获取学生和教师在在线学习环境（如学习管理系统、慕课、社交媒体和其他支持教学的数字平台）中产生的与教学相关的大量数据。利用数据科学、学习分析技术和数据挖掘将有助于将这些海量数据转化为有意义的、可指导行动的信息，从而为学生、教师和管理者提供反馈，对更高效地指导教育改革、提高教育质量具有重要意义。本教材面向对利用数据科学促进教育感兴趣的读者，提供数据科学在教育领域应用和实践的初步介绍，期望能引导读者进一步探索数据科学促进和改善教育教学的优势、潜力、方法与存在的问题。

大数据时代为教育科学研究注入了无限的生机和活力，学习者产生的海量学习数据为教育研究提供了更深入了解教与学的机会，展示了教育科学研究未来发展的广阔前景。教育领域正面临从粗放型、规模化、经验化向精细化、个性化、智能化的转型。面对海量且多模态的教育数据，仅仅通过小规模的传统数据分析以获得"可操作的信息"是远远不够的。数据驱动下的教育研究同样需要遵循基本的数据科学研究规范，形成数据收集、数据加工和知识应用的迭代循环。这个过程为个性化学习环境的创建提供了数据基础，为教师调整教学决策和精准干预提供了科学参考，并为学习者提供更多观察和反思自我学习的机会。在这种情境下，利益相关方包括教师、学生、管理者、从业人员和数据分析人员等，都需要仔细考虑如何从教学中获取有用的数据、如何利用这些数据客观反映教学和管理过程中的问题，以及如何利用数据及数据分析结果进一步指导教学或管理工作。本教材第一章"教育学中的数据科学概述"将就数据科学概述、基于数据科学的教育研究范式发展、特征和学科演进，以及数据科学在教育中的应用领域三方面进行介绍。第二章"数据处理基本概念及流程"将介绍数据处理的基本概念和流程，具体包括教育数据的类型和特征、教育数据的采集方法，以及数据处理中的数据预处理、数据分析和数据可视化等步骤，旨在为读者进行数据驱动的教育相关研究奠定基础。

目前，数据科学在教育的应用与实践主要包括学习分析、教育数据挖掘与人工智能教育三个领域。这三个领域相互交叉及影响，但又具有不同的侧重点。

首先，学习分析是对学习者及其学习环境的数据进行测量、收集、分析和呈现的过程，目的是更好地理解和优化学习过程及学习环境。学习分析常采用各种分析方法和技术，从学习和教学过程中采集、分析和挖掘学生与教师产生的数据，并提供可视化的分析结果，以辅助教师和学生理解与反思学习行为、过程和结果。学习分析技术涵盖了多种方法，包括社会网络分析、内容分析、话语分析、滞后序列分析、时间序列分析、认知网络分析、过程挖掘和多模态学习分析等。学习分析技术的多样性使教育实践者和研究人员能从多个角度分析教育及学习数据，发现学习者及小组多层次、多维度、多角度的学习特征，从而深入挖掘并解释教育和学习的复杂现象。在考虑使用学习分析技术时，我们也应该持有多样化的思维和视角，挖掘数据中潜在的关联和意义。学习分析领域不仅运用多种分析技术理解学习者、学习过程和学习环境，还注重学习分析的实施及应用，即将学习分析数据应用于教育实践，以促进课堂教与学质量。本教材第三章"学习分析及案例"从理论和实践应用的角度介绍了多种学习分析的原理和实操方法，帮助读者掌握如何运用学习分析方法进行教育实践和研究。第四章"学习分析应用及案例"介绍了不同类型的学习分析工具的开发和应用，并通过具体的教学研究案例详细阐述学习分析工具的开发流程及实证效果。

其次，教育数据挖掘是数据科学蓬勃发展下的新兴教育研究领域，与信息检索、推荐系统、可视化数据分析、社会网络分析、教育心理学、认知心理学、心理测量学等研究领域紧密相关。相较于学习分析，教育数据挖掘更侧重于使用数据挖掘、分析算法和模型建构从大量的教育数据中发现有价值的信息和模式，进而帮助深入理解学习者在学习过程中的潜在学习规律和特征。例如，教育数据挖掘不仅可以帮助学生发现自己的学习特点和学习路径，还可以帮助教师精准调整教学策略，提高教学质量；同时，融合数据挖掘技术的教育管理系统可以为教育管理者提供更加科学、精细的教育决策和服务，推进教育领域的综合改革与均衡发展。作为跨学科的领域，教育数据挖掘常使用传统的数据挖掘方法来解决与教育相关的问题，如使用预测、聚类、分类、预测、关联规则挖掘、多模态建模等数据挖掘技术，以改进学生模型、增强领域模型、开发学习支持技术和支持教育研究。由于教育数据的特殊性，教育数据挖掘方法的选择必须基于教育数据层次性、情境性的特征，以更好地实现了解并改进学生的学习和教育情境的目标。本教材第五章"教育数据挖掘及案例"将分别从理论和实操的角度介绍多种教育数据挖掘方法，帮助读者掌握主要的数据挖掘技术并了解如何综合运用多种数据挖掘方法开展相关教学实践及研究。

数据科学在教育的应用与实践的第三大领域为最新发展的人工智能教育领域，它提倡基于大规模的数据训练集，使用人工智能算法、模型及技术来实现智能化的教学与学习，以变革教育领域的发展。一方面，人工智能技术在教育中应用，可以让教育知识、心理知识和社会知识等以更深入、更微观的方式呈现；另一方面，人工智能可以为高效的学习创造条件，促进教育的开放，使泛在教育和个性化教育成为常态。人工智能教育领域提倡使用人工智能方法和技术，并基于大数据做出自动化、科学化的智能分析、决策，以改善教学过程、学习过程及教育管理过程。其中，机器学习提供了人工智能教育常用的主流算法，例如根据学习策略分为统计机器学习和模拟人脑的深度学习两类，此外，还有各类群体智能算法，例如蚁群算法、粒子群优化算法、遗传算法等。目前，人工智能已以不同形式广泛应用于教育领域中，包括智能学习追踪与测评、智能预测与分析、智能化推荐和智能机器人等。尽管人工智能在教育领域的应用为学习者提供了更多的学习机会和个性化学习方式，但由于人工智能技术本身发展尚未完善、使用者的技术素养参差不齐、社会法律法规的滞后性等因素的综合影响，也引发了一系列伦理风险。我们需要正视人工智能应用于教育所带来的伦理问题和风险，确保人工智能教育的可持续性和公正性，以最大限度发挥人工智能的教育价值。本教材第六章"人工智能教育及其应用"主要围绕人工智能技术在教育场景的方法和应用展开，介绍了人工智能教育常用算法、人工智能教育的实践应用，以及可能面临的风险和挑战。

最后，数据驱动的教育研究仍然存在多方面的挑战和问题。我们可以收集有价值的教育数据，利用已有工具深入了解学习和教学过程的有效性，也可以运用发现的数据规律改善学习和教学。然而，教育过程的复杂性使得促进学习的发展不能仅仅依靠单一或者个别的元素。在考虑运用计算方法和分析工具为学习带来促进效果的同时，也要考虑潜在的威胁和问题：在收集、存储、流动和应用数据的过程中，潜在个人隐私泄露或数据被不当使用的危险，这就存在数据隐私与道德伦理问题；在研究取向上，有可能产生认为数据无所不能的唯数据主义和数据取代理论研究的理论终结论两种极端倾向；在应用成本上，开展数据驱动教育所要求的技术水平和配套系统设备具有扩大不公平的可能性；此外，数据驱动教育研究应用并推广至普遍的课堂教学也需要考虑可拓展性和可解释性的问题。因此，教育研究者需要对道德意识、责任性、研究取向等方面有更深入和全面的理解，有助于释放数据驱动教育研究的全部潜力，并推动该领域进一步健康、持续发展。本教材第七章"数据驱动教育研究的挑战及问题"从数据隐私与道德伦理问题、唯数据主义与理论终结论问题、数字鸿沟与技术壁垒、数据驱动教育研究的可扩展性和可解释问题五个角度出发，阐述了数据驱动教育研究领域面临的挑战，旨在点明未来数据驱动的教育研究和教育实践发展的重点关注方面。

本教材在整体上帮助读者全面理解数据科学驱动的教育研究，主要包括教育学中的

数据科学三个基本应用领域：学习分析、教育数据挖掘和人工智能教育的相关定义概念、技术方法，在教学设计、实践和研究中的应用，以及这三个领域面临的关键问题和未来发展趋势。

由于编写仓促，本教材难免存在诸多不足，读者有任何问题或意见建议都可通过邮箱 *fanouyang@zju.edu.cn* 与作者取得联系。特此感谢吴冕、徐炜奇、张力尹、张宁、郑璐怡、陈思、郭明月、丁英航等同学对本教材成稿所做出的贡献，没有你们的贡献就没有本教材的成稿和出版。我们期待和所有对教育学中的数据科学及相关领域感兴趣的读者进行深入的交流。

欧阳璠

2024 年 7 月

目录

第一章

教育学中的数据科学概述

本章导入 ▶▶▶

第一章学习课件

推进教育数字化，建设全民终身学习的学习型社会、学习型大国是党的二十大报告中建设数字中国系列部署的重要篇章。教育数字化是指将与教育教学有关的"信息"转变为数字形式的过程，即通过计算机、数据科学、人工智能等"数字技术"的介入实现教育教学的数字化、网络化、智能化和个性化。其中，数据充分赋能，是纵深推进教育数字化战略行动的关键，基于数据科学的教育研究成为引领教育领域的变革与发展的重要推动力。数据科学是在大数据背景下产生的新兴跨学科领域，揭示隐藏在大数据中的特征与规律，用来指导不同场景中的决策制定和战略规划。基于数据科学的教育研究正在面临全新的研究范式及研究特征，为大数据环境下的教育实践与研究提供了新颖、高效的方法，也为在线学习、个性化学习、教育管理和教育研究提供科学客观的分析方式及视野。本章就数据科学概述，基于数据科学的教育研究范式发展、特征和学科演进，以及数据科学在教育中的应用领域这三个方面展开论述。

第一节　数据科学概述

进入 21 世纪，随着计算机科学和互联网技术的飞速发展，信息数据急速膨胀，人类社会已经正式开启大数据时代。大数据（big data）是指由人、应用程序和机器产生的大量不同的数据。大数据已经渗透到当今每一个行业领域以及每一个人的生活日常中，成为重要的生产和生活要素。数据化的社会革新不仅为人类带来了认识和改造世界的"数据视角"，而且深刻地改变着人们的生产和生活方式。

党的十八大以来，以大数据驱动国家治理成为国家治理体系和治理能力现代化的重要战略。作为国家治理体系的重要组成部分，教育治理深受影响。2021 年 7 月，教育部等六部门发布了《关于推进教育新型基础设施建设　构建高质量教育支撑体系的指导意见》，提出鼓励发展 5G、大数据、人工智能等新型信息技术以"促进线上线下教育融合发展，推动教育数字转型"；2022 年 2 月，教育部印发《教育部 2022 年工作要点》，提出实施教育数字化战略行动，大力发展"互联网+教育"，创新驱动和技术赋能被提到了新的高度；2022 年 10 月，党的二十大报告指出："推进教育数字化，建设全民终身学

习的学习型社会、学习型大国。"①国家相关政策为推动教育数字化变革提供了政治保障。其中，深化大数据运用是提高教育数据管理水平、构建全面支持体系、推动教育治理能力优化和教育数字化转型的重要技术驱动力量。

数据科学（data science）是在大数据背景下产生的新兴跨学科领域，通过捕捉、分析数据来理解社会中各种现象的本质规律、变化过程和发展趋势，为人类决策提供数据依据。数据科学将数学、统计学、人工智能、机器学习技术等与特定主题的专业知识相结合，强调通过数学和科学的思维、计算推理与推导的方法，揭示隐藏在大数据中的特征与规律，指导不同场景中的决策制定和战略规划。数据科学要求人们能够从现实生活中识别相关问题，然后从不同的数据源中收集数据、组织信息，将数据分析的结果转化为具有可操作性的解决方案。数据科学中的数据运转周期一般包括五个主要阶段（见图1-1）：（1）数据捕获（包括数据采集、数据输入和数据提取）；（2）数据存储（包括数据仓储、数据清理、数据分期、数据处理和数据架构）；（3）数据加工（包括数据挖掘、聚类/分类、数据建模和数据汇总）；（4）数据分析（包括探索性/验证性分析、预测分析、回归分析、文本挖掘和定性分析）；（5）数据沟通（包括数据报告、数据可视化和基于数据的决策）。同时，基于一个周期的数据分析报告结果，又会进行下一轮的周期迭代，以不断提高数据周期运转的精确度与准确性。

图1-1　数据科学中的数据运转周期

随着数据源和数据量的爆炸式增长，数据科学成为发展最快的学科领域之一。目前，数据科学已经广泛应用于不同的领域和学科中，如管理学、经济学、医学、教育学等。不同的社会组织（如企业、医院、政府、学校等）越来越依赖数据科学来解释各种不同的数据并提供可操作的建议，以改善决策结果和提高实用性价值。例如，在管理学领域中，数据科学应用于客户关系的管理，分析客户行为，以管理客户流失和最大化预期客户价值；在经济学领域中，金融从业者使用数据科学进行信用评分和交易，并通过欺诈检测和劳动力管理进行企业运营；在医学领域中，可以从大量医疗保健系统数据中推测和发现某种疾病的病发趋势是否与特定的习惯、饮食、特定类型的药物相关。

---

① 习近平. 高举中国特色社会主义伟大旗帜　为全面建设社会主义现代化国家而团结奋斗——在中国共产党第二十次全国代表大会上的报告 [N]. 人民日报，2022-10-26（1）.

在教育领域中，数据科学也越来越受到大众的关注，成为热点。在不同的教育场景中，教学和学习过程包含丰富的数据，因此教育是一个特别适合数据科学实践的领域，所有教育数据信息都可以被挖掘和分析，以了解和解决长期存在的教育问题。目前，数据科学在教育变革中的潜力在不断增长，特别是教育技术和计算科学领域的研究人员，已经研发了大量关于大数据分析在教育场景中的应用与实践案例，并初步揭示了数据科学在教育应用中的有效性。因此，数据科学可以为教育研究提供处理复杂教育数据所需的结构和原则，支持从数据中提取信息和知识，从而产生高质量的教学和学习效益。

具体而言，教育大数据来源广泛，一般涵盖学习者在面对面学习、在线学习、混合学习或者其他非正式学习过程中产生的数据，如学习者的对话内容、成绩记录、评估结果、在线操作、网络日志、学生个人记录等，甚至包括他们的心理、生理特征（如心率、血压等）数据。此外，教育大数据还包括各个学校及教育机构的数据库系统，这些数据库系统存储了大量关于学生的纵向数据，包括非常具体的学习和教学活动数据。学生留下的数据痕迹可以揭示他们学习中的认知、元认知、情绪、社会关系特征及学习意图、目标等。教育研究人员可以使用这些数据来研究学生在一段时间内的表现模式——从一个学习活动到另一个学习活动，从一个学期到另一个学期，或从一个学年到另一个学年的发展与变化。可以说教育大数据的价值在于通过识别其模式和模式偏差并将数据转化为可用信息。

大数据在教育中的应用主要包括三个用途，即教学、支持学习和教育行政管理。首先，教育大数据允许教师识别与学生学习参与相关的风险因素，并优化学习环境的设计。教师可以使用教育大数据可视化学生的学习路径，了解学生学习过程中的难点和挑战，以便教师更好地开展教学与干预工作。其次，教育大数据为学生提供个性化的支持和学习分析功能，促使学生更好地了解自己的学习过程并提高自我调节能力。最后，除了应用于课堂教学与学习外，数据科学的应用也延伸到教育行政管理中，越来越多的学校管理者和教育决策者正在使用大数据的技术提高他们决策的科学性。在数据科学的背景下，大数据意味着对广泛的教育管理和运营数据的采集、分析与解释，这个过程旨在评估学校和教育机构的绩效，以预测未来的发展，并找出与教学规划、研究和学习相关的潜在问题。

虽然数据科学为教育发展提供了许多机会，但数据科学和教育研究是两个独立的领域，需要不同的技能和知识。数据科学强调统计分析、大数据运算等数学、计算机科学知识，而教育研究具有其自身的研究范式及理论，广泛关注教育的各种现实问题和情境，如学生学习、教学方法、技术增强学习等。要在教育中应用数据科学的方法，涉及使用数据科学技术对教育场景中的大型复杂数据进行收集、分析和解释等问题。因此，在教育中使用数据科学，既需要相关人员拥有足够的数据科学知识，具备熟练使用自动化技术（如人工智能算法、机器学习）和高性能数据库系统（如Hadoop、MapReduce等）的能力，又要具备教育学的知识背景、理论知识和实践经验。总体而言，数据科学已经成为 21 世纪的新兴发展前沿，对当代生活的各方面、各领域影响深远。其中，基于数据科

学的教育研究也成为教育学与数据科学的交叉发展领域，引领教育领域的变革与发展。

第二节　基于数据科学的教育研究

数据科学作为"互联网+"时代教育发展的新引擎，其思维与技术正推动着教育中科学化决策、智能化管理、精准化教研、个性化学习等方面的变革与创新，促使教育从粗放型、规模化、经验化向精细化、个性化、智能化方向转型。因此，相较于传统的教育研究，基于数据科学的教育研究正在面临全新的研究范式变革。

一、数据驱动的教育研究范式

从数据在教育研究中的地位和价值进行审视，不同时期的教育研究中数据的地位导致了研究范式和特征的差异。因此，教育研究及其范式的转变出现了四个主要的阶段，包括经验范式、理论范式、模拟范式与第四范式（见图1-2）。

> 经验范式（18世纪以前）：注重实用性、抽象程度低
>
> 理论范式（18—19世纪）：理论性总结、理论性概括
>
> 模拟范式（20世纪—21世纪初）：侧重因果关系的探究
>
> 第四范式（21世纪至今）：注重大数据样本和分析的效率

图1-2　教育研究及其范式的转变

（1）经验范式：18世纪以前的教育研究以经验范式为主，属于偏重经验事实描述的前数据时代，该阶段的科学研究主要以经验科学为基础，研究方法包括观察、记录、描述、实验、归纳、总结，教育研究特征为注重实用性、抽象程度低。

（2）理论范式：18—19世纪的教育研究以理论范式为主，属于以小规模抽样调查为基础进行理论探究的小数据时代，该阶段的科学研究主要以理论科学为基础，研究方法包括假说检验、模型构建、演绎推理，教育研究特征为注重理论性总结、理论性概括。

（3）模拟范式：20世纪—21世纪初期的教育研究以模拟范式为主，属于以计算机模拟运算追求数据精细化的大数据过渡时期，该阶段的科学研究主要以计算科学为基础，研究方法包括仿真模拟、机器学习、量化学习，教育研究特征为侧重于因果关系的探究。

（4）第四范式：21世纪至今的教育研究以第四范式为主，属于以系统数据为基础，充分而深入挖掘数据内在关系的大数据时代，该阶段的科学研究主要以大数据科学为基础，研究方法包括以云计算、大数据为主的多种数据挖掘方法，教育研究特征为注重大数据样本量及分析的效率。

在教育领域中，大数据科学驱动下的"基于数据"的第四范式正在形成。第四范式

作为一种数据密集型的教育研究范式，其基于数据进行研究问题的构建与研究的设计，提倡结合多种学习分析、数据挖掘及人工智能的方法，探究教育问题和现象的本质规律与特征。在第四范式中，数据不再仅仅是科学研究的结果性呈现，更重要的是，数据将作为基本的对象和工具被用于科学研究的过程，进而帮助教育研究者、实践者产生额外有价值的见解。同时，该范式中教育研究能够以相对较低的成本收集大量的研究数据，教育研究人员可利用相关工具用于分析与可视化呈现教学和学习的过程及结果。总体而言，数据驱动下的教育研究已经成为一个数据密集型领域，利用数据科学的方法和技术来解决教育问题。

二、数据驱动的教育研究特征

进入大数据时代后，教育领域中各要素的可量化程度空前提高，教育研究也将向数据密集型科学转变，过去关于数据采集与分析中的诸多研究局限正在被逐一打破。相较于传统的教育研究，数据科学驱动下的教育研究具有新的特征与变化。具体而言，数据科学驱动下的教育研究特征主要包括破除对理论假设的主观依赖、追求大样本及克服抽样误差和深化教育中的相关关系探究三个方面。

（一）破除对理论假设的主观依赖

在大数据时代，教育科学研究范式经历了深刻的思维方式变革，推动了教育研究从传统的"基于假设"研究范式向"基于数据"研究范式的转变。传统的"基于假设"的研究范式重视理论假设的构建与判断，对研究样本的选取、研究数据的分析验证、结果解释主要依赖于研究者的界定和执行。然而，"基于假设"的研究范式可能会因研究者的知识结构、价值观念和意识形态等主观因素导致"研究个体依赖"的问题，从而一定程度上影响研究的科学化发展。

"基于数据"研究范式倾向于基于客观数据，而非预设的理论假设，强调探索数据间潜在的相关性，进而识别教育问题、揭示教育规律并预测未来趋势。数据驱动的教育研究一方面通过数据清洗、提纯、降维等技术确保数据的客观性、真实性及其效用性，另一方面依托对数据的挖掘、对比、分析、聚类等技术揭示数据间存在的联系。基于数据的研究范式可以帮助教育研究者更为精确地理解教育现象、识别问题、掌握规律，并预测发展趋势。在大数据时代，"基于数据"的研究范式降低了研究者个人知识结构、价值立场和意识形态等主观因素对研究结果的影响，强调量化方法对研究对象进行客观解释与分析的作用和效果。

（二）追求大样本及克服抽样误差

在大数据驱动的背景下，教育研究将突破原有数据的限制，通过各类小数据汇集成大数据，以克服抽样误差。由于各类小数据之间没有特定的边界和限制，即使存在一些不可避免的数据间隙，也会被整个大数据的规模优势所掩盖。因此，大数据驱动的教育研究更加提倡全体样本而非抽样，这样不仅可以提供事物之间的共性信息与普遍性规律，

还可以提供个性化的特征信息，这是传统抽样数据无法给予的。大数据时代的数据具有多渠道来源、多方面功能、多模态表征的特征。具体而言，在数据来源方面，可以基于"互联网"的渠道，通过传感器和各种数据采集设备进行获取，同时也可以辅助以个体手动采集；在数据功能方面，教育数据呈现出多方位、全过程的多点观测和整体描述特征，教育数据不再聚焦于单一维度的总结性评估（如成绩、问卷测量等），更多是基于学习过程的动态、实时数据；在数据表征方面，教育数据包括在教学和学习活动中产生的全样本数据信息，还包括图像、语音、文本、网络日志数据，以及更多模态的学习者心理、生理等数据。因此，正是由于在大数据时代大样本数据获取的方式更加便捷与高效，教育研究中排除样本与总体间差异、样本选择性偏差、抽样的系统误差等成为可能。因此，大数据下的教育研究能够进一步弥合小数据之间的间隙并克服其限制，使教育研究更加科学化，通过大样本数据化的模式来呈现以前难以描述和表征的整体教育现象和趋势。

（三）深化教育中的相关关系探究

在大数据驱动的教育研究中，相关性关系将取代因果关系这一沿袭至今的惯例而成为理解教育现象和制定教育决策的基本方式之一。在传统的教育研究范式中，"观察现象—发现问题—分析原因—提出对策"这种探求因果关系的逻辑是大多数教育研究的关注点，也是人们把握教育规律的重要切入点。然而，这种通过聚焦局部的教育现象探求全局的因果逻辑，逐渐显示出其固有的局限性和不足。随着教育学科对复杂关系理解的深入，探讨教育中各元素间的相互作用变得尤为重要。研究者能够通过数据收集、数据挖掘、分类、对比和聚类分析等方式，深入解析教育系统的内在复杂性。这不仅有助于理解教育系统、教育结构、教育要素和教育对象间的关系，还可以促进对多种关系的理解和解释，从而为教育改革与发展提供基于事实的支持和依据。区别于传统研究的因果推断方法，大数据驱动的教育研究更注重通过对大量且多样的数据集进行比较分析、交叉验证和统计聚类，以发现数据的内在关系而非单纯证实某一假设。未来的教育研究趋势将从传统的关注因果关系的线性思维向重视多因素相关性的并联思维转换。总而言之，大数据时代的教育研究将转变为从教育数据集中探索数据间的联系，从而揭示教育问题、规律和趋势的方向发展。

三、数据驱动的教育研究学科

在数据驱动的教育研究中，除了出现全新的研究范式及特征外，也逐渐衍生出新兴的教育学科——计算教育学（computational education）。计算教育学的出现，是信息时代科技进步与教育创新发展的产物，是教育学在数据科学助力下的新发展方向，也是多学科融合的新兴跨学科领域。计算教育学的形成既是教育学研究范式演进的产物，也反映了社会科学未来发展的趋势。该学科立足于跨学科的基础，融合了教育学、信息科学、数学、心理学、脑科学等领域的核心理论和方法技术，为研究提供了创新的方法论和实践经验，构筑了其理论框架和研究基础。计算教育学基于数据密集型的第四范式，倡导通过大数据及技术赋能，以教育大数据为研究对象，构建精准或精确的教育理论和学科理论框架，通过计算分析教育大数据解释教育活动与问题，以揭示教育复杂系统的内在机制与运行规律。当前，计算教育学已逐渐成为学术领域的关注焦点，众多学者从各自的研究视角和层次对其进行了探索。然而，计算教育学的发展仍需建立计算教育伦理体系、实现教育场景的科学量化、增强数据整合与智能处理的能力、推动学科交叉以及加强协同创新。

计算教育学学科主要的研究目标包括数据驱动的教育中的计算教育伦理、教育情境计算、教育主体计算与教育服务计算等。具体而言，第一，在数据科学导向的教育发展态势日趋明显的背景下，道德、伦理及数据隐私问题成为教育发展过程中不容忽视的问题。计算教育伦理主要关注在大数据的介入下，教育数据产生、采集、存储和分析利用过程中所应秉持的道德信念和行为规范准则。第二，教育情境是指教育活动所处的环境、场合或背景信息，这构成了教育活动的物理基础，教育情境包括教学目标、学习环境、学习资源、学习模式和学习方法等要素。教育情境计算侧重多场景下教与学过程的量化和数据收集、多模态学习行为的自动感知、学习数据链的自动生成和整合等关键技术。教育情境计算主要研究多空间融合学习环境构建理论、人机协同机制、学习环境效能评估方法等内容，旨在实现物理与虚拟学习空间的融合。第三，教育主体是指个体学习者或群体学习者，是教育系统的核心要素。教育主体计算关注基于数据的学习者认知、情感和能力模型的构建，以准确表征和计算学习者的显性行为和隐性状态。教育主体计算以个体行为的多维特征和群体行为的涌现为研究核心，强调个体差异性和群体效应，实现对学习者学习状态的全面诊断与评估。第四，教育服务计算主要关注如何通过数据科学技术赋能教育，以提高教师教学与学生学习的效率。教育服务计算主要针对教学主体的差异性和提供适应性的教学服务，具体应用包括学科知识图谱、知识供给机制、个性化学习路径规划、自适应学习诊断等。此外，教育服务计算也会延伸到人工智能教育领域中，研究智能导师、智能学伴、教育智能体、教育机器人和教育机器解答等，实现更加智能化、个性化和自适应的学习服务。

第三节　数据科学在教育中的应用领域

随着数据科学的快速发展，教育领域正在面临从粗放型、规模化、经验化向精细化、个性化、智能化方向的转型，以适应大数据时代的发展需求。目前，数据科学在教育的不同领域中的应用与实践包括教育数据挖掘、学习分析与人工智能教育（见图1-3）。这三个领域都属于数据科学驱动的教育研究与实践应用，三者之间既相互交叉，又具有不同的侧重点。

图 1-3　数据科学在教育中的应用领域

一、教育数据挖掘

教育数据挖掘（educational data mining）是数据科学蓬勃发展下的一个新兴教育研究领域，也是数据挖掘在教育领域的应用，是指使用数据挖掘、分析算法，从大量的教育数据中提取有价值的信息或模式。教育数据挖掘可以应用于不同的教育场景中，根据学习者产生的学习行为数据、测评数据等对学习者进行分类，刻画学习者个体或群体的行为与画像。教育数据挖掘还可以基于大量的学习数据和样本，通过数据挖掘技术，识别其中的学习变量和学习特征，最后通过数据挖掘算法进行学习模型的构建和计算。因此，教育数据挖掘能将来自多样教育场景、系统中的原始教育数据转换为有用的信息，帮助教师、学生、家长、教育研究者和教育软件开发者等深入理解教与学的发生过程。教育数据挖掘的一个重要特征是教育数据是分层级的，不同层级（如回答层级、对话层级、讨论层级、课堂层级）的数据是彼此相互嵌套的。教育数据挖掘的另一个特征是基于时间、顺序和环境的。时间对于获取数据很重要，比如学习时间的长度；顺序可以表征和了解教育与学习的过程是如何发展的；环境则对于解释数据和了解数据的内涵与意义十分重要。

在教育数据挖掘中常用的技术主要包括三种，分别是预测分析、聚类/分类分析和关系挖掘。第一种是预测分析。预测分析基于计算模型从预测变量的组合中推断出数据的某个方面的结果。使用预测的方法包括检测学生的行为，例如当他们学习时，从事任务外的活动是否会导致学习绩效的变化。此外，预测模型已被用于了解在线学习环境中的某些行为，如参与论坛讨论、参加测试等，并据此预测哪些学生可能及格或不及格。第二种是聚类/分类分析。聚类/分类分析是指寻找自然组合在一起的、具有相似特征的数据点，并可用于将整个数据集划分为不同类别。聚类/分类分析应用的例子是根据学生的学习特征和交互模式对他们进行分组。比如找出学生在学习管理系统中使用工具的方式和程度，并对学习者进行聚类，目的是向相似的用户推荐学习路径和教学资源。第三种是关系挖掘。关系挖掘是指发现数据集中变量之间的关系。例如，关系挖掘可以识别学习过程中学习者不同行为之间的关系、学生表现和课程序列之间的关联，从而对教学策略进行完善以促进更有效的学习。

二、学习分析

学习分析（learning analytics）是教育学中一个新兴的分支领域，通常综合运用计算机信息科学、社会学、心理学和学习科学的理论与方法来支持并促进教学实践及研究。具体说来，学习分析是对学习者及其学习环境的数据进行测量、收集、分析和汇报，其目的是更好地理解和优化学习过程与学习环境。学习分析通常利用各种分析方法和技术手段采集、分析和挖掘学生与教师在在线学习和教学过程中产生的数据，并提供一个可视化的分析结果，以辅助教师与学生理解和反思学习行为、过程及结果。目前，学习分析领域也逐渐出现新的发展方向和分支，如多模态学习分析、协作学习分析等，支持在不同的学习场景中开展实践与研究。在学习分析技术中，一般采用复合化的数据采集方式，利用多重角度的分析技术进行分析，并且通过可视化的方式呈现分析结果。学习分析的方法主要包括统计分析法、社会网络分析法、内容分析法、话语分析法、文本分析法，以及新兴的多模态分析法等，并采用人工方式进行建模，弥补了教育数据挖掘过分强调自动化的不足。此外，教师可以使用学习分析仪表板来可视化学生的学习路径，并确定学生的学习难点，以便他们可以设计更好的教学和干预策略。同样，为学生提供个性化的学习分析仪表盘可以培养学生的自我调节能力，并增强他们自主学习的倾向。

学习分析研究一般可分为描述性研究、解释性研究和预测性研究三种类型。首先，描述性学习分析研究的重点是调查和描述教育与学习中的问题、过程或某些现象。它在提供一个主题的相关信息的同时，尝试对该主题或现象进行探索，试图更详细地描述正在发生的事情或现象，填补缺失的信息，加深对该现象的理解。描述性学习分析的目标是收集尽可能多的信息，关注"是什么"和"如何做"，而不是"为什么"。其次，解释性学习分析模型的重点在于使用所有可用的证据来对已经发生的结果或现象提供解释。解释性学习分析具有事后分析和反思特征，旨在促成对某一现象的理解。解释性模型试图推断数据之间的因果关系。解释性学习分析的重点在于探索并理解"为什么"的问题，例如为什么一个模型能很好地适应并解释相关数据。研究者可以通过增强模型解释性及其对未来学习结果的影响来加强教育数据挖掘、学习理论和教育实践领域之间的关系。最后，预测性学习分析与教育数据挖掘有密不可分的关联，预测建模是其中一项主要实践和应用，主要侧重于预测学生的成绩或学业成就。其主要教育教学问题包括预测学习的衡量标准（如学生的学业成绩或技能的获得程度）、教学因素的影响（如某一特定教学风格或特定教师对个体学习者的影响），或对行政管理部门有价值的信息（如预测课程注册率）。

三、人工智能教育

人工智能教育（artificial intelligence in education）已经成为大数据与人工智能技术快速发展背景下教育中的一个新兴领域，提倡基于大数据训练集，使用人工智能方法来变革教育领域的发展。目前，人工智能已经以不同形式广泛应用于教育领域中。具体而言，

人工智能最初以计算机及其相关技术为代表，后来发展到基于网络和在线的智能导学系统，然后发展到嵌入式计算机系统，并结合其他技术，使用人形机器人和基于网络的聊天机器人独立或与教师一起执行教师的职责和功能。此外，不同的人工智能技术和算法已经被广泛应用于教育场景中，为构建预测模型、学习推荐、学习行为监测等提供支持。以机器学习为例，机器学习是人工智能的一个重要分支，其目的是设计自动化的数据训练、迭代算法，使计算机能够根据经验数据进化行为，不断优化决策结果。在教育场景中，机器学习最明显的特点是能够基于教育数据自动做出智能决策。同时，在大数据时代，深度学习算法快速发展，通过模仿人类认知神经系统的机制来学习大样本数据中的抽象特征和内在规律。常用的深度学习算法主要有卷积神经网络、递归神经网络等。

人工智能教育领域提倡使用人工智能方法和技术，并基于大数据做出自动化、科学化的智能分析、决策，以改善教育过程、学习过程及教育管理过程。第一，在教育过程中，人工智能教育可以协助教师教学，如向学生提供自动化的建议和反馈；识别有风险的学生并提醒教师进行干预；分析教学大纲和课程材料，制定个性化的教学内容；根据每个学生的个人资料，为教师定制教学方法；帮助教师为每个学生制定个性化的学习计划。第二，在学习过程中，人工智能教育可以支持学生的学习过程，如智能辅导学生，根据学生的需要提供学习材料；识别学生的学习问题，并在早期加以解决；诊断学生的优势、劣势和认知差距，并对学生进行智能的自适应干预；支持学生自主学习并促进学习者之间的合作学习；通过收集学习数据，预测每个学生的职业发展路径。第三，在教育管理过程中，人工智能教育可以帮助管理者和决策人员提高教育管理及决策的效率和科学性。例如，监控学校中各个部门的人员流失情况，并对学校发展提供智能化的决策建议；对学生的作业和论文进行自动化审查、评分并向学生提供反馈；确定每个学生的学习风格和偏好，帮助他们制定个性化的课程修读计划。

📝 本章小结

本章旨在帮助读者了解数据科学的概念和兴起背景，数据驱动的教育研究范式、特征和学科演进，并介绍了数据科学在教育中具体的三个应用领域：学习分析、教育数据挖掘和人工智能教育。

☑️ 知识要点

1. 数据科学是在大数据背景下产生的新兴跨学科领域，是指通过捕捉、分析数据来理解社会中各种现象的本质规律、变化过程和发展趋势，为人类决策提供数据依据。

2. 数据科学驱动下的教育研究特征主要包括破除对理论假设的主观依赖、追求大样本及克服抽样误差和深化教育中的相关关系探究三个方面。

3. 计算教育学学科主要的研究目标包括数据驱动的教育中的计算教育伦理、教育情境计算、教育主体计算与教育服务计算等。

4. 教育数据挖掘是指使用数据挖掘、分析算法从大量的教育数据中提取有价值的信息或模式，为收集和分析学生数据、发现这些数据中的隐藏信息、做出新发现提供了机会。

5. 学习分析是对学习者及其学习环境的数据进行测量、收集、分析和汇报，其目的是更好地理解和优化学习过程与学习环境。

6. 人工智能教育提倡基于大数据训练集，使用人工智能方法来变革教育领域的发展。

思考题

1. 在教育领域中，数据科学如何促进学习、教学和教育管理？

2. 数据科学驱动下的教育研究具有什么特点，和传统的教育研究范式有何区别？

3. 数据科学在教育中的应用领域有哪些？各自有何特征和侧重点？

—————— 参考文献 ——————

Daniel B K, 2019. Big data and data science: A critical review of issues for educational research[J]. British Journal of Educational Technology, 50(1): 103-113.

Daniel B, 2015. Big data and analytics in higher education: Opportunities and challenges[J]. British journal of educational technology, 46(5): 904-920.

Provost F, Fawcett T, 2013. Data science and its relationship to big data and data-driven decision making[J]. Big Data, 1(1): 51-59.

Tansley S, Tolle K M, Hey J G, 2009. The fourth paradigm: Data-intensive scientific discovery[M]. Redmond: Microsoft Research.

李振, 周东岱, 董晓晓, 等, 2019. 我国教育大数据的研究现状、问题与对策: 基于CNKI学术期刊的内容分析[J]. 现代远距离教育(1): 46-55.

刘三女牙, 杨宗凯, 李卿, 2020. 计算教育学: 内涵与进路[J]. 教育研究(3): 152-159.

刘三女牙, 周子荷, 李卿, 2022. 再论"计算教育学": 人工智能何以改变教育研究[J]. 教育研究(4): 18-27.

南钢, 夏云峰, 2020. 大数据时代的教育科学研究: 可能、风险与策略[J]. 湖南师范大学教育科学学报(4): 87-94.

王晶莹, 杨伊, 宋倩茹, 等, 2020. 计算教育学: 是什么、做什么及怎么做[J]. 现代远程教育研究(4): 27-35, 56.

邹太龙, 易连云, 2017. 从"始于假设"到"基于数据": 大数据时代教育研究范式的转型[J]. 教育研究与实验(4): 74-79.

数据处理基本概念及流程

本章导入 ▶ ▶ ▶

第二章学习课件

为了探究学习者的特征、学习内容和学习资源，促进学习和教学质量，教师研究者和教育实践者需合理地选择、采集并分析教育环境中丰富的教育与学习数据。本章将介绍数据处理的基本概念及流程，包括教育数据的类型和特征、教育数据的采集方法，以及数据处理中的数据预处理、数据分析和数据可视化等步骤。本章第一节基于教育数据的层次性、时序性和情境性特点，介绍了不同分类标准下的教育数据类型和案例。第二节分别介绍了传统教育研究和当前教育大数据发展背景下的数据采集方法和发展趋势。第三节介绍了数据分析中的数据预处理，包括数据清洗、数据归约、数据转换等具体流程，以及当前几种较为成熟的数据预处理工具。第四节介绍了常用的数据分析技术、方法和工具。为了更好地传达和理解数据，第五节介绍了数据可视化的概念、流程，及常用的可视化呈现形式和实现方式。经过完整和规范的数据处理流程，教育数据能提供客观且深入的分析视角，最终助力于教学模式、教育管理、政策制定等方面的变革。

第一节　教育数据类型和特征

数据是对客观事物、事件的记录与描述，也是对客观事物的逻辑归纳。数据可以是连续的，如声音、图像等，也可以是离散的，如符号、文字等。数据类型是数据的基本要素之一，用于指定数据元素的大小和格式，并用来描述数据的长度和属性。用户程序中的所有数据必须通过数据类型来识别，只有相同数据类型的变量才能进行计算。在编程语言中，数据可以分为基本数据类型和引用数据类型。基本数据类型分为四大类，共八小种。第一大类为整数型，包括字节型（byte）、短整型（short）、整型（int）和长整型（long）；第二大类为浮点型，包括单精度浮点数（float）和双精度浮点数（double）；第三大类为字符型（char）；第四大类为布尔型（boolean）。

聚焦到教育领域，教育数据具有层次性、时序性和情境性的特点（Bienkowski et al., 2014）。首先，教育数据涉及多个层次，如按键层、问答层、会话层、学生层、课堂层、教师层、学校层（见表2-1）。在实际的教育情景中，不同层次的数据往往层层嵌套，相互关联（Baker, 2010; Romero & Ventura, 2010）。对于在线教育，按数据的层次分类可能

有些许不同，但是数据结构仍呈现层次性的特征。

表2-1　教育数据的多层次分类

数据层次	描述	案例
按键层 keystroke level	学生学习过程中的单个动作，用于了解学生如何与学习环境、学习资源等交互，并可用于识别学习模式	学生使用计算机进行学习时的每次点击操作的类别和时间
问答层 answer level	单个测试或问题收集的数据，用于分析学生在特定技能和概念方面的表现，并确定学生可能需要额外支持的领域	学生在测验中的回答
会话层 session level	在学生学习或测试期间收集的数据，可用于跟踪学生随时间的进步情况，并识别学生行为和表现的模式	学生在整个学习活动中的行为数据、测验数据等
学生层 student level	针对学生个体收集的数据，可用于监控学生的进步情况，确定可能需要额外支持的学生，并为教学决策提供信息	学生的人口统计信息、学业成绩、出勤记录和行为数据等
课堂层 classroom level	针对特定课堂收集的数据，可用于指导教学决策，评估教学策略的有效性	学习观察数据、教学观察数据和课堂环境数据等
教师层 teacher level	针对个别教师收集的数据，可用于评估教师水平，确定需要额外支持的方向，并为专业发展规划提供信息	教师绩效评估、教师课堂行为、教师水平数据等
学校层 school level	在整个学校或学区收集的数据，可用于监测学生在学校的表现，确定需要改进的领域，并为资源分配决策提供信息	学生人口统计数据、成绩数据和其他校级数据

其次，时序性是教育数据的重要属性。教育活动元素包括教学者、学习者和技术等，以及教学中的对话、行为、手势随时间的变化、发展及推进，因此对教育数据的纵向数据建模是教育数据挖掘领域的重要发展方向。目前对"时序性"有不同的定义（Knight et al., 2017），并影响研究后续选择的数据分析方法。第一种定义为同时发生的事件［见图 2-1（a）］，即几乎同时或在非常短的时间内按顺序发生的不同事件（Saqr et al., 2021）。例如，学生在听课的同时，写下任务的笔记。第二种定义为一段时间内事件的顺序［见图 2-1（b）］，表示了不同事件之间的相互联系，以及如何对教学活动进行排序（Knight et al., 2017）。例如，学习者通常先理解任务，再制订下一步的计划。第三种为学习过程中的行为模式［见图 2-1（c）］，通常表示为发生频率高于预期的两个或多个事件。例如，课堂中常出现教师提问，学生对教师的提问进行回答，随后教师再进行点评。第四种定义为事件经历的时长［见图 2-1（d）］，例如学生花在阅读某个特定任务上的时间。

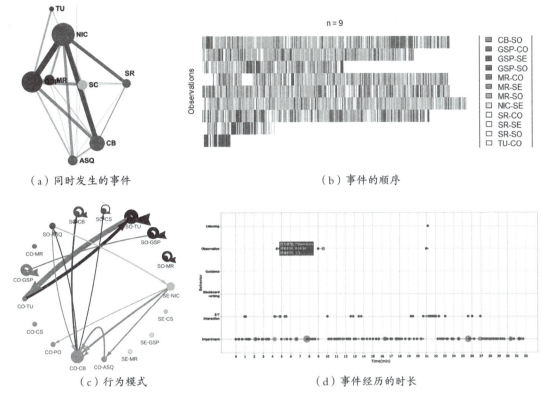

（a）同时发生的事件　　　　　　　　　　（b）事件的顺序

（c）行为模式　　　　　　　　　　（d）事件经历的时长

图2-1　教育数据的时序性分类

最后，教育数据所处的教育情境对数据模型选择及结果解释有重要意义。由于教育情境的多样化，教育数据的类型和分类方式也有不同的标准（见表2-2）。从数据来源角度，有教学类数据、管理类数据、科研类数据和服务类数据。从数据结构化的程度来看，包括结构化数据、半结构化数据和非结构化数据。从数据产生的环节来看，还可以分为过程性数据和结果性数据。总而言之，数据源于特定的教育领域，具有内在的语义信息，与其他教育数据存在连接关系，并有多个层次结构（杨现民等，2016）。

图2-1彩图效果

表2-2　多样教育情境下的教育数据类型

分类标准	教育数据类型	描述
数据产生的业务来源	教学类数据	教学活动中产生的数据，如师生的教学学习行为、测验成绩、师生对教学过程的感知等
	管理类数据	教育管理活动中采集到的数据，如学生的家庭信息、学生的健康体检信息、教职工基础信息、学校基本信息、财务信息、设备资产信息等
	科研类数据	在科学研究活动中采集到的数据，如科研成果分析统计、科研设备运行、科研经费跟踪等
	服务类数据	在校园生活中产生的数据，如餐饮消费、手机上网、复印资料、健身、洗浴等记录信息

续表

分类标准	教育数据类型	描述
数据结构化程度	结构化数据	存储在数据库中，数据存储和排列都是有规律的，如学生管理平台中记录的姓名、学号、联系方式等
	半结构化数据	有基本固定结构模式的数据，如学生在学习系统上操作的日志文件、互相发送 E-mail 等
	非结构化数据	没有固定模式的数据，如图片、视频、文档等
数据产生的环节	过程性数据	活动过程中采集到的、难以直接量化的数据，如课堂互动、学习轨迹、学习者情感等
	结果性数据	表现为某种可量化的结果，如学业成绩、学业等级、数量等

第二节　教育数据采集

数据采集是进行教育研究的重要步骤，会显著影响研究的结果。在确定了研究问题和数据来源之后，就可以确定相应的数据采集方法。由于教育数据的来源多样，教育数据的采集方式也相应具有多样化特点。具体而言，教育数据采集的方法需要考虑不同的教育环境类型（如传统的课堂教育、基于计算机或网络的教育）、不同层次的教育数据跨度（如国家、区域、学校、班级和个体等不同来源），以及多样的数据形式（如结构化、半结构化以及非结构化的数据）。

一、常用教育研究数据采集方法

《教育研究方法》手册中介绍了教育研究中主要的数据采集方法，包括问卷、访谈、叙述、观察、测验、角色扮演，以及教育视觉媒体等（Cohen et al., 2017）。每种数据的采集方法都拥有各自的优势、缺点和分析方法，适用于不同的研究环境和研究目的。

问卷是一种广泛使用的工具，包含一系列按顺序设计并反映调查目的和调查内容的问题。问卷可用于收集调查信息，提供结构化、量化的数据，方便管理且易于分析。问卷调查的一般目的是了解人们在某方面的想法、态度和倾向，或者了解调查对象是否做过某件事、做的时间、程度等。例如，研究者可以通过提问"你喜欢教学过程中的哪些环节"来调查学习者的学习体验，通过调查学生阅读情况发现学生的学习兴趣。但是，问卷存在开发、测试、完善时间较长，且收集到的数据可能相对单一、范围局限、灵活性有限等问题。

访谈是指两个或两个以上参与者就共同感兴趣的话题进行意见交流的过程。它考虑了人类互动对知识生产的核心作用，并强调了研究数据的社会处境。在访谈中，无论是访谈者还是被访谈者都能发表他们自己的意见，并表达各自对不同情况的看法。访谈可以收集多种维度的数据，如语言、动作、语调等。此外，访谈的顺序也可以被人为控制，具有一定的自发性特征。访谈者不仅可以要求被访谈者提供完整的答案，还可以要求被访谈者就复杂而深刻的问题做出回应。但是，访谈的时间成本很高，访谈者自身存在的偏见可能影响访谈的走向；且被访谈者在访谈过程中容易疲劳，以及存在参与者难以匿名等问题。

教育叙事的方法聚焦于语境中的语言，分析范围包括言语行为、民族方法学、对话分析和话语分析。教育叙事即教育当事人或教育研究者"叙述"发生在教育中的"故事"。"叙述"是指告诉、表达、呈现；"故事"不仅仅意味着事件或情节，还指有"故事性"的事件，更指富有"教育学意义"的事件。该方法通过观察参与者的情况，捕捉他们的意图和对复杂情况的解释，解读内在的意义和互动的动态发展。例如，研究教师的信息技术使用情况，可以让教师记录技术在教学中应用的点滴故事，梳理学习信息技术的过程；研究教师的专业发展情况，可以让教师按照时间顺序展示他们各阶段的自身成长故事。

观察是一种高度灵活的数据收集方式，它可以使研究者接触到特定社会背景下的互动，并在多种形式和背景下产生系统的记录，以补充其他类型的数据。观察行为通常系统地记录人、事件、行为、环境、产出、日常轨迹等内容。研究者可以直接观察现场发生的事情以代替二手的描述，因此观察相较于引用或推理的方法能产生更有效、真实的数据，以检验主观反馈和一些被认为是理所当然或隐匿的行为。观察可以是对事实的观察，例如教室里的书的数量、班级里的学生的数量；也可以关注课堂上发生的事件，如教师和学生的谈话量、小组合作工作量；此外，还可以关注行为或品质，如教师的友好程度、学生攻击性行为的程度、学生不合群行为的程度等。

测验的方法可用于收集量化、非口头类型的数据。测验有多种目的，例如诊断学生的优势和困难、评估成绩、评估能力和潜力、确定项目的准备情况等。不同类型的测验发生在不同的阶段。前测在开始实验、教学前进行，以掌握学生的最初状态。例如，分班考试在课程开始之前进行，以确定学生的初始能力和学业成就。后测在完成实验、教学结束后进行。例如要衡量教学和学习的效果，就需要在课程中或结束后进行测验。目前已有大量成熟的测验量表，涵盖学生生活的各个方面和所有年龄段。例如，《心理教育评估手册》包括能力评估、成就评估、行为评估、跨文化认知评估和神经心理学评估等部分，《儿童心理和教育评估手册》为智力、能力和成就提供了明确的测量和定义。

角色扮演可以在不同的背景和环境下获取和探索人们对情景和刺激的反应，产生的数据可以用于揭示日常生活中隐含的社会行为和社会互动。例如在教育研究中，角色扮演可以包括三个阶段：介绍、表演和汇报。第一阶段的重点是通过明确学习目标和设置场景将参与者引入活动中；在第二阶段，参与者需以一种自发的、准确的和现实的方式来表演这个角色；汇报是最后一个阶段，允许参与者讨论、分析和评估角色扮演和获得的见解。

教育研究中可以收集大量的视觉数据，包括但不限于影片、视频、照片、电视、广告、图片、手工艺品等。简而言之，能够观看的任何实体都算作视觉数据。图像可以呈现突然发生事件的即时、全面和整体的画面，易于传输和反复查看，还能减少观察者对参与者的影响。在单个图像或视频序列中能够捕获和存储大量数据，它们在焦点和内容上是有选择性的（如研究人员的兴趣、研究的问题等）。视觉数据可以采用与其他类型数据类似的分析技术，也可有其独特的分析方法。但视觉数据也会带来数据过载、选择

性解释和管理性等问题。

二、教育大数据采集方法

由于教育决策科学化、学习方式个性化、教学管理人性化和评价体系全面化的发展趋势，研究者和教育者开始关注教育大数据，即所有教育活动过程中产生的数据，以及依据教育需求、用于教育发展并能创造巨大潜在应用价值的数据集合。其中，数据采集是教育大数据的基础，决定教育大数据分析和应用的质量，并最终影响教育大数据价值潜能的实现程度。柴唤友等人（2020）提出了集中式采集、伴随式采集和周期性采集三种教育大数据的采集方式，涉及平台采集、视频录制、图像识别、物联感知等四种采集技术。

集中式采集侧重于数据采集的统一性，是指教育管理机构借助教育管理活动而统一开展的数据获取方式。例如，地区教育管理机构可对学生的家庭情况、校园生活和学习环境三方面的成长经历数据进行统一采集。

伴随式采集侧重于数据采集的实时性，是指借助教育信息管理系统（如特定课程管理系统）应用在管理过程中实时产生教育基础数据而开展的数据获取方式。例如，在线学习系统会全程记录学习者的在线行为数据，如学习时长、鼠标点击次数及频率、论坛读帖和发帖的次数和时间、作业和考试次数等。

周期性采集侧重于数据采集的连续性，是指利用特定教育管理软件对学习环境、教学过程、教育质量等进行周期性监控和测量的数据获取方式。例如，学生入校时统一登记的身心健康信息、家庭基本信息；学校定期更新的全体教职工基础信息、教育设备运行信息、行政管理信息、人事资产信息和学校管理信息等。

构建多样化的数据采集技术有助于扩展教育大数据采集的广度和深度。第一，平台采集是指借助各种与教育或学习相关的移动或桌面应用平台，获取教育数据内容的方法或手段，如在线人机交互时产生的学习过程数据。第二，视频录制是指对源于计算机硬件终端和计算机视窗环境内的视频内容加以录制的方法或手段，如教学环境中学习者交互的视频音频数据、校园安全数据等。第三，图像识别是指对特定物理图像进行对象检测，以识别各种不同模式的目标和对象的技术，如学习过程中的图像类数据。第四，物联感知主要包括物联网感知技术、可穿戴技术、非接触式感知技术和多模态融合技术等，可以采集如校园环境下产生的学习者的学习生活数据及个人生理数据等。

第三节　数据处理与分析工具

数据分析的过程需要用户友好、操作简单、分析准确的工具进行辅助。当前已有许多可以应用的成熟的数据处理与分析软件，如Microsoft Excel、SPSS、Python、R语言、EDM Workbench、Weka、RapidMiner和KNIME等。本节重点介绍部分使用广泛且功能强大的教育数据挖掘及学习分析工具，包括常用的编程语言——Python 和R语言，以及集合机器学习算法的开源软件——Weka、RapidMiner和KNIME。其中，Python 和R语言是当下很受欢迎的开源编程语言，在数据处理、统计分析和机器学习项目中经常使用；Weka、RapidMiner和KNIME直接集成相关机器学习算法，对研究人员的编程知识要求较低，可用于算法建模及优化。

一、Python

Python是一种面向对象、用户友好的开源高级编程语言，具有广泛的数据分析功能。Python的数据分析功能包括数据预处理、数据探索、数据可视化、机器学习和深度学习等方面，通过提供众多的数据科学库和工具，为研究者提供了广泛的数据分析和可视化功能。

Python具有丰富和强大的库，这些库提供了一个完整的数据分析生态系统，供教育数据挖掘人员使用。例如，Numpy主要用于支持N维数组；Pandas库可以完成数据清洗、数据转换、数据合并和数据重塑等操作；Matplotlib和Seaborn库可以完成数据探索和可视化，包括数据摘要、数据可视化和探索性数据分析等操作；机器学习和深度学习方面，Python还提供了Scikit-Learn和TensorFlow等库，可以进行模型训练、模型评估和模型预测等操作。Python界面如图2-2所示。

（a）读取数据　　　　　　　　　　　　（b）输出数据

图2-2　Python界面

可以直接通过Python安装包安装Python，或通过安装Anaconda（Linux或Mac OS系统使用Miniconda环境）完成。Anaconda是一个将Python常用的工具及第三方库整合在一起的集成环境，附带Spyder和Jupyter notebook两种交互式代码编辑器（见图2-3）。其中，Jupyter notebook能够直接通过浏览器运行代码，同时在代码块下方展示运行结果，相对简单，对用户也更加友好。

图2-3　Anaconda界面

下面将分别介绍Python常用库Numpy和Pandas的基本功能和使用方法。

（一）Numpy

Numpy取自Numerical Python，是其他数据分析及机器学习库的底层库，补充了Python语言所欠缺的数值计算能力。Numpy的大部分代码是使用C语言编写的，底层算法在设计上有着优异的性能，运行效率充分优化。Numpy库的核心是高维数组，即ndarray对象，根据数据的维度可以把数组理解为向量（一维数组）、矩阵（二维数组）乃至更高阶的张量。创建ndarray对象的代码和输出结果如下：

Numpy示例代码

```
import numpy as np      #导入Numpy
a = np.array([1, 2, 3, 4, 5, 6])     #一维数组或向量
b = np.array([[1, 2], [3, 4], [5, 6]])     #二维数组或矩阵
c = np.zeros((3, 4))     #三行四列的全0数组
d = np.ones((3, 4))     #三行四列的全1数组


#### 打印a, b, c, d, 输出结果如下
[1 2 3 4 5 6]
[[1 2]
[3 4]
[5 6]]
[[0. 0. 0. 0.]
[0. 0. 0. 0.]
[0. 0. 0. 0.]]
[[1. 1. 1. 1.]
[1. 1. 1. 1.]
[1. 1. 1. 1.]]
```

创建ndarray对象后，可以通过以下函数获得多维数组的属性：（1）shape()，表示数组的形状，对于m行n列的矩阵而言其形状为（m, n），返回值为tuple类型；（2）ndim()，表示数组的维数，返回值为int类型；（3）size()，表示数组中元素的个数，其值等于shape中各值的乘积，返回值为int类型；（4）dtype()，表示数组中数据的类型。例如：

```
b = np.array([[1, 2], [3, 4], [5, 6]])     #二维数组,3行2列
print(b.shape)     #数组的形状
print(b.ndim)     #数组的维数
print(b.size)     #数组中的元素个数
print(b.dtype)     #数组中的数据类型
```

```
#### 输出结果如下
(3, 2)
2
6
int32
```

（二）Pandas

　　Pandas是基于Numpy为解决数据分析、数据处理和数据可视化任务而创建的工具模块，提供了一系列处理数据的函数和方法。Pandas可以读取导入各种格式的文件，包括csv文件、excel文件、txt和dat等文本文件、json数据文件、sql数据库、html网页中的表格数据等。

　　Pandas的两个主要数据结构为Series（一维数据）和DataFrame（二维数据）。Series类似于Numpy中一维数组的数据结构，由一系列值（value）及与之相对应的索引（index）组成，可以存储任何类型的数据。例如：

```
import pandas as pd    #导入Pandas
a= pd.Series([2,4,6,8,10])
b= pd.Series([2,4,6,8,10], index=['a', 'b', 'c', 'd', 'e'])    #索引号设置为a,b,c,d,e
c= pd.Series({'a':2, 'b':4, 'c':6, 'd':8, 'e':10})    #另外一种设置索引号的方式

#### 打印a，b，c，输出结果如下
0    2
1    4
2    6
3    8
4    10
dtype: int64
a    2
b    4
```

Pandas基本功能
示例代码

　　DataFrame 是一种二维的数据结构，由行索引（index）、列索引（columns）和值（value）组成，可以通过行和列的名称确定某个数据的位置，进行访问和操作。例如：

```
a = pd.DataFrame({'a':[1,2],'b':[3,4],'c':[5,6]})

data = [['a', 2], ['b', 4], ['c', 6]]
b = pd.DataFrame(data, columns=['d', 'e'], dtype=float)

c = a.loc[0]    #获取a中的第一行（行索引为0）的数据
```

```
d = b.loc[1]['d']    #获取b中的第二行（行索引为1），列索引为d的数据

#### 打印a，b，c，d，输出结果如下
   a  b  c
0  1  3  5
1  2  4  6

   d    e
0  a  2.0
1  b  4.0
2  c  6.0

a    1
b    3
c    5
Name: 0, dtype: int64

b
```

下面通过一个案例介绍Pandas中常用的基本函数，包括：（1）read_csv( )，读取csv文件Pandas中的常用基本函数；（2）head( )或tail( )，默认显示前或后5行数据，可以通过参数指定行数；（3）info( )，返回DataFrame中列的数据类型和非空值的数量等信息；（4）describe( )，返回DataFrame中数值列的统计信息，包括均值、标准差、最小值、最大值和四分位数等；（5）max( )、min( )、mean( )、sum( )，可以分别显示数据的最大值、最小值、平均值及求和；（6）sort_values( )，按照指定的列对DataFrame对象进行排序。

案例中的原始数据为学习系统访问量数据csv表格文件（见表2-3），数据共有28条记录。每一条记录代表一名学生，每名学生隶属于不同小组，每名学生均参与了4门课程，课程1至课程4记录了学生在四门课程中的访问量。

学习系统访问量
数据

表2-3　学习系统访问量数据

学生 id	group	课程 1	课程 2	课程 3	课程 4
1	A	632	484	575	321
2	D	450	367	346	210
3	G	342	540	403	496
4	C	210	496	347	347
5	D	483	223	505	365
6	B	254	342	668	365
7	E	396	591	433	334
8	A	558	264	383	632

续表

学生 id	group	课程 1	课程 2	课程 3	课程 4
9	B	276	606	518	483
10	C	493	593	348	223
11	G	436	587	256	505
12	F	450	328	406	167
13	C	487	292	225	375
14	D	333	223	579	245
15	F	150	649	526	432
16	A	536	540	316	278
17	G	692	572	359	572
18	E	273	242	939	189
19	B	562	435	573	222
20	A	339	471	374	465
21	D	354	388	553	536
22	F	393	580	717	540
23	B	576	127	540	316
24	E	374	516	261	239
25	C	505	590	536	666
26	G	176	340	540	436
27	E	544	600	316	587
28	F	617	500	456	256

首先，将原始数据导入 Pandas，并检查导入数据的类型，代码如下：

```
import pandas as pd    #导入 Pandas
data = pd.read_csv('学习系统访问量数据 .csv')    #导入数据
print(type(data))    #输出 <class 'pandas.core.frame.DataFrame'>
```

结果显示读取的数据类型为 DataFrame，因此可以使用 DataFrame 相关函数进行进一步的操作。例如，head( ) 函数可以查看前 5 条的数据内容，tail( ) 函数可以查看后 5 条的数据内容，info( ) 函数可以查看整个表格的大致信息，describe( ) 函数可以快速查看数据的统计摘要。

```
#### 描述数据
print(data.head())    #输出前 5 条记录
print('\n')
print(data.tail())    #输出后 5 条记录
print('\n')
print(data.info())    #查看数据的大致信息
print('\n')
print(data.describe())    #查看数据的统计摘要
```

Pandas 案例代码

输出结果如下

print(data.head()) #输出前5条记录

学生 id group 课程 1 课程 2 课程 3 课程 4

	学生 id	group	课程 1	课程 2	课程 3	课程 4
0	1	A	632	484	575	321
1	2	D	450	367	346	210
2	3	G	342	540	403	496
3	4	C	210	496	347	347
4	5	D	483	223	505	365

print(data.tail()) #输出后5条记录

学生 id group 课程 1 课程 2 课程 3 课程 4

	学生 id	group	课程 1	课程 2	课程 3	课程 4
23	24	E	374	516	261	239
24	25	C	505	590	536	666
25	26	G	176	340	540	436
26	27	E	544	600	316	587
27	28	F	617	500	456	256

print(data.info()) #查看数据的大致信息

```
<class 'pandas.core.frame.DataFrame'>
RangeIndex: 28 entries, 0 to 27
Data columns (total 6 columns):
#Column   Non-Null Count  Dtype
--- ------  --------------  -----
0  学生id    28 non-null    int64
1  group  28 non-null    object
2  课程 1    28 non-null    int64
3  课程 2    28 non-null    int64
4  课程 3    28 non-null    int64
5  课程 4    28 non-null    int64
dtypes: int64(5), object(1)
memory usage: 1.4+ KB
None
```

print(data.describe()) #查看数据的统计摘要

	学生 id	课程 1	课程 2	课程 3	课程 4
count	28.000000	28.000000	28.000000	28.000000	28.000000
mean	14.500000	424.678571	445.928571	464.214286	385.785714

std	8.225975	142.334518	146.949457	156.588718	144.308404
min	1.000000	150.000000	127.000000	225.000000	167.000000
25%	7.750000	337.500000	337.000000	347.750000	253.250000
50%	14.500000	443.000000	490.000000	444.500000	365.000000
75%	21.250000	538.000000	581.750000	543.250000	498.250000
max	28.000000	692.000000	649.000000	939.000000	666.000000

在对数据有大致了解后，可以继续统计出访问量最高的学生。代码如下：

data['访问总量']=data['课程 1']+data['课程 2']+data['课程 3']+data['课程 4']

随后，可以调用 max( )、min( )、mean( )、sum( )等函数计算数据的最大值、最小值、平均值及求和等。代码如下：

data['访问总量'].max()
data['访问总量'].min()
data['访问总量'].mean()
data['访问总量'].sum()

输出结果如下
2297
1351
1720.607142857143
48177

为了确定总访问量最高的学生，使用sort_values( )函数对表格进行排序：

data.sort_values('访问总量', ascending=False, inplace=True)

随后，调用data.head( )函数输出根据总和排序的表格，输出结果至本地csv文件。代码如下：

data.head()
输出结果如下

学生	id	group	课程 1	课程 2	课程 3	课程 4	总访问量
24	25	C	505	590	536	666	2297
21	22	F	393	580	717	540	2230
16	17	G	692	572	359	572	2195
26	27	E	544	600	316	587	2047
0	1	A	632	484	575	321	2012

data.to_csv('学习系统访问量数据_.csv', index=False, encoding='utf_8_sig')   #输出结果为csv文件

二、R语言

R语言是一种开源的统计计算与绘图语言，是最流行的数据分析语言之一，主要用于统计分析、数据挖掘、机器学习和数据可视化等。R语言具有许多优点：（1）R语言是一种可解释性的高级语言，简单易学，了解基础函数和语法后可以快速上手；（2）R语言具有丰富的拓展包，提供了极为丰富的数据分析手段；（3）R语言具有强大的可视化能力，便于研究中清楚理解数据，如ggplot2、plotly包可以实现各种可视化形式；（4）R语言可拓展能力强，可以与不同的编程语言相互调用，可调用其他软件保存数据等。但由于RGui（R语言统计建模软件）功能单一、操作界面的用户体验感有限，通常使用RStudio来完成各种操作。RSudio是R语言的一个集成开发环境（见图2-4），提供了便捷的操作界面和数据管理功能，包括代码编辑、调试、版本控制、项目管理、数据可视化和报告生成等。

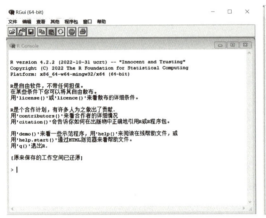

（a）RGui界面　　　　　　　　　　　　　　（b）RStudio界面

图2-4　R语言的操作界面

R语言的数据处理能力得益于庞大的社区和丰富的开源扩展包，R扩展包是函数、数据、预编译代码以一种定义完善的格式组成的集合。不同的R包可以满足不同的分析需求，如用于处理的dplyr包、用于可视化的ggplot2包、用于聚类的kmeans包、用于时间序列的zoo包等、用于文本挖掘的tm包、用于网络分析的igraph包。下面将介绍R程序数据处理dplyr包和数据可视化ggplot2包的基本功能和使用方法。其他具有针对性分析功能的R包及其函数将在本章第六节数据可视化、第三章学习分析及案例、第五章教育数据挖掘及案例中结合具体的分析方法进行介绍。

（一）dplyr

dplyr是R语言数据分析必学的实用包之一，类似于Python中的Pandas，能对DataFrame类型的数据做方便的数据处理和分析操作。使用它并结合R语言的基础函数，便可完成大部分的统计描述任务。dplyr的功能包括改变结构（如排序、修改列名）、按行操作（如过滤、选取、抽样）、按列操作（如筛选特定列）和统计（如描述最大值，最小值）等。

dplyr 的基础函数包括mutate( )生成变量，filter( )筛选观测，select( )选择变量，arrange( )数据排序和summarize( )描述统计等。下面将分别介绍用这5个基本函数进行简单数据处理的方法。

第一，mutate( )函数允许在同一次调用中使用新变量来创建下一个变量。例如：

```
x=data.frame(a=1:3,b=4:6)
mutate(x, c = a + b, d = c + a )    #新生成c和d

#### 输出结果如下
a b c d
1 1 4 5 6
2 2 5 7 9
3 3 6 9 12
```

dplyr基本功能
示例代码

第二，filter( )函数可以基于一定规则筛选符合条件的值。filter( )函数中有一系列可用的运算符，如>（大于）、<（小于）、>=（大于等于）、<=（小于等于）、!=（不等于）、==（等于）、&（与）、|（或）、!（非）。例如：

```
x = data.frame(a=1:3,b=4:6)
filter(x,a>1,b>2)    #过滤出结果行

#### 输出结果如下
a b
1 2 5
2 3 6
```

第三，select( )函数能够给予一定规则选择变量。select( )函数的使用方式和filter( )函数相似，但括号中的内容为列名或表达式。例如：

```
x = data.frame(a=c(1,3,2,4),b=c(4,6,5,8))
select (x, contains("a"))    #筛选出列名为a的列

#### 输出结果如下
  a
1 1
2 3
3 2
4 4
```

第四，arrange( )函数可用于对一系列数据进行排序。arrange( )函数默认从小到大排序，可以调整变量的参数desc，将排序的顺序设定为从大到小。例如：

```
x = data.frame(a=c(1,3,2,4),b=c(4,6,5,8))
arrange(x, desc(a))    #从大到小排序

#### 输出结果如下
  a b
1 4 8
2 3 6
3 2 5
4 1 4
```

第五，summarize( )函数可用于描述统计，对数据进行汇总计算；也可以根据数据中的变量进行分组，并对每个组进行汇总统计。函数的基本语法为summarize(data, new_variable = function(variable))，其中data是需要进行汇总的DataFrame，new_variable是新的变量名，function(variable)是需要对变量进行计算的函数，可以是内置函数，也可以是自定义函数。例如：

```
#### summarize 函数基本语法
x = data.frame(a=c(1,3,2,4),b=c(4,6,5,8))
summarize(x, mean_a = mean(a, na.rm = TRUE)) # 输出为一个值，即 a 列的平均值
#### 输出结果如下
mean_a
1   2.5


#### 对某个数据框中的变量进行汇总计算
data(iris)
iris %>%
summarize(mean_petal_length = mean(Petal.Length))
#### 输出结果如下
mean_petal_length
1          3.758
```

下面将通过一个案例展现dplyr包基本的数据处理操作和函数的完整过程。案例使用的数据同样为学生的学习系统访问量数据，以csv表格文件存储（见表2-3）。首先，在R程序中载入dplyr包并导入需处理的原始数据：

```
library(dplyr)
data <- read.csv('学习系统访问量数据.csv', header = TRUE)
```

dplyr案例代码

完成数据导入后，查看输入数据的基本信息，获得对数据的大致了解。

```
str(data)      #查看数据变量
summary(data)   #查看数据基本信息
```

接下来，使用dplyr包的基本函数对数据进行一系列处理，包括改变结构、按行操作、按列操作、统计等。

```
#### filter() 筛选行
Group_A <-filter(data, 分组 group == "A")    # 筛选出 A 组的所有信息
Group_A_B <-filter(data, 分组 group == "A" |分组 group == "B")
#筛选出 A 组和 B 组的所有信息

#### select() 筛选列
Course1_3 <- select(data, 课程 1, 课程 3)    #筛选出课程 1 和课程 3 两列数据

#### arrange() 排列行
By_c1_c2 <- arrange(data, 课程 1, 课程 2)    #按第一关键词为课程 1，第二关键词为课程 2 排序

#### mutate() 生成变量
Sum_course <-mutate(data, Sum_course = 课程 1+课程 2+课程 3+课程 4)
#新生成 Sum_course，为四门课程的总访问量
Sum_course_A <-mutate(Group_A, Sum_course = 课程 1+课程 2+课程 3+课程 4)
#只生成 A 组学生四门课程的总访问量

#### summarize() 汇总信息
summarize(Sum_course_A, mean_course_A = mean(Sum_course,na.rm = TRUE))
#输出 A 组学生总访问量的平均值
```

（二）ggplot2

ggplot2 是 R 语言中一个强大的数据可视化包，可以用于创建高质量的统计图形。ggplot2 采用了图形语法（grammar of graphics）的思想，将图形的构建过程拆分成一系列组件，使用户可以通过简单的组合和修改图形的组件来创建复杂的图形。

ggplot2 的基本语法包括三个主要组件：数据（data）、图形类型（geom）和图形属性（aes）。其中，数据是指需要进行可视化的数据框（data frame），图形类型是指要绘制的图形的类型（如点图、线图、条形图等），图形属性是指要添加到图形中的属性（如颜色、大小、形状等）。例如，仍然使用学习系统访问量数据（见表 2-3），用 ggplot2 绘制一个简单的散点图：

```
library(ggplot2)
data <- read.csv('学习系统访问量数据.csv', header = TRUE)
ggplot (data, aes(x = 课程 1, y = 课程 2)) +
geom_point()
```

ggplot2 基本功能示例代码

将数据集 data 中课程 1 和课程 2 两个变量作为 x 轴和 y 轴，绘制如下散点图

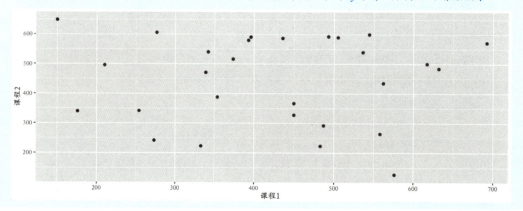

在 ggplot2 中可以使用各种函数，如 scale_x_continuous( )、scale_color_manual( ) 等来添加图形属性，使用 labs( ) 函数或 ggtitle( )、xlab( )、ylab( ) 函数来设置图形的标题和轴标签。例如：

```
ggplot (data, aes(x = 课程 1, y = 课程 2, , color = group)) +
    geom_point()+
    scale_color_manual(values = c("red", "blue", "green","pink","orange","yellow","purple")) +
```

按小组 (group) 进行颜色分类，并将颜色属性设置为红、蓝、绿、粉、橙、黄、紫七种颜色

```
    labs(title = "学习系统访问量数据",
        x = "课程 1 访问量",
        y = "课程 2 访问量")
```

代码示例——散点图添加图形属性

设置图形标题、x 轴标签和 y 轴标签

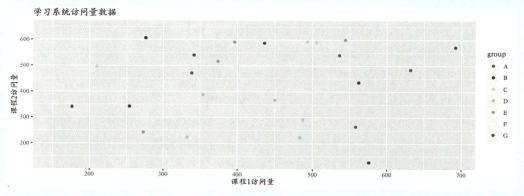

此外，还可使用theme( )函数中的各种参数来修改图形的样式，设置图片的背景、网格线、坐标轴字体等。使用ggplot2进行其他类别的可视化及其实现方法将在本章第五节进行详细介绍。

三、Weka

Weka全名为怀卡托智能分析环境（Waikato Environment for Knowledge Analysis），是一款免费的、基于Java环境的开源软件。它和它的源代码可通过http://www.cs.waikato.ac.nz/ml/weka获得。作为一个公开的数据挖掘工作平台，Weka集合了大量用于数据挖掘任务的机器学习算法，包括数据准备、分类、回归、聚类、关联规则和可视化等。

Weka主界面提供了5个应用界面（见图2-5）：（1）Explorer界面，用于数据挖掘的环境，提供了分类、聚类、关联规则和数据可视化等功能；（2）Experimenter界面，用来进行实验，对不同学习方案进行数据测试的环境，提供了针对不同的机器学习方法进行实验和统计测试的功能；（3）KnowledgeFlow界面，功能和Explorer类似，支持用户使用拖拽的方式进行操作，同时它还支持增量学习；（4）Workbench界面，包含了其他界面的组合；（5）Simple CLI界面，简单的命令行接口，可在不支持命令行的操作系统中直接调用Weka命令。

图2-5　Weka主界面

下面将介绍一个使用Weka处理数据的案例。用于分析的文件取自Weka自带数据集，名为"diabetes.arff"，如图2-6所示。该文件共768个实例，包括9个属性，分别为：preg（怀孕次数）、plas（2小时口服葡萄糖耐受检测中体葡萄糖含量）、pres（血压）、skin（三头肌皮褶厚度）、insu（2小时血清胰岛素浓度）、mass（体重除以身高的平方）、pedi（糖尿病家系功能）、age（年龄）和class（葡萄糖阴性或阳性）。

No.	1: preg Numeric	2: plas Numeric	3: pres Numeric	4: skin Numeric	5: insu Numeric	6: mass Numeric	7: pedi Numeric	8: age Numeric	9: **class** Nominal
1	6.0	148.0	72.0	35.0	0.0	33.6	0.627	50.0	tested...
2	1.0	85.0	66.0	29.0	0.0	26.6	0.351	31.0	tested...
3	8.0	183.0	64.0	0.0	0.0	23.3	0.672	32.0	tested...
4	1.0	89.0	66.0	23.0	94.0	28.1	0.167	21.0	tested...
5	0.0	137.0	40.0	35.0	168.0	43.1	2.288	33.0	tested...
6	5.0	116.0	74.0	0.0	0.0	25.6	0.201	30.0	tested...
7	3.0	78.0	50.0	32.0	88.0	31.0	0.248	26.0	tested...
8	10.0	115.0	0.0	0.0	0.0	35.3	0.134	29.0	tested...
9	2.0	197.0	70.0	45.0	543.0	30.5	0.158	53.0	tested...
10	8.0	125.0	96.0	0.0	0.0	0.0	0.232	54.0	tested...
11	4.0	110.0	92.0	0.0	0.0	37.6	0.191	30.0	tested...
12	10.0	168.0	74.0	0.0	0.0	38.0	0.537	34.0	tested...
13	10.0	139.0	80.0	0.0	0.0	27.1	1.441	57.0	tested...
14	1.0	189.0	60.0	23.0	846.0	30.1	0.398	59.0	tested...
15	5.0	166.0	72.0	19.0	175.0	25.8	0.587	51.0	tested...
16	7.0	100.0	0.0	0.0	0.0	30.0	0.484	32.0	tested...

图 2-6 "diabetes.arff" 文件

首先，在 Weka Gui 界面点击"Explorer"，进入数据挖掘的环境。点击"Open file"，选择 Weka 安装目录下的 data/diabetes.arff［见图 2-7（a）］。然后，在 Classify 标签下，选择分类算法：RamdomTree［见图 2-7（b）］，同时选择准确度检验方法，默认方法为十折交叉验证，点击"Start"开始执行任务［见图 2-7（c）］，之后，分类结果界面会出现在右侧［见图 2-7（d）］。

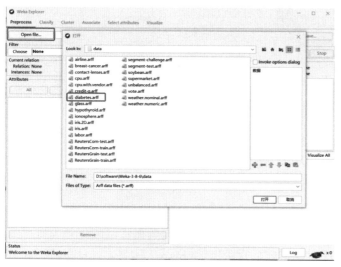

（a）安装目录选择

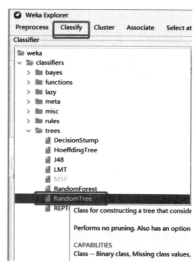

（b）选择分类算法

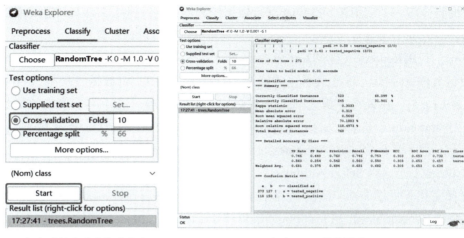

（c）选择准确度检验方法　　　　　　　（d）Weka结果界面

图2-7　Weka Explorer界面

四、RapidMiner

RapidMiner是用于机器学习和数据挖掘的数据科学工具，该工具以Java编写，通过基于模板的框架提供高级分析。用户界面较友好，可通过"拖拽"操作来设计分析过程的工作流程。该工具可以连接存储在关系数据库中的数据集、电子表格，或统计包等特定的文件格式。RapidMiner可以与Weka和R语言相集成，能够提供诸如远程分析处理、创建和验证预测模型、多种数据管理方法、内置模板、可重复的工作流程、数据过滤，以及合并与连接等多项实用功能。

RapidMiner的主界面包括6个功能区（见图2-8）：（1）Views区，展示设计模型，根据创建好的模型输出的执行结果展示；（2）Repository区，包括工具自带的一些示例数据和模型及自己创建的模型；（3）Operators区，包括工具自带的算法，用户可以根据自身需要使用这些算法；（4）Process区，用来展示工具自带的模型结构，用户可以自己导入数据设计自己的模型；（5）Parameters区，用来对模型设计区展示的算法的对应参数属性进行设置；（6）Help区，用以详细介绍每个操作（Operator）的功能。

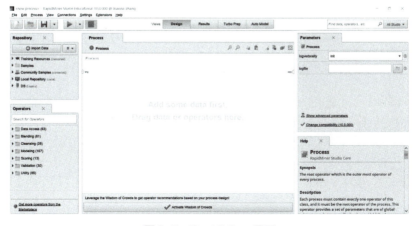

图2-8　RapidMiner界面

下面将介绍一个使用RapidMiner进行数据挖掘的案例。所用文件为"学习系统访问量数据.csv"（见表2-3），该案例旨在对数据集中的学习者进行聚类。

首先，利用Repository区的Import Data导入"学习系统访问量数据.csv"文件，因文档中包含中文字符，需将编码方式修改为UTF-8，然后，将数据直接拖入Process区［见图2-9（a）］。在聚类分析之前，还需对数据进行筛选，选择用于聚类的属性。因此，在Operators区中选择"Select Attributes"，将其拖入Process区，连接数据与Select Attributes，然后点击"Select Attributes"，屏幕右侧出现Parameters，attribute filter type中选择"subset"，点击"Select Attributes"，选择课程1-4作为属性，此时，聚类分析所需属性选择完毕［见图2-9（b）］。而后，在Operators区中选择K-means将其拖入Process区，连接Select Attributes与Clustering，最后将Clustering与Process区的res连接，点击页面上方的运行按钮，聚类分析完毕［见图2-9（c）］。结果可在Results部分进行查看。

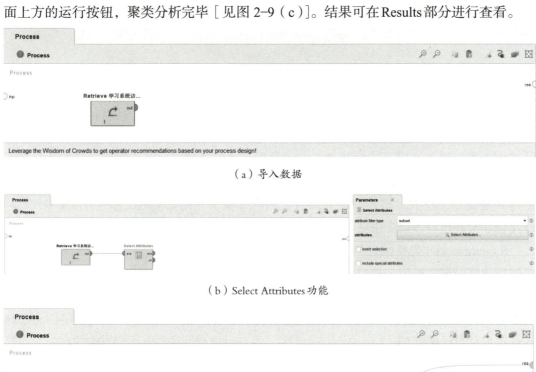

（a）导入数据

（b）Select Attributes功能

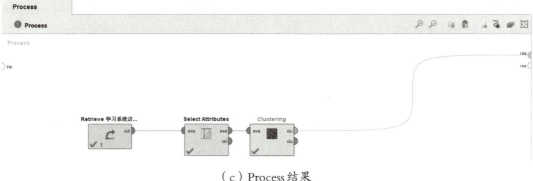

（c）Process结果

图2-9 RapidMiner数据挖掘流程

五、KNIME

KNIME的全称是The Konstanz Information Miner，是一个基于Eclipse平台开发、用

Java编写的模块化的数据挖掘系统。它允许用户直观地创建数据流，选择性地执行部分或所有分解步骤，然后通过数据和模型上的交互式视图检查执行后的结果。

KNIME主界面包括七个窗口（见图2-10），各个窗口的功能如下：（1）KNIME Explorer，可概览当前的工作流，即本地工作流和KNIME服务器上的工作流；（2）Workflow Coach，即推荐节点，在数据操作之后Workflow Coach会根据社区的统计信息，给出建议；（3）Node Repository，即节点库，包括各种KNIME的模块；（4）Workflow Editor，即画布，中间的画布是分析数据，组织分析流程的空间；（5）Outline，即概要图，用于定位到相应的模块位置；（6）Description，即节点说明，帮助了解选中模块的功能；（7）Console，即终端输出，在运行Workflow时一些额外的信息和运行错误都会在此处展示。

图2-10　KNIME界面

相比其他数据挖掘工具而言，KNIME通过拖拉的方式就能实现建模，对于非技术人员较为友好。下面将介绍一个使用KNIME进行数据处理的案例。所用的数据为"学习系统访问量数据.csv"（见表2-3）。

第一步，通过File—New—Select a wizard—New KNIME Workflow建立工作流［见图2-11（a）］，而后导入数据。第二步，在Node Repository中，选中"CSV Reader"并将其拖入画布，此时CSV Reader节点仍然是空的，CSV Reader下方的信号为红色，因此节点下方有一个感叹号。第三步，双击打开，在Settings中点击"Browse"按钮选择文件。文件中包含中文字符，因此可以在Encoding中选择"UTF-8"，点击"OK"按钮，完成数据的导入工作，此时CSV Reader下方的信号变成黄色。第四步，右击"CSV Reader"，选择"Execute"，此时CSV Reader下方的信号变成绿色。第五步，在Node Repository中选中"Line Plot"并将其拖入画布，拉动CSV Reader上的箭头与Line Plot连接在一起，此时Line Plot下方的信号变成黄色。第六步，双击打开"Line Plot"，选择x轴和y轴的变量，如学生id作为x轴变量，课程1-4作为y轴变量。第七步，点击"OK"按钮，完成图像的设计工作。最后，右击"Line Plot"，选择"Execute and Open Views"，即输出需要的图像［见图2-11（c）］，且Line Plot下方的信号变成绿色［见图2-11（b）］。

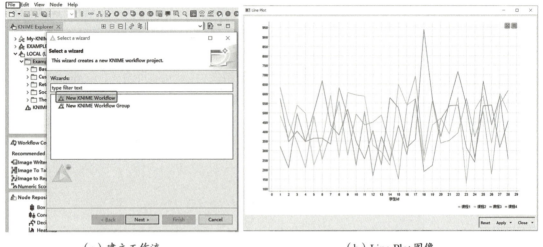

（a）建立工作流   （b）Line Plot图像

（c）画布结果

图2-11　使用KNIME进行数据可视化

图2-11彩图效果

第四节　数据预处理

　　数据预处理是开展后续数据工作的基础，直接关系到后续工作的质量和效率（李宇帆等，2019）。在教育情境中，数据预处理是一项重要且复杂的任务，有时数据预处理工作可能会占据数据分析一半的时间（Bienkowski et al.，2014）。教育数据具有层次性、异构性和来源多样性的特点，数据往往以不同的结构和格式记录存储。因此，数据预处理需要将数据结构和格式不统一的原始数据转换成恰当的数据格式。数据预处理需确定选择收集哪些数据、聚焦哪些问题、判断数据与问题是否紧密相关，并解决数据存在缺失值和异常值、数据形式不统一、数据量过大、数据维度过高等基本问题。这些过程涉及数据清洗、数据规约和数据转换等步骤。

一、数据清洗

人们常常抱怨"数据丰富，信息贫乏"，究其原因，一是缺乏有效的数据分析技术，二是数据质量不高，数据中存在脏数据（王曰芬等，2007）。数据清洗（data cleaning）的目的是检测、剔除并改正存在错误和不一致的脏数据，以提高数据的质量，获得可以直接带入模型的干净数据（郭志懋等，2002）。

脏数据是指不符合要求的数据，主要有不完整数据、错误数据和重复数据三大类。（1）不完整数据是指必要信息缺失的数据，如学生的姓名、学生的性别、所属学校等信息缺失。（2）错误数据通常是指输入错误或由客观原因造成错误的数据。输入错误是由原始数据录入人员疏忽而造成的，比如数值输入错误、字符串数据后的回车错误、日期格式不正确等。由客观原因引起的错误，如人员填写所属单位时出错和人员的调动、升迁等。（3）重复数据即相似重复记录，是指同一个现实实体在数据集合中用多条不完全相同的记录表示，它们在格式、拼写上存在差异，导致数据库管理系统不能正确识别。

数据清洗具体包括填补空缺值，处理异常值，识别、删除孤立点和消除不一致性等过程，须满足如下条件：（1）不论是单数据源还是多数据源，都要检测并且除去数据中所有明显的错误和不一致；（2）尽可能地减少人工干预和用户的编程工作量；（3）尽量与数据转化的过程相结合；（4）要有特定、相对应的语言指定数据转化和数据清洗操作，所有操作应在统一的框架下完成。

数据清洗主要有手工实现、编写清洗程序、清洗某特定应用领域问题及清洗与特定应用领域无关数据四种方法（王曰芬等，2007）。（1）手工实现主要通过人工检查，只要投入足够的人力、物力与财力，就能发现所有错误；但缺点是效率低下，在数据量大的情况下几乎不可能实现完全的手工数据清洗。（2）编写专门的清洗程序能解决某个特定的问题；但缺点是不够灵活，特别是在清洗过程需要反复进行才能达到使用要求时，程序会非常复杂，且一旦清洗过程发生变化，就会增大工作量；这种方法也没有充分利用目前数据库提供的强大数据处理能力。（3）解决某类特定应用领域的问题，如根据概率统计学原理查找数值异常的记录，对姓名、地址、邮政编码等进行清洗，这是目前研究较多的领域，也是应用最成功的一类。（4）与特定应用领域无关的数据清洗，主要集中应用于清洗重复记录上。在以上四种实现数据清洗的方法中，后两种具有某种通用性及较强的实用性。但是不管哪种方法，数据清洗都由三个阶段组成：数据分析、定义，搜索、识别错误记录，以及修正错误。

二、数据归约

数据归约（data reduction）是指用替代的、较小的数据表示形式替换原始数据。也就是说，在归约后的数据集上挖掘将更高效，且仍能够产生相同或相似的分析结果。数据归约有属性归约和数值归约两种类型，对应降维、数据抽样和数据离散化三个过程。

首先，降维可以剔除不必要的变量，即属性归约。其思路是通过属性合并或者删除

不相关的属性来减少数据维数，寻找出最小的属性子集并确保数据子集的概率分布尽可能地接近原来数据集的概率分布。属性规约常用的方法有合并属性、逐步向前选择、逐步向后删除、决策树归纳、主成分分析、计算相关系数和奇异值分解等。

其次，数据抽样是从数据集中选出一个有代表性的样本的子集。数据抽样有四种目的：（1）为减少提交给建模算法的数据案例的数量，如选择10%～20%的数据案例构建模型，称为简单随机抽样，各个案例被选中的概率相同。（2）为选择那些响应模式相对同质的情况，如针对不同的地区进行抽样并单独构建模型，称为分层随机抽样。（3）为平衡罕见事件以便通过机器学习进行分析，具体为增加对稀有类别的采样频率（过采样）或减少对常见类别的采样频率（欠采样）。（4）通过简单的随机抽样，将数据集分成训练集、测试集和验证集三个数据集进行分析。

最后，数据离散化可以在不改变数据相对大小的条件下，对数据进行相应的缩小。其基本思想是把无限空间中有限的个体映射到有限的空间中。（1）将连续数据离散化可以满足特定算法的特征类型要求，如关联规则挖掘算法、决策树算法。（2）离散化可以更好地提高算法的精度。（3）离散化处理本质是将连续型数据分段，因此数据中的异常值会直接划入相应的区间段中，进而增强了之后模型对数据异常值的稳定性。（4）离散化后的特征相对原始的连续型含义更加明确，使数据的可解释性更强，模型更易使用与理解。（5）将连续型特征离散化后特征的取值大大减少，减少了数据集占用的存储空间及在算法建模中的实际运算量，从而提升模型的计算效率。

三、数据转换

数据转换（data transformation）是指将数据统一成适合于数据分析和挖掘的形式。由于数据量的不断增加，原来数据构架的不合理导致其不能满足各方面的要求，或由于数据库、数据结构的更换，从而需要对数据本身进行转换。数据转换的方法有数据标准化（data standardization）、数据离散化（data discretization）和数据泛化（data generalization）三种。数据标准化是指将数据按比例缩放至一个特定的区间，数据离散化是指数据用区间或者类别的概念替换，数据泛化是指将底层数据抽象到更高的概念层。

数据标准化的目的是避免数据量级对模型的训练造成影响。若数据集中存在一个特征的方差远远大于其他特征的方差，那么这个特征就将成为影响目标特征的主要因素，模型将难以学习到其他特征对目标特征的影响。为了解决数据量级的影响，数据标准化应用较多的方法是最大最小标准化、Z-Score标准化和小数定标标准化。（1）最大最小标准化是指通过对特征做线性变换，使得转换后特征的取值分布在 [0,1] 区间内，适用于需要将特征取值简单地线性映射到某一区间中的情形。但当数据集中有新数据加入时，需要计算新的最小值和最大值与标准化操作，且数据存在离群值时标准化的效果较差。（2）Z-Score标准化使得处理后的数据具有固定均值和标准差，对特征取值中的每一个数据点做减去均值并除以标准化的操作，适用于特征的最大值或最小值未知、样本分布非常离散的情况。（3）小数定标标准化通过移动数据的小数点位置，使得标准化后特征取值的绝对值总是小于 1，小数点移动多少位取决于最大绝对值的大小。该方法适用于特征取值比较分散的情况，且易于还原标准化后的特征取值。但是，如果特征取值分布集中在某几个量级上，则小数定标标准化的特征取值也会集中在某几个值附近，不利于后续数据分析时的样本区分。当有新样本加入时，小数定标标准化方法需要重新确定小数点移动位数。此外，小数定标标准化的效果也会受到离群值的影响。

数据离散化与数据清理、数据规约的方法有重合之处。离散化方法一般分为以下四个步骤：（1）特征排序。对连续型特征的取值进行升序或者降序排列，可以减少离散化的运算开销。（2）切分点选择。根据给定的评价准则，合理选择切分点。常用的评价准则基于信息增益或者基于统计量。（3）区间段分割或者合并。基于选择好的切分点，对现有的区间段进行分割或者合并，得到新的区间段。（4）在生成的新区间段上重复第1 ～ 3 步，直到满足终止条件。具体的离散化方法有分箱离散化、直方图离散化、聚类分类离散化和相关度离散化等。

数据泛化起源于属性的概念分层，是指将数据的分层结构进行定义，把最底层粒度的数据不断抽象化。例如通过把相对低层的值（如学生就读的年级）用较高层概念（如小学、中学和高等教育）替换来汇总数据。进行面向属性的归纳，即对有大量不同属性的数据进行属性删除——某个属性存在大量不同值但是不能用其他较高层属性表示，或属性泛化——某个属性有大量不同值且存在对应的更高层属性，和属性泛化控制——避免过分泛化产生无用信息及泛化不足导致的信息过少。

第五节　数据分析

一、数据分析的定义

数据分析的目的是从数据中提取有用的信息，并根据数据分析做出决策。广义的数据分析被定义为清理、转换和建模数据的过程，对原始数据进行排序和组织，以便从中提取对决策有用的信息。狭义的数据分析指各种特定的数据分析方法，包括数据挖掘技术、文本分析技术和数据可视化等。下面将主要从狭义的定义介绍数据分析技术。

二、常用的数据分析技术和方法

基于不同的功能和技术，数据分析的主要类型有文本分析（text analysis）、统计分析（statistical analysis）、诊断分析（diagnostic analysis）、预测分析（predictive analysis）和规范性分析（prescriptive analysis）。

文本分析是一种基于文本信息使用数据库或数据挖掘工具提取和检查数据、推导模式，并最终解释数据、发现模式的方法。例如，Martí-Parreño 等人（2016）利用文献计量学和文本分析来分析发表在 *Web of Science* 期刊上有关游戏化学习的文章。为了探究出版趋势、相关作者和参与该领域的研究机构等信息，研究者分析了 2010—2014 年在教育学顶级期刊上发表的139篇文章。研究发表文章使用的主要主题、结构和研究设计，以期发现文章的分布模式（包括年度和期刊）、研究人员使用的主要关键字、参与本研究领域的最相关的研究人员和机构、研究人员使用的主要主题，以及研究人员使用的主要方法和设计。

统计分析通过分析一组数据或数据样本来解释"过去发生了什么"的问题，包括数据的收集、分析、解释、表示和建模。统计分析分为描述性统计分析和推断性统计分析两种类型。描述性统计分析用于分析完整的数据或汇总的数值数据样本，揭示连续数据的平均值、偏差或者分类数据的百分比和频率。推断性统计分析则根据样本数据去推断总体特征，它在对样本数据进行描述的基础上，对统计总体的未知数量特征做出以概率形式表述的推断。例如，根据一个班级学生的考试等级分布，推断整个年级段学生各个考试等级的占比情况。

诊断分析回答"为什么会发生"的问题，常用于识别数据的行为模式，通过统计分析呈现的信息判断先后发生的事件之间是否有因果关系。诊断分析涉及较复杂的数据发现、向下钻取、数据挖掘和数据关联等方法，常使用如机器学习、深度学习及强化学习等技术。例如，刘宝存和黄秦辉（2023）借助多层线性模型探讨了影响学生全球素养的学生和学校因素，发现家庭社会经济地位（economic, social and cultural status，ESCS）、多语能力和阅读兴趣对学生全球素养均有不同程度的预测作用，学校平均ESCS对四地学生全球素养具有正向预测作用，教师多元文化信念仅对新加坡学生全球素养有负向预测作用，学校平均ESCS、教师多元文化信念分别在学生阅读兴趣与全球素养、家庭社会经济地位和全球素养的关系中发挥负向和正向调节作用。

预测分析通过分析数据揭示"未来可能发生什么"，它的准确性取决于用于分析信息的数量、详细程度及研究者对信息的挖掘程度。如果一个学生上课出勤率很低，那么可以推断他最终会取得不理想的学业绩效。但是，影响学业成绩的因素较为复杂，还需要进一步基于当前或过去的数据对未来的结果进行预测。预测分析通常使用机器学习、决策树和神经网络等技术预测未来行为的模式。例如，Monllaó Olivé等人（2020）使用神经网络预测学生MOOC（慕课）平台的辍学情况，用于预测的指标包括学生对学习内容的评分、学生对论坛帖子的评分、学生是否参与测验及参与测验频率等。

规范性分析回答"我们需要做什么才能实现这一目标"的问题，能够在数据分析结果的基础上更进一步提供决策。规范性分析通常与预测分析配合使用，使用预测分析对可能发生的情况进行估计，随后利用规范性分析为未来的行动路线提供支持，以确定在当前问题或决策中采取何种行动。规范性分析不同于描述性分析，本质上旨在获得改进方法及策略、进行内涵价值判断。因此，在教育领域的研究中，规范性分析通常在学术论文的讨论、启发部分出现。如Chen等人（2022）设计开发了一款面向学生的协作学习反思仪表盘，以促进学生的在线协作写作。基于实验和访谈结果，研究提出了提高工具使用性和有效性的启示，如教师可以要求学生回顾可视化结果以确保学生阅读工具中呈现的信息，充分理解分析性和可视化信息，并与同伴就未来的行动进行沟通。

第六节　数据可视化

一、数据可视化的定义

数据可视化是通过使用常见图形来呈现数据的方法，通过图表、图形、地图、仪表盘等形式，将数据变得更加易于理解和分析的过程。数据可视化是数据科学过程中的关键步骤。原始数据通常以表格形式的数据呈现，但表格中的数据难以实现多个数据点之间的比较和关系分析。如果将数据以一种可视化的形式表现出来，可以帮助研究者和读者更好地理解复杂的数据和数据之间的关系，从而更好地发现数据中的规律和趋势，获得数据驱动决策的见解。

数据可视化主要有四个目的，分为观点生成、观点说明、可视化发掘和日常数据可视化四种类型。（1）观点生成是指利用数据可视化刺激新想法的产生。例如，可以在小组协作中使用思维导图收集、归纳和整理不同的观点，并突出群体的共同关注点，有助于帮助使用者和阅读者梳理思路、掌握主要信息。（2）观点说明是指利用数据可视化简化复杂的概念表示，呈现想法和策略的传递。例如，可以使用甘特图和瀑布图来说明工作流程或数据流，让使用者更容易理解数据之间的关系。（3）可视化发掘旨在对已有的数据关系进行证实，或者识别复杂数据集中的模式和趋势、解读数据的含义并进行深入的分析（Ryan, 2016）。（4）日常数据可视化区别于数据科学家的探索性分析，更关注于以一目了然的可视化形式传递有限的数据信息。

二、数据可视化流程

数据可视化是一个信息处理的过程，其流程从确定需要获得的信息开始，到获得目标所需的信息为止。数据可视化的目的不仅仅是制作出精美的图表，而是要从可视化的结果中寻找关键信息、辅助决策，如发现存在的问题、如何采取措施等。具体而言，数据可视化的流程包括明确数据表达的目的、选择合适的可视化工具、变换正确的数据结构、调整优化可视化结果及解读挖掘可视化信息五个步骤（见图 2-12）。

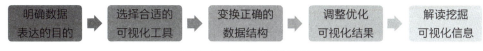

图 2-12　数据可视化流程

第一步，明确数据表达的目的。在开始数据可视化前，我们需要回答"我要了解哪些信息""我想告诉读者什么重点"来明确可视化的目的，再依此选择适合的可视化图表。如果想要展示学生在一节课中专注力的变化情况，那么可以采用时间维度的折线图来呈现其特征。

第二步，选择合适的可视化工具。在选择工具时，需要思考"什么工具能画出我想制作的可视化结果"。如果了解编程语言处理数据的基本操作，可以使用 R 语言和 Python 等开源工具；如果对编程语言较为陌生、追求快捷，则可以选择一些常用的可视化工具

或在线平台。

第三步，变换正确的数据结构。不同的可视化形式对数据输入的结构要求不同，因此在确定好数据可视化工具后，需要关注工具所要求的数据结构，并调整原始数据至可输入的标准格式。

第四步，调整优化可视化结果。可视化工具生成的图形通常可以进行个性化的定制，改变数据呈现的颜色、形状、标签、大小、布局等设定，以实现更好的阅读效果、强调有效信息。

第五步，解读挖掘可视化信息。数据可视化提供了一个更高效的学习环境，旨在帮助人们更好地分析数据和理解数据。通常不同的图表具有不同的解读方式，但是其原则都是抓住主要矛盾、完整地反映数据特征。

三、常见的数据可视化的类型

Shneiderman（1996）提出了可视化类型的分类标准。常见的静态数据可以分为1D/线性、2D/平面（包括地理空间）、3D/体积、时间性可视化、nD/多维、树状/分层，以及网络图七种类型。1D/线性的数据常为数据项列表，按单个特征组织（如字母顺序），因此1D的数据通常不可视化。下面将介绍不同静态数据可视化类型的具体内容。

（一）2D数据可视化类型及实现

2D数据可视化类型包含最常见的图表，如表、饼图、条形图、折线图和面积图等（见图2-13）。

（1）表由变量的行和列组成，可以以结构化的方式显示大量信息。（2）饼图和堆积条形图提供了整体数据中每个部分大小比较的信息，将每个数据值表示为一个按比例大小的部分，所有区块的和等于100%。如图2-13（a）展示了协作小组中提问（ASQ）、共识建设（CB）、提出新观点（NIC）等话语编码的占比。如图2-13（b）使用堆积条形图表示了学生写作讨论时，不同类型的认知和调节话语在个人、同伴和小组的分布情况。（3）折线图和面积图通过绘制一系列数据点随时间的变化来显示一个或多个数量的变化，折线图利用线条来演示而面积图将数据点与线段连接起来，将变量堆叠在一起，并使用颜色来区分变量。如图2-13（c）的折线图表示了协作写作小组在前四周写作数量、修改、评论等方面的变化。

图2-13彩图效果

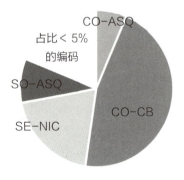

（a）饼图

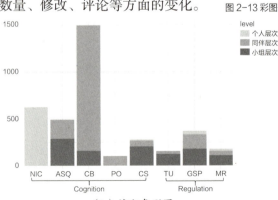

（b）堆积条形图

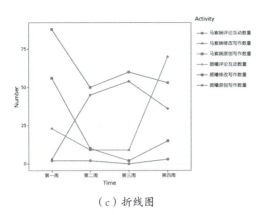

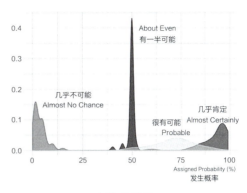

（c）折线图　　　　　　　　　　　　　　　　（d）面积图

图 2-13　常见的 2D 数据可视化示例

此处利用R程序ggplot2包实现面积图的可视化。绘图数据为R程序自带的数据集 diamonds。

载入所需要的包
library(ggplot2)
library(hrbrthemes)
library(dplyr)
library(tidyr)
library(viridis)

绘制面积图
p1 <- ggplot(data=diamonds, aes(x=price, group=cut, fill=cut)) +
geom_density(adjust=1.5) +
theme_ipsum()
p1

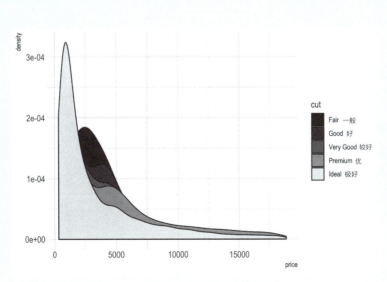

（二）3D数据可视化类型及实现

3D数据可视化类型包含体积的可视化和计算机建模的3D图形。3D建模在中小学及高等教育环境的STEM课程中被广泛运用。图2-14利用了坐标系中大量的数据坐标，表征了某个建筑物的外围墙体设计，清晰展示了模型的长、宽、高等情况。

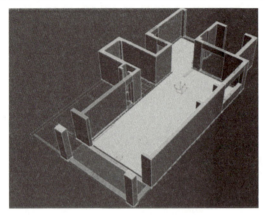

图2-14　3D建模示例

（三）时间维度数据可视化类型及实现

时间维度可视化可以采用多种形式，包括甘特图、桑基图、时间序列图、时间轴、流图、弧形图、玫瑰图和冲击图等（见图2-15）。

甘特图最常用于时间维度的任务计划；图2-15（a）展示了一组在线协作写作的小组随时间的行为变化，不同颜色图示代表了不同的学生，而不同形状的标记表示了不同的协作写作行为。

桑基图可以呈现数据的流动情况，其起始端和结束端的分支宽度总和相等，即所有主支宽度的总和应与所有流动的分支宽度的总和相等，保持能量的平衡；图2-15（b）展示了从协作小组状态到指导员脚手架，以及小组对脚手架的吸收的过渡频率（Ouyang et al., 2022）。

时间序列图是按时间顺序排列的一系列数据点，通常以横坐标为时间，以纵坐标为发生的事件。例如，图2-15（c）展现了高、中、低三类绩效小组中，学生不同的编程行为在各个时间点的分布（Sun et al., 2021）。

图2-15彩图效果

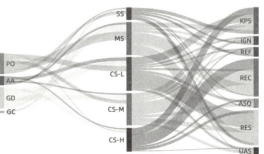

（a）甘特图　　　　　　　　　　（b）桑基图

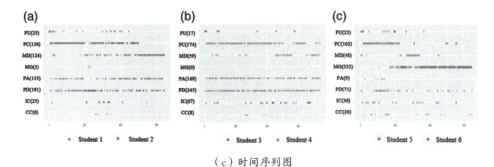

（c）时间序列图

图 2-15　常见的时间维度可视化示例

此处利用 R 程序 networkD3 包实现桑基图的可视化。networkD3 包可以创建基于 Htmlwidgets 框架的网络图，支持力导向图、桑基图和 Reingold-Tilford 树形图三种类型的网络图。

R 程序桑基图
示例代码

```
#### 载入所需要的R包
library(networkD3)
library(dplyr)

#### 构建绘制桑基图的边数据框，由具有不同值的数据流构成
links <- data.frame(
    source=c("group_A","group_A", "group_B", "group_C", "group_C", "group_E"),
    target=c("group_C","group_D", "group_E", "group_F", "group_G", "group_H"),
    value=c(2,3, 2, 3, 1, 3)
    )

#### 构建桑基图的节点数据框，由包含在数据流中的实体组成
nodes <- data.frame(
    name=c(as.character(links$source),
    as.character(links$target)) %>% unique()
    )

#### networkD3 包中的实体连接必须由id呈现，因此需要定义不同实体的id
links$IDsource <- match(links$source, nodes$name)-1
links$IDtarget <- match(links$target, nodes$name)-1

#### 绘图
p <- sankeyNetwork(Links = links, Nodes = nodes,
    Source = "IDsource", Target = "IDtarget",
    Value = "value", NodeID = "name",
sinksRight=FALSE)
```

（四）nD／多维数据可视化类型及实现

呈现nD／多维数据可视化图形包括词云图、热力图、气泡图、雷达图和箱形图等形式（见图2-16）。

（1）词云图通过文字占的面积大小、颜色的深浅变化来呈现关键词出现的次数。文字占的面积越大，代表该词出现的次数最多；相反，文字占的面积越小，代表该词出现的次数就越少。图2-16（a）展示了在线协作写作小组开发的词云反馈图，图中展示了截至当前周积累写作的关键词提取及分析情况（Chen et al., 2022）。

（2）热力图是一种通过对色块着色来显示数据的统计图表，较大的值由较深的暖色颜色表示，较小的值由较浅的冷色颜色表示。热力图还可以通过x、y轴呈现一定的位置信息。例如，图2-16（b）呈现了学习者在协作活动中不同调节类型的先后转化情况，第一列为调节的起始类型，第一行为接续的调节类型，对应的单元格颜色和转化的强度相关（Zheng et al., 2019）。

（3）气泡图常用于展示三维变量关系，是散点图在多维数据上的变体，气泡的颜色代表不同的类别，x轴和y轴分别代表两个变量，气泡的大小表示第三个变量。图2-16（c）展示了面对面课堂中学生的行为表现随时间变化，气泡所处的y轴位置和颜色代表行为的类型，气泡所处的x轴位置代表行为发生的时间，气泡的大小代表该行为持续的时间长短。

（4）雷达图将多个维度的数据量映射到坐标轴上，可以用于定量比较多个变量。每一个维度的数据都分别对应一个坐标轴，这些坐标轴以相同的间距沿着径向排列，并且刻度相同。图2-16（d）展示了在线讨论论坛中4个类别的学生在不同维度的表现情况，呈现了学生在发表观点、提问、共识建设、总结反思和社会情感方面的差异。

（5）箱形图可以显示一组数据的分布情况，还可以进行多组数据分布特征的比较。箱形图可以呈现数据集的最大值、最小值、中位数和两个四分位数，箱体代表数据集的四分位数，最大值和最小值与箱体相连接，中位数在箱体中间。图2-16（e）展示了协作小组在协作解决问题期间的社会、认知、元认知和行为贡献的情况（Ouyang et al., 2021）。

图2-16 彩图效果

（a）词云图

	SRL-TA	SRL-PL	SRL-EL	SRL-MO	SSRL-TA	SSRL-PL	SSRL-EL	SSRL-MO	EX
SRL-TA	0.00	0.00	0.01	0.00	0.00	0.00	0.00	0.00	0.00
SRL-PL	0.00	0.00	0.00	0.00	0.00	0.00	0.00	0.00	0.00
SRL-EL	0.00	0.11	0.30	0.02	0.01	0.04	0.05	0.03	0.12
SRL-MO	0.09	0.44	0.17	0.66	0.17	0.04	0.03	0.12	0.08
SSRL-TA	0.00	0.11	0.02	0.02	0.16	0.43	0.03	0.06	0.02
SSRL-PL	0.00	0.00	0.01	0.00	0.00	0.17	0.00	0.01	0.00
SSRL-EL	0.00	0.00	0.00	0.00	0.00	0.00	0.05	0.17	0.00
SSRL-MO	0.27	0.00	0.16	0.10	0.36	0.30	0.43	0.43	0.10
EX	0.64	0.33	0.33	0.19	0.29	0.39	0.43	0.34	0.79

（a）热力图

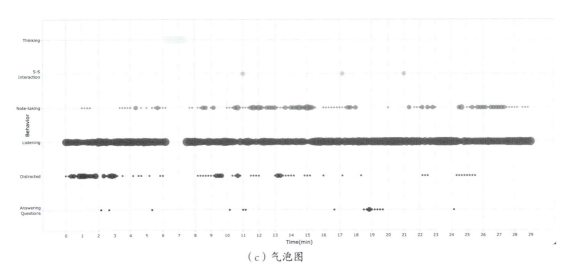

（c）气泡图

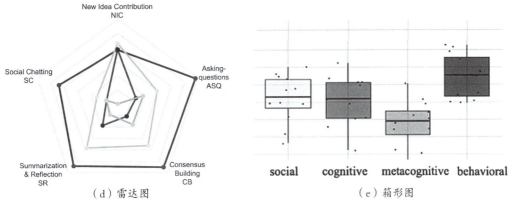

（d）雷达图 　　　　　　　　　　（e）箱形图

图2-16　常见的多维数据可视化示例

下面首先利用R程序wordcloud2包来实现词云图的可视化。绘制词云图的数据格式为数据框，每一行包含词语和词语出现的频率。

library(wordcloud2) # 载入所需要的包

wordcloud2(demoFreq, size=1.6, color='random-dark') # 字体颜色设定为预定模式

R程序词云图
示例代码

wordcloud2(demoFreq, size=1.6, color=rep_len(c("green","blue"), nrow(demoFreq))) # 或给定一组颜色向量，向量长度与给定的词语数符合

wordcloud2(demoFreq, size=1.6, color='random-light', backgroundColor="black") # 更改背景颜色

此处利用R程序ggplot2包实现箱形图的可视化。

```
#### 载入所需要的包
library(ggplot2)
library(hrbrthemes)
library(viridis)
```

R 程序箱型图
示例代码

```
#### 创建数据集
data <- data.frame(
    name=c( rep("A",500), rep("B",500), rep("B",500), rep("C",20), rep("D", 100)),
    value=c( rnorm(500, 10, 5), rnorm(500, 13, 1), rnorm(500, 18, 1), rnorm(20, 25, 4),
rnorm(100, 12, 1))
    )
#### 绘制箱形图
data %>%
    ggplot( aes(x=name, y=value, fill=name)) +
    geom_boxplot() +
    scale_fill_viridis(discrete = TRUE, alpha=0.6) +
    geom_jitter(color="black", size=0.4, alpha=0.9) +
    theme_ipsum() +
    theme(
        legend.position="none",
        plot.title = element_text(size=11)
        ) +
        ggtitle("A boxplot with jitter") +
xlab("")
```

（五）树状/分层可视化类型及实现

树状/分层可视化旨在捕获大型分层数据的信息，包括单个数据点的值和数据的层次结构。可用的可视化类型有树状图、树形图、径向图和旭日图（见图2-17）。

（1）树状图是数据树的图形表示形式，通过树状结构表示层次结构［见图2-17（a）］。其结构通常由没有上级的元素开始（根节点），与后加入的节点（分支）用线连接表示成员之间的关系和连接，最终由没有子节点的枝叶节点结束。树状图还分为有权重的树状图和无权重的树状图，有权重的树状图的每个节点带有权重，可以展示数据量的大小。

（2）树形图通常以矩形将层级数据显示为一组嵌套形状，适合通过区域大小比较类别之间的比例［见图2-17（b）］。一个树形图被分为若干个矩形，矩形的大小和顺序取决于变量的特征，还常用颜色表示不同的变量。

（3）径向图以径向向外扩展的方式显示树的结构［见图2-17（c）］。这种类型的图使用同心圆网格来绘制条形图，每个圆圈代表一个比例值，而如果是直方图，径向分隔线（从中心延伸的线）用于区分每个类别或区间。通常，标尺上的较低值从中心开始，并随每个圆圈增加。但是，也可以在径向柱形图上显示负值，方法是从任何一个外部圆（从中心一个圆）开始为零，并且将其中的所有圆用作负值。径向图通常从中心开始向外延伸，但是可以用可变的起点来显示范围。总的来说，径向图可以表示多组数据的对比情况。

（4）旭日图是一种圆环镶接图，可以看作多个饼图的组合，不仅可以体现数据比例，还能体现数据层级之间的关系。图中每个级别的数据通过一个圆环表示，离原点越近代表圆环级别越高，由内向外按层次结构依次递减，每层可以显示数据的占比情况。图2-17（d）展示了Liu等人（2022）利用多层网络分析在线课程学习中学习者在社会和认知层面的参与差异。该旭日图由随机选择的18名学生组成，不同圆环代表不同的层级，不同颜色代表学生归属的不同群体。他们平均分布在社交网络的所有三个群体中，结果显示个别学生的分组并不相同。例如，学生109编码属于社交网络中的组A和认知网络中的组C，但是属于两个多重网络中的组B。

图2-17 彩图效果

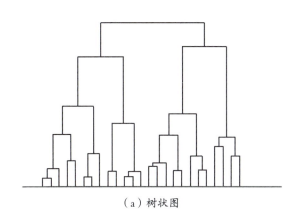

（a）树状图

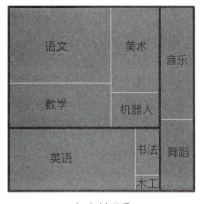

（b）树形图

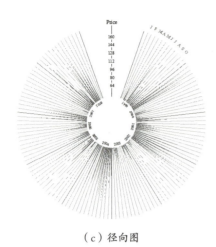

（c）径向图

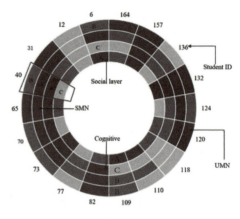

（d）旭日图

图2-17　常见的树状/分层可视化示例

此处利用R程序treemap包实现树形图的可视化。绘制树形图需要数据集（data），包括一列组的类别（index），以及一列每个类别组的大小（vSize）。

```
library(treemap) # 载入所需要的包

#### 创建数据集
group <- c("group-1","group-2","group-3")
value <- c(13,5,22)
data <- data.frame(group,value)

#### 绘制树形图
treemap(data,
  index="group",
  vSize="value",
  type="index"
)
```

R程序树形图
示例代码

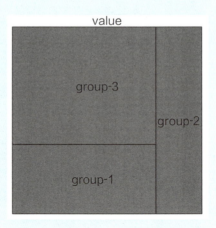

（六）网络图可视化及实现

网络图使用节点和连接线来显示事物之间的连接关系，可以说明一组实体之间的关系和类型。节点表示网络中的各个元素，如人物、物品、地点等，而边则表示节点之间的关系。在教育领域中，常用的网络图包含社会网络、认知网络和复杂网络。例如，图2-18呈现了学生在混合式学习环境中与学习资源的互动网络，其中节点代表在线课程的内容，如讲座、学习活动、论坛、考试等，弧线表示学习顺序。例如，某位学生在复习一节课的内容后（节点29），又完成了知识测试（节点33）（Ramirez-Arellano, 2019）。

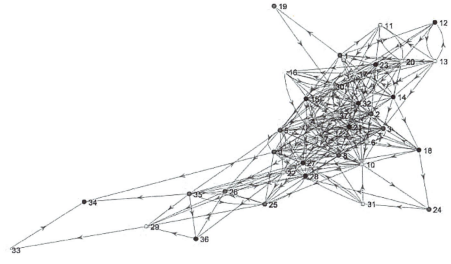

图2-18　网络图

具体的网络图操作方法与学习分析中的社会网络分析相同。具体的操作步骤和R语言实现代码可以查阅本书第三章学习分析及案例中的第一节社会网络分析的相关内容。

可视化工具资源
列表

📝 本章小结

本章介绍了数据处理的基本概念及流程，包括教育数据的类型和特征、教育数据采集方法，以及数据处理中的数据预处理、数据分析和数据可视化等步骤。根据本章对教育数据收集、处理和实现方法的介绍，读者可以了解并初步实现在开展数据驱动的教育研究前的研究数据准备工作，为后续的数据分析打下基础。

☑️ 知识要点

1. 教育数据具有层次性、时序性和情境性的特点。

2. 常用的教育研究数据采集方法包括问卷、访谈、叙述、观察、测验、角色扮演，以及教育视觉媒体等。

3. 教育大数据的采集包括集中式采集、伴随式采集和周期性采集三种方式，涉及平台采

集、视频录制、图像识别和物联感知四种采集技术。

4. 当前已有许多可以应用的成熟的数据处理与分析软件，如Microsoft Excel、SPSS、Python、R语言、EDM Workbench、Weka、RapidMiner和KNIME等。

5. 数据预处理首先需确定选择收集哪些数据、聚焦哪些问题、判断数据与问题是否紧密相关，并解决数据存在缺失值和异常值、数据形式不统一、数据量过大、数据维度过高等基本问题，涉及数据清洗、数据规约和数据转换等步骤。

6. 狭义的数据分析是指各种特定的数据分析方法，其中包括的技术有数据挖掘技术、文本分析技术、数据可视化等。

7. 数据可视化是通过使用常见图形来呈现数据，通过图表、图形、地图、仪表盘等形式，将数据变得更加易于理解和分析的过程。

思考题

1. 在学习和教学及相关活动中，可能产生哪些数据和信息？这些教育数据可以采用何种方法进行采集？

2. 教育数据分析可能的受众有哪些？这些数据可以让受众了解哪些信息？

3. 请设想一个具体的学习情境，分析在该情境中可以收集到哪些类型的数据、如何采集数据、这些数据应该经过怎样的处理和分析步骤，以及可能获得的分析结果。

参考文献

Baker R S J d, 2010. Data Mining for Education[M]// McGaw B, Peterson P,Baker E. International Encyclopedia of Education (3rd edition). Oxford, UK: Elsevier.

Bienkowski M, Feng M, Means B, 2014. Enhancing teaching and learning through educational data mining and learning analytics: An issue brief [M]. Washington, DC: US Department of Education, Office of Educational Technology.

Chen S, Ouyang F, Jiao P, 2022. Promoting student engagement in online collaborative writing through a student-facing social learning analytics tool[J]. Journal of Computer Assisted Learning, 38(1): 192−208.

Cohen L, Manion L, Morrison K, 2017. Research Methods in Education (8th ed.)[M]. Lodon: Routledge.

Knight S, Friend Wise A, Chen B, 2017. Time for change: Why learning analytics needs temporal analysis[J]. Journal of Learning Analytics, 4(3): 7−17.

Liu S, Hu T, Chai H,et al, 2022. Learners' interaction patterns in asynchronous online discussions: An integration of the social and cognitive interactions[J]. British Journal of Educational Technology, 53(1): 23−40.

Marszalek J M, Barber C, Nilsson J E, 2019. A cognitive diagnostic analysis of the social issues advocacy scale (SIAS)[J]. Educational Psychology (Dorchester-on-Thames), 39(6): 839−858.

Martí-Parreño J, Méndez-Ibáñez E, Alonso-Arroyo A, 2016. The use of gamification in education: A bibliometric and text mining analysis: Gamification in education[J]. Journal of Computer Assisted Learning, 32(6): 663−676.

Monllaó Olivé D, Huynh D Q, Reynolds M,et al, 2020. A supervised learning framework: Using assessment to identify students at risk of dropping out of a MOOC[J]. Journal of Computing in Higher Education, 32(1): 9−26.

Ouyang F, Chen Z, Cheng M,et al, 2021. Exploring the effect of three scaffoldings on the collaborative problem-solving processes in China's higher education[J]. International Journal of Educational Technology in Higher Education, 18(1): 35.

Ouyang F, Dai X, Chen S, 2022. Applying multimodal learning analytics to examine the immediate and delayed effects of instructor scaffoldings on small groups' collaborative programming[J]. International Journal of STEM Education, 9(1): 45.

Ramirez-Arellano A, 2019. Students learning pathways in higher blended education: An analysis of complex networks perspective[J]. Computers and Education, 141: 103634.

Romero C, Ventura S, 2013. Data mining in education: Data mining in education[J]. Wiley Interdisciplinary Reviews: Data Mining and Knowledge Discovery, 3(1): 12−27.

Ryan L, 2016. The visual imperative: Creating a visual culture of data discovery [M]. California: Morgan Kaufmann.

Saqr M, Peeters W, Viberg O, 2021. The relational, co-temporal, contemporaneous, and longitudinal dynamics of self-regulation for academic writing[J]. Research and Practice in Technology Enhanced Learning, 16(1): 29.

Shneiderman B, 1996. The eyes have it: A task by data type taxonomy for information visualizations[C]// Proceedings 1996 IEEE Symposium on Visual Languages. Boulder, US: IEEE.

Sun D, Ouyang F, Li Y,et al, 2021. Three Contrasting Pairs' Collaborative Programming Processes in China's Secondary Education[J]. Journal of Educational Computing Research, 59(4): 740−762.

Zheng J, Xing W, Zhu G, 2019. Examining sequential patterns of self- and socially shared regulation of STEM learning in a CSCL environment[J]. Computers & Education, 136: 34−48.

柴唤友, 刘三女牙, 康令云, 等, 2020. 教育大数据采集机制与关键技术研究 [J]. 大数据 (6): 14−25.

郭志懋, 周傲英, 2002. 数据质量和数据清洗研究综述 [J]. 软件学报 (11): 2076−2082.

李宇帆, 张会福, 刘上力, 等, 2019. 教育数据挖掘研究进展 [J]. 计算机工程与应用 (14): 15−23.

刘宝存, 黄秦辉, 2023. PISA 高绩效地区学生的全球素养: 个体和学校因素的影响 [J]. 华东师范大学学报（教育科学版）(2): 38−52.

王曰芬, 章成志, 张蓓蓓, 等, 2007. 数据清洗研究综述 [J]. 现代图书情报技术 (12): 50−56.

杨现民, 唐斯斯, 李冀红, 2016. 发展教育大数据: 内涵、价值和挑战 [J]. 现代远程教育研究 (1): 50−61.

本章
导入

第三章学习课件

　　本章介绍学习分析技术和具体案例，包括社会网络分析法、内容分析法、话语分析法、滞后序列分析法、频繁序列挖掘法、时序分析法、认知网络分析法、过程挖掘法和多模态学习分析法。学习分析技术是指测量、收集、分析和报告有关学生的学习行为及学习环境的数据，以理解和优化学习及其产生的环境的技术（Ferguson, 2012）。具体而言，学习分析技术基于与学习者学习相关的数据，使用不同的分析方法对数据进行解释，并根据解释的结果探究学习者的学习过程、发现学习规律，根据数据阐释为学习者的学习表现提供相应反馈，从而促进有效的学习。因此，学习分析技术可作为学校决策管理、教师优化教学的有效支持工具，也可为学生的自适应学习、个性化学习和学习危机预测提供有效数据支持（顾小清等，2012）。

第一节　社会网络分析

一、定义

　　社会网络分析方法（social network analysis, SNA）在教育环境中是分析实体间的关系及这些关系对教学和学习影响的方法，可应用于社会角色监测、交互特征识别、社会网络演变追踪和学习影响因素分析。社会网络通常以图的形式表示实体及实体之间的关系，包含节点、连接、强度和方向四个元素。节点表示不同的实体，节点的颜色和大小可以用于表征实体的特征；节点之间的连线表示实体之间的关系，连线的粗细、指向可以代表关系的不同强度和交互方向。

　　社会网络可以是包含同类型节点的单模式网络、包含两种不同类型节点的双模式网络，或包含两种以上不同类型节点的多模式网络（Opsahl, 2013）。单模式网络是指只涉及学习者的网络分析（如学习者互动网络）或只涉及学习内容的网络（如文献引用结构）。双模式网络是指用于分析同时涉及学习者和学习内容的网络（如学习者的资源使用情况）或学习者和学习活动的网络（如学习者的讨论参与度）。多模式网络是指用于分析同时涉及学习者、学习内容和学习活动等多个实体之间关系的网络（如学习者的讨论参与度和资源利用情况）。

二、测量指标

社会网络的测量指标包括含节点层面的度量指标和网络层面的度量指标（见表3-1）。节点层面常见的度量指标包括度中心性、接近中心性和中介中心性。（1）度中心性包括出度中心性和入度中心性，出度中心性表示由参与者发出的交互频率数量，入度中心性表示指向参与者的交互频率数量。（2）接近中心性表示参与者与其他参与者间累计路径长度的倒数，反映参与者与其他人交换信息的效率；接近中心性可进一步分为入接近中心性和出接近中心性，分别反映参与者接受和传播信息的效率。（3）中介中心性反映参与者如何在两个参与者之间的最短路径中扮演中介者的角色。

网络层面常见的度量包含节点数量、边数量、交互频率、度均值、网络密度、平均路径长度、互惠性、传递性、集聚系数等。节点数量表示网络中节点的总数，即参与交互的主体数量。边数量表示网络中实体间产生的连线数量，即不同主体之间交互的关系。交互频率表示主体之间互动总数。度均值表示网络中节点的入度和出度的均值。网络密度表示节点在网络结构中实际关系数量与所有可能关系数量的比值，密度越大，群体之间的交互就越密集。平均路径长度表示所有可能节点之间的平均最短路径。互惠性和传递性可以反映参与者在网络中的互动水平。集聚系数可以表明网络的分布特征，集聚系数的范围从 0（表示完全不连通的网络）到 1（表示最联通的网络）。

表3-1　单模权重社会网络分析指标

SNA 度量	描述
节点层面	
出度中心性	描述一个参与者发出的交互频率数量
入度中心性	其他参与者连接到自身的交互频率数量
接近中心性	参与者到网络中其他所有参与者的路径长度的倒数
中介中心性	通过一个节点的最短路径的数量
网络层面	
节点数量	整个网络中参与者的数量（节点的数量）
边数量	网络结构中的边的数量，不考虑边的权重
交互频率	整个网络结构中交互频率的总数（包括学生—学生、学生—教师、教师—学生）
度均值	对出度、入度的总和求平均值
网络密度	网络结构中实际的边的数量与可能边的数量的比值
平均路径长度	网络中任意两个节点之间的平均最短路径长度
互惠性	对称的二元组与全部可能的二元组的比率
传递性	可传递的三元组与网络中所有三元组的比率
集聚系数	网络中节点之间结集成团程度的系数

三、社会网络分析工具

社会网络分析可以通过使用编程语言和现有的社会网络分析软件实现（见表3-2）。编程语言可以采用R语言和Python。R语言进行数据处理主要用到sna包，可视化网络图主要用到visNetwork包或Network包。利用Python进行社会网络分析主要用到Networkx包。

社会网络分析应用软件有Gephi、NetMiner、Pajek和UCINET，其中UCINET是较为流行的社会网络分析软件，该软件提供了数据管理和转化功能，能够处理的原始数据为矩阵格式，也可将数据和处理结果输出至NetDraw、Pajek、Mage和KrackPlot等软件中作图。

表3-2　社会网络分析工具表

类型	名称	简介	主页
编程语言	R 语言	R 语言中可以使用 sna、igraph、visNetwork、Network 等程序包进行社会网络分析和网络图可视化	https://cran.r-project.org/web/packages/sna/sna.pdf https://cran.r-project.org/web/packages/visNetwork/visNetwork.pdf https://cran.r-project.org/web/packages/network/vignettes/networkVignette.pdf
编程语言	Python	Python 中可以使用 Networkx、igraph 等程序包进行社会网络分析和网络图可视化	https://networkx.org/documentation/stable/index.html https://python.igraph.org/en/stable/
软件	Gephi	Gephi 是一款开源免费的社会网络分析软件，主要用于各种网络和复杂系统，动态和分层图的可视化与探测	https://gephi.org/
软件	NetMiner	NetMiner 提供社会网络分析和可视化功能，支持以可视化的方式探查网络数据，找出网络潜在的模式和结构	http://www.netminer.com
软件	Pajek	Pajek 是大型复杂网络分析工具，可用于含有上千乃至数百万个节点的大型网络分析和可视化	http://mrvar.fdv.uni-lj.si/pajek/
软件	UCINET	该软件提供了数据管理和转化功能，能够处理的原始数据为矩阵格式。但需要将数据和处理结果输出至 NetDraw、Pajek、Mage 等软件进行网络可视化	https://sites.google.com/site/ucinetsoftware/home

四、社会网络分析步骤

社会网络分析包括数据收集、数据处理、数据分析和结果呈现四个步骤。在数据收集阶段可以通过社交平台如论坛、QQ、微信和钉钉等渠道获取学生的在线交互数据，也可以通过录音、录像的方式记录学生线下交互数据。在数据处理阶段，需将学生的交互数据转录成矩阵格式存放在Excel中。在数据分析阶段，需将数据导入数据分析平台，随后按需计算节点层面的指标和网络层面的指标。在结果呈现阶段，可以使用可视化工具绘制社会网络图，更清晰地表示社会交互情况。

此处利用R语言sna程序包呈现一个社会网络分析案例，包括社会网络指标的计算和社会交互网络图的绘制。该案例数据为一门在线研究生课程中的论坛讨论数据，案例分析旨在探究该课程讨论中存在何种社会网络，该社会网络有何特点，以及每个参与者是如何参与到该社会网络中的。

第一步，收集社会网络数据并处理。学生的论坛交互数据已预先处理成了二维邻接矩阵格式（见图3-1）。在矩阵中，S代表学生，T代表教师。第一列的实体表示社会网络关系的发出者，第一行的实体表示社会网络关系的接受者。矩阵中的元素代表对应行和列实体之间的连接关系，0代表两个实体间不存在连接，1或其他数字代表实体存在连接及连接的数量或权重。本案例对节点层面的入度和出度、网络层面的网络密度和传递性计算方法做简要说明。更多指标的计算方法请查看sna手册（参见 https://cran.r-project.org/web/packages/sna/sna.pdf）。

社会网络分析
案例数据

	S01	S02	S03	S04	S05	S06	S07	S08	S09	S10	S11	S12	S13	S14	S15	S16	S17	S18	S19	T01
S01	0	2	0	0	0	0	0	0	0	2	0	0	0	0	0	0	0	1	0	4
S02	1	1	1	1	1	0	0	2	0	0	5	1	1	1	0	3	1	0	0	14
S03	0	1	1	4	1	1	0	1	0	1	1	0	1	1	0	1	0	0	1	13
S04	0	0	1	1	3	2	0	1	0	0	1	0	0	0	0	1	0	0	0	18
S05	0	2	0	2	6	0	4	2	1	0	0	0	1	0	0	1	0	0	0	16
S06	0	0	2	1	0	4	0	1	0	0	0	0	1	0	0	1	0	0	0	14
S07	0	0	0	0	2	0	0	0	2	0	0	0	1	0	0	1	0	0	0	14
S08	0	1	2	1	0	0	0	0	2	0	0	0	0	0	0	1	0	0	0	15
S09	0	0	0	0	6	0	0	0	2	4	2	0	0	3	1	1	0	0	1	15
S10	0	4	0	1	0	0	0	0	2	0	0	0	0	3	0	0	0	1	1	17
S11	0	1	0	0	0	3	1	0	0	0	0	0	0	3	0	0	0	0	1	20
S12	1	1	0	0	1	1	5	0	4	1	7	0	0	4	0	1	0	2	1	13
S13	0	1	1	0	0	0	2	0	2	0	0	1	0	2	1	1	0	2	1	14
S14	1	0	0	0	0	6	1	0	2	0	2	0	1	0	0	0	0	1	0	15
S15	0	1	0	1	0	0	1	0	0	1	6	1	0	0	0	0	0	0	0	12
S16	1	0	1	0	0	2	1	0	0	0	0	0	0	0	0	0	0	2	1	16
S17	0	1	1	0	1	1	0	1	0	0	0	0	0	0	0	0	0	2	0	14
S18	0	0	0	2	0	2	0	2	0	0	0	0	5	1	1	0	1	0	1	16
S19	0	0	0	1	0	0	0	0	0	0	0	0	0	0	0	0	0	0	0	14
T01	1	3	1	3	5	2	2	2	2	2	4	2	3	2	3	2	3	1	1	

图3-1　社会网络分析原始数据表截图

第二步，安装sna程序包并导入原始数据。可在指令窗口输入install. packages（sna）安装包。随后在程序中载入sna包并读入需分析的数据。

社会网络分析代码

```
library(sna)
all_matrix <- read.csv("输入数据文件路径.csv",row.name = 1)
```

第三步，计算节点层面的入度和出度。度中心性使用degree函数进行计算，可以调整相应的指标和模式计算入度和出度，具体代码如下。获得计算结果后，将结果梳理并整理至表格。

```
indegree <- degree(all_matrix, gmode="digraph", cmode="indegree")
indegree #输出入度计算结果
outdegree <- degree(all_matrix, gmode="digraph", cmode="outdegree")
outdegree #输出出度计算结果
```

入度和出度的部分计算结果见表 3-3。入度计算结果显示，T01 的入度最大（indegree = 260），代表教师收到了最多的回复；S01 的入度最小（indegree = 4），说明该学生在论坛中收到的回复最少。出度计算结果显示，S12 的出度最大（outdegree = 46），说明该学生积极地对他人的问题进行了回复；S01 和 S17 的出度最小（outegree = 11），说明他们较少主动与他人进行互动。

表3-3　入度和出度的部分计算结果

节点	S01	S02	S03	S04	S05	S06	S07	S08	S09	S10
入度	4	16	14	24	17	10	31	13	17	28
出度	11	35	28	28	38	20	20	21	41	34

节点	S11	S12	S13	S14	S15	S16	S17	S18	S19	T01
入度	22	18	13	21	20	9	6	18	16	260
出度	33	46	26	27	39	22	11	33	18	46

第四步，计算网络层面的网络密度和传递性指标。网络密度使用gden函数进行计算，传递性使用gtrans函数进行计算，可以调整相应的指标和模式。具体代码如下。

```
density = gden(all_matrix,mode="graph")
density # 输出网络密度
gtrans=gtrans(all_matrix)
gtrans # 输出传递性
```

结果显示，该课程中的论坛社会网络密度为1.518421，传递性计算结果为0.5691976。这说明在论坛中学习者和教师进行了较为密集的互动。

第五步，绘制社会网络图。社会网络图可使用gplot函数进行绘制。该函数可以根据相应的值调整节点、边的大小、粗细和颜色，呈现多维的信息。还可以为网络图增添标签说明，如节点对应的实体名称，增加网络图的可读性。具体代码如下。

```
gplot (all_matrix, vertex.cex=(indegree+outdegree)^0.5/2, gmode="graph",
    boxed.labels=FALSE, label.cex = 0.7, label.pos = 5 , label.col="grey17",
    label=network.vertex.names(all_matrix), # 设置标签特征
    vertex.col=rgb((indegree+outdegree) / max (indegree+outdegree), 0,
        (indegree+outdegree) / max(indegree+outdegree)), # 根据中心度定义节点颜色
    edge.col="grey17", edge.lwd=all_matrix/2, # 定义边的特征
    mode = "fruchtermanreingold") # 定义网络整体布局
```

社会网络可视化结果见图3-2。从网络图中可以直观地发现，教师T01在社会网络中占据核心位置；越靠近网络图中心的学习交互越积极，如S02、S03；也有一部分学习者处于相对边缘的位置，如S16、S14。

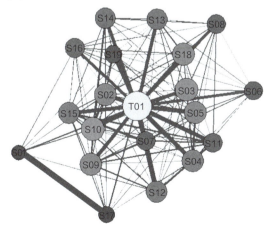

图3-2　社会网络图

第二节　内容分析

一、定义

内容分析（content analysis, CA），原为社会科学家借用自然科学分析历史文献内容的定量分析的科学方法，后来在包括教育在内的各个领域中得以应用和发展。在教育领域中，内容分析法是一种基于交流内容（文本、音频、视频）做客观系统定量分析的研究方法，其目标是理解学习活动并改进教育实践和教学研究。该方法以定性研究为基础，并结合定量研究分析，将其转化为定量数据进行进一步统计分析或其他形式的自动化分析。内容分析侧重于分析、检查、评估、检索、过滤、推荐和可视化不同形式的学习内容和教学内容，如由教师制作的课件、文档、上课的录音，由出版商出版的教科书，或由学生写出的论文等各种形式的数据。

二、内容分析应用类型

内容分析主要应用于三种类型，分别是对学习资源的内容分析、对学生作品的内容分析和对学生社交互动的内容分析。在对学习资源的内容分析方面，内容分析可以通过关键字自动提取（Niemann et al., 2012）、标记和聚类（Roy et al., 2008）等技术实现对不同学习资源的自动分组和标注。在对学生作品的内容分析方面，内容分析最早的应用领域之一是学生论文分析。其中，潜在语义分析技术（LSA）是自动论文评阅应用最广泛的技术（Landauer et al., 1998），主要通过分析文章的单词共性来测量两个文本主体之间的语义相似性从而评估学生论文的质量。例如，句酷批改网、Grammarly等常常被应用于帮助学生改进文章的语法和修辞。在学生社交互动的内容分析方面，内容分析可以对学生的面对面讨论、论坛讨论、线上讨论内容进行分析，从而了解学生的认知发展和学习情绪。例如，Ramesh等人（2013）基于论坛发帖、论坛互动、作业提交等学习日志数据探究了学生在MOOC学习环境下的参与情况。Wen等人（2014）对MOOC在线讨论进行了学生情绪分析，并揭示了负面情绪与退课之间存在强关联，他们的研究还表明，认知词、第一人称代词和积极词可用于衡量学生动机和认知投入水平。

三、内容分析工具

当内容分析的数据量较少或来源比较单一时，可直接利用Excel进行内容编码。当数据量较大或数据类型较为丰富时，可采用NVivo软件进行数据处理与分析（见图3-3）。NVivo软件能够处理并分析多种不同类型的数据，如文字、图片、音频、视频等，能帮助使用者高效地进行数据处理和编码。

图 3-3　NVivo 操作界面

四、内容分析步骤

内容分析法的核心是对文本中的单词、主题和概念进行分类或"编码"，主要操作步骤为：（1）数据收集；（2）确定分析的单元；（3）开发编码体系或者采用前人开发的编码体系；（4）对内容进行编码；（5）分析编码的信度；（6）数据统计与结果分析。此处呈现一个内容分析的案例，案例数据为一门在线研究生课程中某 3 人小组的讨论数据，内容分析的目的是探究该小组在讨论中的认知参与情况。由于数据类型比较单一，此处采用Excel对该数据源的前 20 条数据进行内容分析。

第一步，数据通过录音的方式收集，并转录在Excel表格中（见图 3-4）。数据的第一列表示话语排列序号，第二列代表发言学习者的姓名，第三列表示学习者的发言内容，每一行代表某学习者在讨论中发言的具体内容。

	A	B	C	D
1	No	Student	Content	new code
2	1	A	协作学习和合作学习有什么不一样？	AsQ-M
3	2	B	去查下不同点	AnQ-S
4	3	C	它说合作学习是水平相近的学生	AnQ-S
5	4	B	协作学习是不同领域和不同水平学生组成	AnQ-S
6	5	A	那就是跨学科的咯	AG-D
7	6	A	看下课程设计里面的策略	II-M
8	7	B	我看到一个网络教学	II-S
9	8	A	是成对还是三到五个人一组？	AsQ-D
10	9	B	三到五个人一组的吧	AnQ-D
11	10	C	我们不确定可以都写上去的	II-D
12	11	C	对	AG-S
13	12	B	因为小朋友的话就三到五个好，两个人他们就没话说的话	II-D
14	13	A	还有什么	AsQ-S
15	14	B	个人	AnQ-M
16	15	A	个人还叫协作学习啊	DA-D
17	16	C	我发现这个协作学习中文的很少都是英文的	II-S
18	17	A	我们一个小学，初中，高中	II-M
19	18	B	其实小学的课里代表性大	II-D
20	19	C	不同领域的，小学没有什么不同领域	II-D
21	20	A	好像没有这个定义	II-M

图 3-4　内容分析数据表截图

第二步，根据发言内容确定分析单元。讨论中，学习者的发言内容多为单句话且较为密集，因此，此数据的分析单元设定为学习者每次发言完整的单个句子，即Excel表格中的一行。

第三步，根据分析目的和具体文本确定分析框架。编码方案的制定可以借鉴并修改前人已有的编码框架，也可以完全基于研究需要创建新的编码框架。本案例的编码框架借鉴了Ouyang和Chang于2019年发表的*The relationship between social participatory role and cognitive engagement level in online discussions*论文中的编码框架（见表3-4）。该框架包含个人观点共享、同意/反对和提问/回答三个维度，以及每个维度下共9个具体编码。

表3-4　内容分析编码框架

维度	类型	描述
个人观点贡献	浅层观点（II-S）	仅分享信息
	中层观点（II-M）	表达了观点但无论据支持
	深层观点（II-D）	表达了观点并作了详细的解释，有论据支持
同意/反对	浅层同意/反对（AG-S/DA-S）	仅表达同意/反对
	中层同意/反对（AG-M/DA-M）	表达同意/反对的同时表达了观点，但无论据支持
	深层同意/反对（AG-D/DA-D）	表达同意/反对的同时表达了观点，有论据支持
提问/回答	浅层提问/回答（AsQ-S/AnQ-S）	仅简单提问/回答
	中层提问/回答（AsQ-M/AnQ-M）	提问/回答的同时表达了观点，但无论据支持
	深层提问/回答（AsQ-D/AnQ-D）	提问/回答的同时表达了观点，有论据支持

第四步，根据编码框架对数据进行编码，编码结果如图3-5所示。编码的过程最好有多位研究者参与，先让研究者进行独立编码，随后各位研究者就不一致的编码进行讨论，更改编码结果或完善编码框架，以达到良好的编码信效度。

	A	B	C	D
1	No	Student	Content	new code
2	1	A	协作学习和合作学习有什么不一样？	AsQ-M
3	2	B	去查下不同点	
4	3	C	它说合作学习是水平相近的学生	AnQ-S
5	4	B	协作学习是不同领域和不同水平学生组成	AnQ-S
6	5	A	那就是跨学科的咯	II-M
7	6	A	看下课程设计里面的策略	
8	7	B	我看到一个网络教学	II-S
9	8	A	是成对还是三到五个人一组？	AsQ-D
10	9	B	三到五个人一组的吧	AnQ-D
11	10	C	我们不确定可以都写上去的	II-D
12	11	B	对	AG-S
13	12	B	因为小朋友的话就三到五个好，两个人他们就没话说的话	II-D
14	13	A	还有什么	AsQ-S
15	14	A	个人	AnQ-M
16	15	A	个人还叫协作学习啊	DA-D
17	16	C	我发现这个协作学习中文的很少都是英文的	II-S
18	17	A	我们一个小学，初中，高中	II-M
19	18	B	其实小学的课里代表性大	II-M
20	19	C	不同领域的，小学没有什么不同领域	II-D
21	20	A	好像没有这个定义	II-M

图3-5　数据编码的结果

第五步，对编码结构进行描述性统计分析。结果表明（见表3-5），这段对话中，一共出现18次认知层面的讨论，其中学生在中层观点表达上出现的次数最多（$n = 4$），其次是深层观点（$n = 3$），而中层同意、深层同意、浅层反对、深层同意均未出现。这说明学生能够发表一定深度的个人观点，但在和同伴的认知互动上缺乏深度。

表3-5　编码结果统计

编码	计数
AG-S	1
AnQ-D	1
AnQ-M	1
AnQ-S	2
AsQ-D	1
AsQ-M	1
AsQ-S	1
DA-M	1
II-D	3
II-M	4
II-S	2
总计	18

第三节　话语分析

一、定义

话语分析（discourse analysis, DA）是一种定性研究方法，该方法主要应用于分析自然语言的口头和书面数据，探索语言的组织特征和使用特征（Gee, 2004; Harris, 1952）。话语分析在教育场景下，可以用于分析开放式问题的回答、论坛讨论内容，以及学习过程中生生、师生之间的交流内容等。话语分析可以分为单模态话语分析和多模态话语分析。话语分析主要能提供以下信息：（1）句子之间的语义联系；（2）语篇的衔接与连贯；（3）会话原则；（4）话语与语境之间的关系；（5）话语的语义结构与意识形态之间的关系；（6）话语的体裁结构与社会文化传统之间的关系；（7）话语活动与思维模式之间的关系等。

目前对教师和学习者的话语分析几乎都是以文本为基础的单模态分析。但是课堂教学发生的话语活动往往具有多模态性，由多种多样的符号资源共同完成意义的建构，如声音、语调、手势、句法、词汇、风格、修辞、意义、言语行为、动作、策略、转折等。因此，未来的研究需要采用多模态话语分析，整合语言及其他相关意义资源，全面呈现各类符号系统在意义交换过程中的作用，理解多模态话语促进实现教学目标的微观机制。

二、话语分析步骤

与内容分析中系统化的编码方法不同，话语分析通常偏向于采用定性的方法进行分析。话语数据可以通过文本、录音和录像的方式采集。话语分析的数据处理步骤包括：

（1）确定分析目的并选择分析内容；（2）分析语篇内容；（3）明确话语之间的联系并得出结论。此处呈现一个话语分析案例，案例数据来源于一次研究生面对面协作思维导图活动的讨论过程，数据通过录音的方式收集。对该数据的话语分析具体步骤如下。

第一步，确定分析目的并选择分析内容。本案例的分析目的是探究小组在协作时话语的层次特征，以及这种话语层次是如何发展的。根据话语编码框架（见表3-6）对转录文本进行内容分析的结果，选出了具有代表性特征的对话片段（见表3-7）。该片段发生时，学习者正在讨论主题子问题的解决方案，并同时确定下一步的任务。

表3-6　话语编码表

维度	编码	描述
认知	提出新观点 NIC	学习者提出观点或疑问，以开启新的话题
	提出问题 ASQ	学习者针对已有的观点进行提问，如提出疑问、要求澄清、进一步解释等
	简单赞同 QCB	简单接受、重复已有的观点，没有任何修改
	观点补充 ICB	基于已有的观点发表补充、推断和延伸的具体想法（强调相同、类似的观点）
	观点反驳 CCB	反驳、反对已有的观点；对已有的观点做反向延伸、补充（强调相反的观点）
	评估和反思 ER	对提出的观点进行评价和反思，解释观点是否合理、符合要求及改进方向
调节	任务理解 TU	询问或回应任务的目的、任务要求，如思维导图和最终解决方案的要求
	任务规划 GSP	分配后续需要完成的任务、为要完成的工作设立目标，如完成任务的时间规划
	进程监控 MR	评估任务进度、评估任务的时间规划、总结已经完成和尚未完成的任务

表3-7　话语分析片段

行	内容	编码
1	所以这个是我们自己去假设这样的一个，可以想想什么数据可以用到学生，可以怎么样帮助学生提升他的学习，对于什么数据都运用到老师身上，明白谢谢	TU
2	明白了	TU
3	平台数据的类型	NIC
4	先要确定什么样的类型，怎么来用数据类型，就是数据功能，然后数据的功能和最后数据的作用，是不是？	NIC
5	这不是一回事吗？	CCB
6	它的功能是拿来干什么的，它最后起到了什么样的效能，起到什么样的作用，还有数据的弹性，是这个意思吗？	ASQ
7	是这样的意思	QCB
8	先敲这儿再说	GSP

续表

行	内容	编码
9	那就来源	NIC
10	比如说在线学习平台数据的使用首先对于学生来说，在线学习平台数据有哪些类型的数据学生可以使用，比如说学生学习的……	NIC
11	比如说学生登录学习时长	ICB
12	我说这样是不是有点太慢了?	MR
13	要不就具体某一个，其实我们有一个大学英语学习平台，但是就具体某一个平台，假设我们现在就一个大学英语学习平台，里边能够学生怎么样，学生肯定可以用来学习英语，他还可以根据他学习的不同的难度进度，调配自己学习的查缺补漏	NIC
14	对学生来讲。	ICB
15	是不是这样，我觉得是不是确定一个这样好说一点	ER
16	等一下你先做一下，做一个出来，小组个人做一个出来，然后我们再讨论，以你的大学英语平台为例	GSP
17	好，那先随便写	GSP
18	就先我们自己随便去找一个，最后讨论一个就完了，随便给他倒点东西就行了	GSP
19	随便写几句话	GSP
20	你们俩有分工吗?	GSP
21	没有分工先写自己东西等下再合起来对不对?	GSP
22	数据功能	NIC
23	我们现在完成自己的不是先自己完成再来讨论吗?	GSP
24	个人说的我们这边谁好的这样搞，谁知这个意思就是选择的改善，这个都有，但是第一的对了	NIC
25	我搞定了，我随便写了，我不管了	MR
26	我这边搞定了，我先丢上去。我们是第一组，第三周第一组在线编辑，我放第一个了，我放图1了。我把名字先打上去，谁知我们结了，谁知也这些知道，还有一句	MR
27	谁知唉你觉得我还行。你的这也是发展学习	ER
28	感觉有点对不起人家，但我不是故意写的	MR

　　第二步，分析语篇内容。可以将话语片段的发展按编码进行可视化，如图3-6所示。在图中，不同的编码类型以不同的形状呈现，并按照话语发生的先后顺序连接。

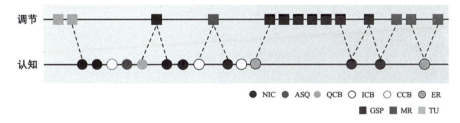

图3-6　话语分析片段可视化

　　第三步，明确话语之间的联系、查看结果并得出结论。根据话语分析可视化图和具体话语内容，可以发现：观点发表可以引发连续的观点交流，如在第4行学习者提出自己的观点后（NIC），其他学习者基于其观点先后提出了反对（CCB）和疑问（ASQ），最终达成一致（QCB）；还出现了持续的调节话语，如在第16～21行，小组成员在协商

任务安排（GSP），通过直接提出对小组任务的看法或是向全组确认具体细节来确定任务规划。

第四节　滞后序列分析

一、定义

滞后序列分析（lag sequence analysis, LSA）是一种事件序列分析方法，它根据统计理论研究行为之间的顺序关系。滞后关系是指事件间的时间顺序，也就是一个事件之后发生的另一个事件。滞后序列分析检验人们发生一种行为之后另外一种行为出现的概率，可以用于确定学习过程中不同类型行为、事件之间的过渡和转化关系，从而揭示不同的学习模式和趋势（Chen et al., 2017）。滞后序列分析分析序列的间隔事件数目，即 lag 值。lag=1 时分析事件之间直接转化，lag=2 时分析事件间接转化，即中间间隔一个事件时可能发生的转化。

二、测量指标

滞后序列分析通常使用转化频率、过渡概率、调整后的残差值（Z-score）和 Yule's Q 值来刻画事件间的转化（见表 3-8）。所有编码之间的转化频率，是指特定顺序间隔内发生特定转化的频率。预期的转化频率，是指在独立的零假设或代码之间没有关系的情况下发生转化的预期次数。过渡概率是指条件概率，例如给定事件 A，发生事件 B 的可能。Z-score 值和 Yule's Q 值用于描述转化的强度：Z-score 值代表转化在统计学上的显著性，大于 1.96 则表示该序列转化存在统计学意义上的显著性（$p < 0.05$），值越大则代表显著性越强。Yule's Q 值的范围从 -1 到 $+1$，值越接近 1 则表明事件的关联性越强。

表3-8　滞后序列分析测量指标

指标	描述
转化频率	特定顺序间隔内发生特定转化的频率
预期转化频率	在独立的零假设或代码之间没有关系的情况下发生转化的预期次数
过渡概率	条件概率，如给定事件 A，发生事件 B 的可能
Z-score	转化在统计学上的显著性，大于 1.96 则表示该序列转化存在统计学意义上的显著性（$p < 0.05$），值越大则代表显著性越强
Yule's Q 值	用于描述转化的强度，范围从 -1 到 $+1$，值越接近 1 则表明事件的关联性越强

三、数据分析工具

滞后序列分析可以使用 GSEQ 软件或 R 软件实现。GSEQ 是一个用于 SDIS 格式数据文件的编译器，可将它转换为 MDS 文件，随后使用 GSEQ 中包含的各种分析程序对其进行分析（见图 3-7）。GSEQ 可以计算给定编码序列的各种简单统计数据，包括频率、持续时间和比例等，处理的统计数据包括调整残差值（Z-Score），Yule's Q 值，卡方等。具体的软件下载和介绍可见GSEQ官网（https://www.mangold-international.com/en/products/software/gseq）。

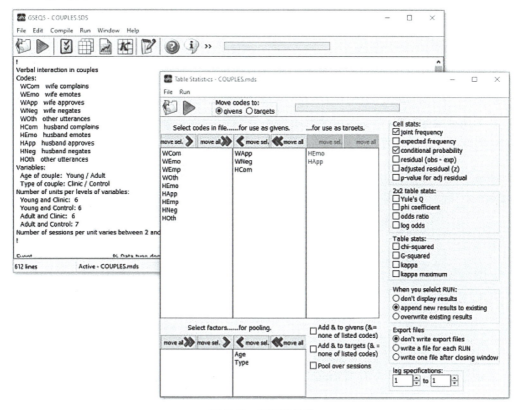

图 3-7　GSEQ软件

此外，R软件中的LagSeq包也可用于滞后序列分析，对事件序列的转化特征进行量化。该包能完成基本的滞后序列操作，如设定lag值，输出转化的事件频率、Z-score值、Yule's Q值等。

四、滞后序列分析步骤

滞后序列分析的主要过程包括四个步骤：（1）数据收集编码和原始数据处理；（2）数据分析；（3）结果数据可视化；（4）结果分析和解读。此处分别利用GSEQ软件和R程序LagSeq包呈现一个滞后序列分析案例，包括数据格式处理、滞后序列分析指标计算和滞后序列图绘制。该案例数据是一份在线课程中的论坛讨论数据，案例分析目的是探究学生以话题为论的序列特征。编码A至E分别代表了学生的提问（A）、观点发表（B）、补充观点（C）、反驳观点（D）和总结观点（E）。

（一）使用GSEQ进行滞后序列分析

第一步，对完成编码的原始数据进行处理，将GSEQ要求格式的所有事件编码按照时间顺序排列（见图 3-8）。为了方便理解，每一次讨论话题的所有编码按行进行排列，从左到右代表编码发生的先后顺序。

1	topic#1	B	B	B	B	B	B	B
2								
3	topic#2	B	A	A	A	A	A	A
4								
5	topic#3	B	B	B	B	A	A	C
6								
7	topic#4	B	A	A	A	A	A	A

图3-8　数据处理格式截图

第二步，按照GSEQ的格式输入指令。将事件按发生的先后顺序录入窗口，在Event中，定义所有事件的编码，未定义的事件不能用于分析。点击窗口的Compile指令将输入的代码存储为mds文件（见图3-9）。

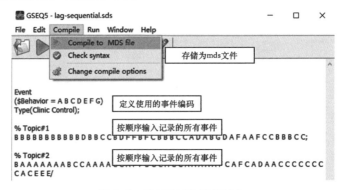

图3-9　窗口代码和数据输入

完成代码输入后，选择Run菜单下的"Compute Table Stats"功能，分别勾选"givens"和"targets"将事件编码挪动至中间和最右窗口，并选择需要的计算数据和设置，如adjusted residual（z）（见图3-10）。最终对运行程序进行滞后序列分析，在GSEQ Results窗口得到统计数据结果和处理数据结果（见图3-11）。

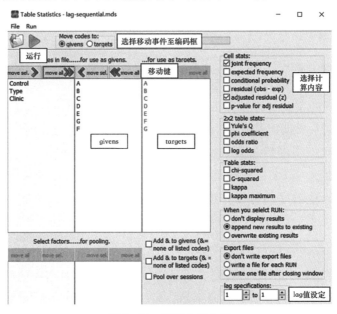

图3-10　设置分析内容

```
File Edit Window

SEQ 5, Generalized Sequential Querier, 2023/1/28 16:38:54
Saved:  lag-sequential.sds,2023/1/28 16:39:13

Lag:    +1
```

转化频率统计结果

CNTF Given:	A	B	C	D	E	F	G	Totals
A	15	2	4	2	0	5	0	28
B	1	15	5	2	0	1	1	25
C	8	3	15	0	1	0	0	27
D	3	1	0	0	0	1	0	5
E	0	0	0	0	2	0	0	2
F	1	0	0	0	0	2	0	9
G	0	0	0	1	0	0	0	1
Totals	28	23	28	5	3	9	1	97

转化Z-score值结果

ADJR Given:	A	B	C	D	E	F	G
	3.42	-2.44	-2.02	0.56	-1.12	1.86	-0.64
	-3.18	4.95	-1.14	0.75	-1.04	-1.06	1.71
	0.10	-1.81	3.60	-1.43	0.22	-1.96	-0.62
	1.58	-0.20	-1.46	-0.54	-0.41	0.85	-0.23
	-0.91	-0.80	-0.91	-0.33	8.00	-0.46	-0.15
	-1.23	-0.11	1.08	-0.73	-0.56	1.41	-0.32
	-0.64	-0.56	-0.64	4.31	-0.18	-0.32	-0.10

图 3-11　GSEQ 滞后序列分析结果

第三步，根据调整后的残差表筛选具有显著意义的事件转化序列，可以使用社会网络分析法绘制事件转换图，将事件作为节点，事件间的转换作为连接（具体操作见本章第一节），并根据解读出来的事件关系，回答研究问题。

（二）使用 R 语言 LagSeq 包进行滞后序列分析

应用 LagSeq 包分析学习事件的序列模式的主要过程如下。

第一步，处理原始数据，将事件按照时间顺序排列于 csv 文件中（见图3-12）。

滞后序列分析
案例数据

1	topic	text	code
18	#1	如何将落后的教材上出新意？	A
19	#1	针对课堂内容布置课后作业，可以分层布置，促进不同层次的学生共同进步	B
20	#1	网络教学平台可以提供量化数据	B
21	#1	这个问题我在教学中也遇到过，让我也很困扰，可以一起分析挖掘一下	B
22	#1	翻转课堂好像是基础知识学在课外，课堂上主要是知识的灵活运用。至于能否用于高中大班教学，我觉得困难很大，很多同学不喜欢自主学习	C
23	#1	教师内部先体验，筛选，评出较为合适的app	B
24	#1	做好三备：备教师、备学生、备教材，要将教师的知识、学生的知识和教材的精华相结合。但最为重要的还是看学生的知识，创新应在学生的接受能力之内	C

图 3-12　导入数据格式

第二步，LagSeq包需于R程序中安装，可在指令窗口输入"install_github（'meefen/LagSeq'）"安装包。首先，在R程序中载入LagSeq和dplyr包，并导入包含事件序列的文件，读取事件序列。随后，将事件编码与数字对应，完成对事件编码的定义。具体代码如下。

```
library(LagSeq)
library(dplyr)
sa_data <- read.csv("输入文件路径.csv")
sa_data <- as.vector(sa_data$code)

sa_data <- case_when(sa_data == "A"~ 1,
                     sa_data == "B" ~ 2,
                     sa_data == "C" ~ 3)
```

滞后序列分析代码

输出转换频率、Yule's Q值和Z-score值均使用LagSeq函数，在函数内设定需要输出的结果和滞后序列分析的参数（如lag值）。然后，选择需要输出的数据，指定结果输出路径。运行程序进行滞后序列分析，得到统计数据结果和处理数据结果。

```
#### 输出事件转化频率
freq <- as.matrix(LagSeq(sa_data, lag = 1)$freq)
write.csv (freq, file="输出文件路径.csv")

#### 输出 Yq>0 的转化序列
yulesq <- as.matrix(LagSeq(sa_data, lag = 1)$yulesq)
yulesq[yulesq<0] <- 0
write.csv(yulesq, file = "输出文件路径.csv")

#### 输出 z值 >1.96 的转化序列
adjres <- as.matrix(LagSeq(sa_data,lag=1)$adjres)
adjres [adjres<1.96] <- 0
write.csv (adjres, file = "输出文件路径.csv")
```

第三步，根据调整后的残差表筛选具有显著意义的事件转化序列，绘制事件转换图（见图3-13），并解读事件关系，回答研究问题。该结果说明，讨论过程中，在学生补充观点后，往往会跟随出现连续的补充观点话语。

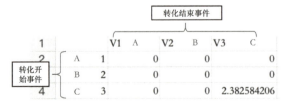

图 3-13　输出 Z-score 结果

第五节　频繁序列挖掘

一、定义

频繁序列挖掘（frequent sequence mining, FSM）是另一种事件序列分析方法。频繁序列挖掘也称顺序模式挖掘，是频繁模式挖掘的一个子领域。与滞后序列分析类似，频繁序列挖掘可用于发现事件之间的顺序模式。但不同的是，频繁序列挖掘考虑了包含更多行为的序列，可用于检查频繁发生的事件模式，即在数据集中出现频率超过设定阈值的长序列（Chen et al., 2017）。频繁序列挖掘以支持度（support）刻画子序列的出现频率，支持度越高，表明该频繁序列出现的频率越高。在具体的学习分析中，滞后序列挖掘和频繁序列挖掘可以同时使用，呈现不同维度的序列信息。

二、频繁序列挖掘数据格式

在分析前，需将数据处理为相应格式。用于分析的编码数据由序列（Sequence）、事件（Event）、数量（Size）和项目（Items）组成（见表3-9）。S1、S2、S3、S4代表序列，是一个完整的信息流，如对同一话题的连续讨论；序列中有多个由编码组合形成的事件，事件中的具体编码为项目；Size为项目中编码的数量。频繁序列挖掘以支持度（support）刻画子序列的出现频率，筛选出超过设定支持度的频繁子序列。例如，序列<{Q,OI}>是S1、S2和S3的子序列，支持度为0.75（4个序列中有3个序列包含该子序列），序列<{Q},{OI}>为S2的子序列，支持度为0.25；若将阈值设定为0.4，序列<{Q,OI}>就会被识别为频繁子序列。

表3-9　频繁序列分析数据集示例

Sequence ID	Event ID	Size	Items
S1	1	5	Q,T,T,OI,WI
S2	1	1	Q
S2	2	1	OI
S2	3	3	Q,OI,WI
S3	1	4	Q,OI,OI,WI
S4	1	4	Q,SD,SD,T

三、频繁序列挖掘工具

频繁序列挖掘可以应用R程序的arulesSequence包实现，该包提供挖掘频繁项集、最大频繁项集、封闭频繁项集及关联规则等功能，可用的算法包含Apriori算法、Eclat算法和SPADE算法。关于该包的详细功能介绍可查阅手册（参见https://mirrors.cqu.edu.cn/CRAN/web/packages/arulesSequences/arulesSequences.pdf）。

四、频繁序列挖掘步骤

频繁序列挖掘主要包括三个步骤：（1）数据收集编码和原始数据处理；（2）数据分析；（3）结果分析和解读。此处利用R程序arulesSequence包呈现一个频繁序列挖掘案例，包括数据格式处理和频繁序列挖掘指标计算。该案例数据是一份在线课程中的论坛讨论数据，案例分析目的是探究学生以话题为论的序列特征。编码A至C分别代表了学生的提出观点（A）、观点补充（B）和提出问题（C）。在分析前，arulesSequence包需于R程序中安装，可在指令窗口输入"install.packages（'arulesSequence'）"安装包。

第一步，处理原始数据，对事件编码序列按研究需要的规则进行Sequence和Event编号，列于csv文件中（见图3-14）。在该数据集中，Sequence编号由学生的讨论子话题划分，Event编号由该发言在子话题中的讨论顺序确定。编码A、B、C分别代表了学生的提出观点、观点补充和提出问题。

	Sequence	Event	Size	Item
1	1	1	1	C
2	1	2	1	C
3	1	3	1	B
4	1	4	1	B
5	2	1	1	A
6	2	2	1	B
7	2	3	1	C
8	3	1	1	B
9	3	2	1	B
10	3	3	1	B
11	3	4	1	A
12	3	5	1	C
13	3	6	1	B
14	3	7	1	B

频繁序列挖掘
案例数据

图3-14 导入数据格式

第二步，输入R程序要求格式的代码。首先，在R程序中载入arulesSequence、arules、Matrix、stringr包，并导入包含数据的文件。随后，定义频繁序列挖掘的功能函数，设定筛选频繁序列最低的阈值和序列长度范围。

```
#### 导入程序包
library(arulesSequences)
library(arules)
library(Matrix)
library(stringr)

data <- read_baskets("输入文件路径.csv", sep = ',',info = c("sequenceID","eventID",
"SIZE")) # 载入数据文件

#### 定义频繁序列挖掘功能函数
fsm_analysis <- functionCraw_data,output_name ){
```

频繁序列挖掘
代码

```
est_result_gp2 <- cspade(raw_data, parameter = list(support = 0.1, maxlen=10),
            #可设定 support 阈值和序列长度
            control = list (verbose = TRUE, bfstype= TRUE))
fsm_res <- test_result_gp2
fsm_res_table <- as(fsm_res, 'data.frame')
fsm_res_table['sequence_length'] <-
    c(str_count(array(unlist(fsm_res_table["sequence"])), "I\3, \\f")+1)
fsm_res_table['score'] <-
    c(fsm_res_table['sequence_length']*fsm_res_table ['support'])
fsm_res_table <-
    fsm_res_table[order(fsm_res_table['score'],decreasing = TRUE), ]
fsm_res_data <- data. frame ('score'=fsm_res_table['score'],
    'sequence_length'=fsm_res_table ['sequence_length'],
    'support'=fsm_res_table[' support'],
    'squence'=fsm_res_table ['sequence'])
write.table(fsm_res_data,output_name, row.names = FALSE, sep = ',')}

fsm_analysis (data, '输出文件路径 .csv') #输出结果文件
```

第三步，在获得结果后，可以根据研究需求筛选结果文件中具有意义的频繁序列，解读事件关系，回答研究问题。例如，按照 support 值大小对结果进行排列后（见图 3-15），可以发现含多个编码的频繁序列中，<{B},{B}>的 support 值最高，其次为<{A},{B}>和<{C},{B}>。这说明学生常连续地对观点进行补充，在他人发表观点后对该观点进行补充，或在其他学生提出问题后回答该问题。

◢	A	B	C	D	E
1	score	sequence_le	support	sequence	
2	0.935146444	1	0.935146444	<{B}>	
3	0.784518828	1	0.784518828	<{A}>	
4	1.564853556	2	0.782426778	<{B},{B}>	
5	0.776150628	1	0.776150628	<{C}>	
6	1.435146444	2	0.717573222	<{A},{B}>	
7	1.292887029	2	0.646443515	<{C},{B}>	
8	1.776150628	3	0.592050209	<{B},{B},{B}>	
9	1.70083682	3	0.566945607	<{A},{B},{B}>	
10	1.10460251	2	0.552301255	<{B},{C}>	
11	1.09623431	2	0.548117155	<{C},{C}>	

图 3-15　输出频繁序列及其 support 值

第六节　时间序列分析

一、定义

时间序列分析（time series analysis, TA）侧重从时间角度对事件的发展展开描述和解释。时间序列是一组按照时间发生先后顺序进行排列的数据点序列。具体来说，时序分析可以了解事件在一段时间内逐步发生的过程，支持随时间推移对观察到的所有变量进行研究。同时，时间序列分析可以作为预测数据的基础，从过去数据中探究模式，来预测未来事件发生的可能性。

时间序列分析包括多种类型的分析，如探索性分析、描述性分析、解释性分析、干预分析、预测和分类等。（1）探索性分析，突出时间序列数据的主要特征，通常以可视化的形式呈现。（2）描述性分析，识别时间序列数据中的模式，如趋势、周期或季节性变化。（3）解释性分析，即理解数据之间的关系，如因果关系；（4）干预分析，研究事件如何改变数据；（5）预测，使用历史数据作为未来数据的模型，预测未来情节点可能发生的场景；（6）分类，对不同的时间序列进行归类。

时间序列分析用于非平稳数据——随时间不断波动或受时间影响的事物。例如，不同时间点产生的聊天文本、音频、视频、点击流，学生不同时间的测验成绩等。时间序列数据可以分为股票时间序列数据（stock time series data）和流量时间序列数据（flow time series data），分别代表在某个时间点上静态的测量属性和测量属性在一定时期内的动态变化。一般来说，用于分析的数据包括三列，即时间序列的时间信息，事件的发出者（student），以及具体事件的内容（code）。

二、分析工具

研究中可以使用R程序或软件用于探究数据的时序特征和时序模式。R程序自带的函数可以直接完成简单的时序分析，拥有绘制时序图、拟合时序模型、预测未来发展趋势等功能。R程序的TraMineR包是专门用于时序分析的R软件包，拥有更丰富和深入的时间序列、纵向数据分析功能，如可视化时间序列、计算序列的整合特征、比较序列直接的差异、进行事件序列分析等（参见 https://traminer.unige.ch/index.shtml）。时序数据还可以使用ggplot2包进行可视化（参见 https://ggplot2.tidyverse.org/）。

三、时序分析步骤

此处利用R程序的TraMineR包呈现一个时序分析案例，包括数据格式处理、时序图绘制和序列聚类。该案例数据是一份面对面思维导图协作活动中的录音转录文本，案例分析目的是探究学生在协作过程中话语层次的序列特征。编码SE代表了个人层次，如提出个人观点、反思个人学习等；编码CO代表了同伴层次，如向同伴提问、补充同伴观点、为同伴分配任务等；编码SO代表了小组层次，如总结小组观点、规划小组任务等。

应用TraMineR包对学习事件进行时序分析主要包括以下过程。在开始分析前，TraMineR包需于R程序中安装，可在指令窗口输入"install.packages（'TraMineR'）"安装包，并在每次分析前载入"library（TraMineR）"。

（1）对完成事件编码的原始数据进行处理，将事件编码按发展顺序排布，列于csv文件中。行为不同组别在活动中的序列，列为按时间先后排列的具体编码。对不同长度的序列，空白处以"NA"进行填充。在读入数据文件后，在R程序中将数据集转换为TraMineR所需的格式（见图3-16）。

时序分析案例数据

	A	B	C	D	E	F	G	H	I	J	K	L	M	N
1	组别	人数	组长	1	2	3	4	5	6	7	8	9	10	11
2	1	3	A	SO	SO	CO	CO	CO	SO	CO	SO	SO	SE	SO
3	2	3	B	SO	CO	CO	SO	SE	CO	SO	SO	SO	CO	SO
4	3	3	C	SO	SO	SO	SO	CO	CO	SO	SE	SE	SO	SE
5	4	3	D	SO	SE	SE	SO	SE	CO	CO	SO	CO	CO	CO
6	5	4	E	SO	CO	CO	SO	SO	CO	SO	SE	CO	CO	SO
7	6	3	F	SO	CO	CO	SO	SO	SO	SO	SO	SO	SO	SE
8	7	3	G	SO	CO	SO	SO	SO	CO	SO	SO	SO	SO	SO
9	8	3	H	SO	SO	CO	SO	SO	CO	SO	CO	SO	SO	SO
10	9	4	I	SO	CO	CO	CO	SO	SO	SE	SO	SE	CO	SO

图 3-16 时序分析数据格式

data = read.csv（"输入文件路径 .csv"）　#导入数据集

data_seq <- seqdef(data[, 4:293])　# 将数据集转换为TraMineR 所需的格式，提取第 4 列之后的数据用于分析

时序分析代码

（2）序列可视化。我们可以使用seqiplot( )函数、seqfplot( )函数和seqdplot( )函数分别绘制序列图表、频率图表和分布图表。data_seq序列对象的序列图，如图3-17所示。从序列图中可以看出，小组活动中话语主要为CO和SO层次，且层次的序列呈现出多样性和复杂性。

图 3-17 彩图效果

seqiplot(data_seq, sortv = "from.start", border = NA)　# 绘制序列图

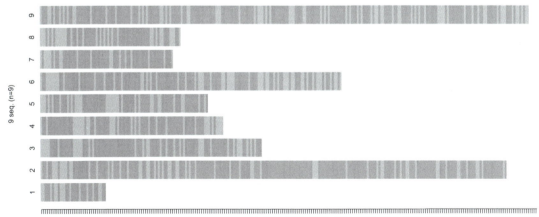

图 3-17 序列可视化图

（3）计算序列相似度并聚类。TraMineR 提供根据最长公共前缀（LCP, 相同的最长序列前缀）、最长公共序列（LCS, 两个序列内部的最长序列）和最佳匹配距离（OM, 生成不同序列的最佳编辑距离）算法计算不同序列对象之间的相异点。seqdist( )函数可以用于计算序列之间的相似度。data_seq 序列对象之间的 OM 距离如表 3-10 所示。

seq_dist <- seqdist(data_seq, method = "OM", indel = 1, sm = "TRATE")

计算序列对象之间的 OM 距离

表3-10　OM距离计算结果表

	[1]	[2]	[3]	[4]	[5]	[6]	[7]	[8]	[9]
[1]	0.00	208.00	82.22	63.43	55.53	122.00	42.68	41.62	220.00
[2]	208.00	0.00	141.21	154.59	161.56	122.38	173.00	169.00	115.04
[3]	82.22	141.21	0.00	53.84	55.92	75.81	60.31	57.51	147.71
[4]	63.43	154.59	53.84	0.00	48.22	82.79	52.78	47.99	160.22
[5]	55.53	161.56	55.92	48.22	0.00	87.37	43.30	46.85	168.22
[6]	122.00	122.38	75.81	82.79	87.37	0.00	92.06	90.59	123.70
[7]	42.68	173.00	60.31	52.78	43.30	92.06	0.00	37.13	185.00
[8]	41.62	169.00	57.51	47.99	46.85	90.59	37.13	0.00	181.00
[9]	220.00	115.04	147.71	160.22	168.22	123.70	185.00	181.00	0.00

（4）在获得不同序列之间的距离后，可以载入 cluster 包进一步对所有的序列进行聚类（见图 3-18）。

进行序列聚类

library(cluster)

clusterward <- agnes(seq_dist, diss = TRUE, method = "ward")

plot(clusterward, labels = FALSE)

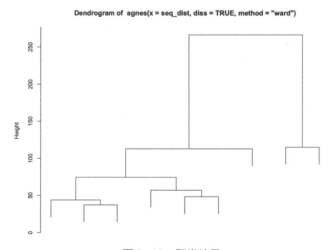

图3-18　聚类结果

我们可以使用 cutree( )函数将序列对象按照聚类结果分为两个组，并可以使用

seqiplot( )或plot( )函数将seq_cluster聚类结果可视化（见图3-19）。可以发现，在第一个聚类中有七个小组，在第二个聚类中有两个小组，第一个聚类的序列长度短于第二个聚类。

将序列对象按照聚类结果分为两个组
mvad.cl4 <- cutree(clusterward, k = 2)
cl4.lab <- factor(mvad.cl4, labels = paste("Cluster", 1:2))

可视化聚类结果
seqdplot(mvad.seq, group = cl4.lab, border = NA)
plot(seq_cluster, type = "d", lwd = 2, main = "Sequence Cluster")

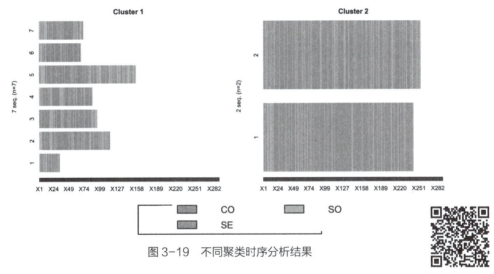

图3-19　不同聚类时序分析结果

图3-19彩图效果

第七节　认知网络分析

一、定义

认知网络分析法（epistemic network analysis, ENA）是以认知框架为基础，量化特定领域各元素间的连接共现性，通过网络图可视化表征复杂的认知结构（王志军和杨阳，2019）。认知网络分析法的开发基于对学习的一个基本假设：学习不是孤立的知识和能力，而是将学习者知识、技能、思维习惯、价值观等经验和元素相联系并形成结构的过程。认知网络分析的目的是对认知网络进行建模，因为学习不仅仅是知识或技能的单独呈现，更重要的是这些知识与能力之间的连接。

从原理来说，认知网络分析借助于认知框架理论，对学习者在交互过程中对话和文本数据进行编码，按照时间或活动顺序将话语分为多个"节点"，并采用二进制编码的方式对数据中不同的元素（如编码）进行网络建模，从而实现对元素间关联和动态变化的判断，表征和可视化学习者的认知建构。它既可以量化和表征网络中元素间的连接结

构及关联强度，也可以表征连接的结构与强度随时间发生的变化情况。此外，认知网络分析还可以实现对个人或群体的复杂认知网络的可视化表征，并直观地对不同的复杂认知网络进行对比，从而了解不同认知网络的差异。

二、分析工具

认知网络分析可以使用现有平台或R软件实现对数据的分析。威斯康星教育研究中心与麦迪逊分校合作开发了一个名为"ENA Webkit"的数据分析平台（参见http://www.epistemicnetwork.org/），该平台具有处理编码数据与建立认知网络两大功能。网页的处理编码数据和建立认知网络分为Sets、Model、Plot和Stats四个部分，分别用于导入数据、选择分析的单元、会话和编码、优化可视化网络和进行简单的统计分析（见图3-20）。具体操作可见操作手册，网址为https://www.epistemicnetwork.org/resacrces（Shaffer et al.，2016）。

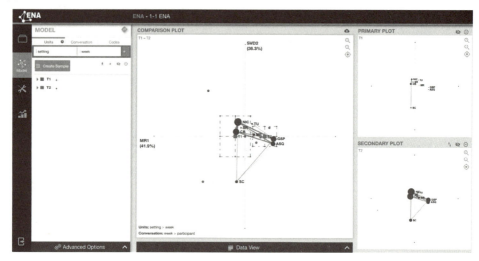

图 3-20   ENA Webkit 网页

除了ENA Webkit以外，R程序包中的rENA包也可以用于认知网络分析。rENA包通过构造邻接向量生成ENA模型，主要函数为添加网络（add_network），添加节点（add_points）和添加轨迹（add_trajectory），该包中的ena.plot函数可创建出话语编码数据的认知网络可视化模型（详见https://cran.r-project.org/web/packages/rENA/index.html）。

三、认知网络分析数据格式

进行认知网络分析需要特定的数据格式和必要的模型参数。一方面，需对数据进行分节（stanza）。不同节中的交互数据组成了文本"单元"，一个单元中同一节的数据彼此关联，而不在同一节的数据彼此不相关。节可以是时间单元、过程中的步骤，也可以是可识别单元中表征对象间关系的任何方式。另一方面，需根据认知框架对学习者的认知元素进行编码，采用二进制的编码方式，将符合框架维度的元素编码为"1"，将不符合的元素编码为"0"。但数据集中的数据有时是分散而无规律的，因此在建模认知网络前，需要对模型的参数进行定义，模型的几个重要概念定义见表3-11。

表3-11　认知网络参数

概念	定义
分析单元 (units)	我们想要分析比较的最小单元，如比较个体、学习环境、时间
对话数据（data）	通常情况下，每一条对话是某个人的一次发言
编码 (codes)	每一条对话的关键词或编码，至少需要三个关键词才能形成网络
会话（conversation）	在同一个会话中发生的对话，是我们定义的可以建立（关键词之间的）连接的最大有效范围。同一个会话就是同一群人讨论的同一件事情

四、认知网络分析步骤

认知网络分析包括数据处理、模型参数设置、生成认知网络和解读结果四个步骤。此处利用ENA Webkit呈现一个认知网络分析案例，该案例数据来自本科生在线课程中的论坛异步讨论数据和钉钉同步讨论数据。案例分析的目的是探究不同类别的学生在两种讨论环境中认知网络的特点和不同。

第一步，在数据处理阶段，完成对数据的处理和模型参数的确定，最终用于分析的数据格式如图3-21所示。week代表第几次的讨论活动，participant代表具体的参与者，setting为讨论环境（T1为异步，T2为同步），NIC至SC代表不同的编码。会话确定为每个学生每一周的讨论内容，即连接的最大有效范围，因为不同周次的讨论内容不相关；分析单元为不同讨论环境和不同的学生类别，因为旨在比较不同类别学生在两种讨论环境中的差异；对话数据为某个人的一次发言，即每一行代表一次发言；编码为每次发言对应1个或多个的编码。

认知网络分析
案例数据

week	participant	setting	transition	NIC	ASQ	CB	SR	TU	GSP	MR	SC
1	A	T1	high	0	0	1	1	0	0	0	0
1	A	T1	high	0	0	1	0	0	0	0	0
1	B	T1	high	1	0	0	0	0	0	0	0
1	B	T1	high	1	0	0	0	0	0	0	0
1	B	T1	high	1	0	0	0	0	0	0	0
1	B	T1	high	1	0	0	0	0	0	0	0
1	B	T1	high	1	0	0	0	0	0	0	0
1	C	T1	down	1	0	0	0	0	0	0	0
1	C	T1	down	1	0	0	0	0	0	0	0
1	C	T1	down	1	0	0	0	0	0	0	0
1	C	T1	down	1	0	0	0	0	0	0	0
1	C	T1	down	1	0	0	0	0	0	0	0

图3-21　认知网络分析数据图

完成数据格式的整理后，将数据导入ENA Webkit中。点击左侧Sets板块的"New Set"按键，创建新的认知网络。根据提示选择数据文件，命名网络。ENA Webkit也提供指导模式，勾选后可以跟随教程逐步完成分析操作。

第二步，设定模型参数。点击左侧"Model"板块，设置Units，Conversation和Codes。同时，需要设定窗口大小Window Size的值，代表将编码视为共现的前后范围（见图3-22）。

（a）导入数据集

（b）设置 Units

（d）设置 Codes

（c）设置 Conversation 和 Window Size

图 3-22　认知网络分析操作步骤

第三步，生成认知网络，解读认知网络含义。完成设定后，在 Model 部分点击相应的单元即可在右侧面板呈现该单元的认知网络，依次点击两个单元可呈现它们之间的比较认知网络。Plot 和 Stats 板块可提供调整网络显示和统计分析的功能。例如，图 3-23 的认知网络在依次点击 T1 下的 high 和 T2 下的 high 生成。Comparison Plot 代表了 T1 的认知网络减去 T2 的比较认知网络图。蓝色的连接代表 T2 时该编码连接强度更强，红色则反之。在右侧，还会单独呈现 T1 和 T2 的认知网络结果。在 T1 讨论环境 NIC 和 CB、NIC 和 SR 编码的连接强于 T2 讨论环境，而 NIC 和 GSP、GSP 和 CB、GSP 和 SC 编码的连接强于 T1 讨论环境。可以进一步点击生成其他类别学生的认知网络图，来比较不同类别学生之间的认知网络区别。

图 3-23 彩图效果

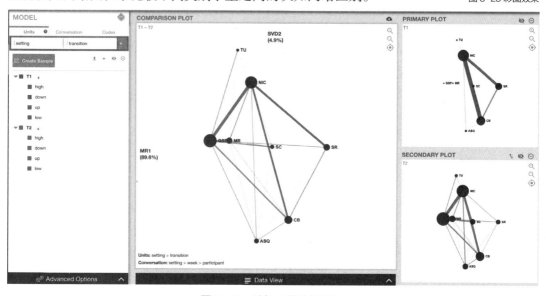

图 3-23　认知网络分析结果

第八节 过程挖掘

一、定义

过程挖掘（process mining, PM）是教育数据挖掘的基本方法之一，可以发现、分析和直观地表示完整的教育过程，生成并可视化过程模型。相比滞后序列分析、频繁序列挖掘等探究相对较短的行为之间关联的分析方法，过程挖掘以全局性过程观为指导，可采用检验技术比较不同过程模型之间的差异（黄琰等，2020）。过程挖掘方法的有效性已经在一些实证研究中得以证明，可以支持挖掘学习行为模式、预测学习效果、改进教学反馈评价和提供教学决策支持等，并在未来可应用于学习反馈，为教师多维度评估学生提供新的方式，为改进学习资源、完善指导方式及为学生提供针对性的建议提供参考依据。

二、分析工具

过程挖掘可以通过R程序中的bupaR包或Disco软件来实现。bupaR包和processmapR包结合使用可构建高度定制化的流程图模型。Disco软件（https://fluxicon.com/disco/）是一款过程挖掘工具，内嵌了过程挖掘算法，能够处理大型事件日志并生成可视化的流程模型（见图3-24）。

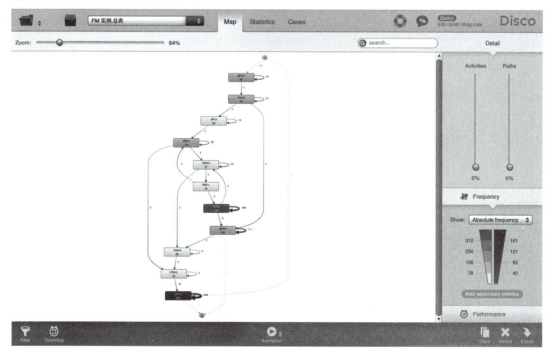

图3-24 Disco软件

三、过程挖掘步骤

过程挖掘主要包括数据收集和处理、数据配置、生成并简化流程图和解读结果四个步骤。此处利用Disco软件呈现一个过程挖掘案例，该案例数据来自在线研究生课程中的小组协作写作的编辑数据，包括编辑者、编辑内容和编辑时间。案例分析目的是探究小组在线协作写作中出现的流程模式。

数据集经过处理后需包含过程挖掘需要的信息（案例ID、活动和时间戳）并存储在csv或excel中（见图3-25）。过程挖掘的主要数据源为具有时间戳或有序的事件数据，如在线学习环境记录的学习行为日志数据，或利用出声思维、观察等方法记录学习者的行为数据。用于过程挖掘的数据至少包含三个部分：（1）案例ID，每一个案例中有多个发生的事件；（2）案例中发生的所有活动，如学生在某一次活动中的编辑、回复操作，或学生发表内容的编码；（3）事件发生的时间戳，每个事件至少有一个代表开始的时间戳，两个时间戳可以确定事件发生的实际时长，时间戳可以用多种格式来表示。过程挖掘还可以包括其他的信息，如学生的姓名、归属的组别等。在演示案例的数据集中，案例ID为每一次的协作写作活动，事件为学生编辑内容的内容分析编码，时间戳为学生开始编辑的时间。

过程挖掘案例数据

group	Case id	time	participant	Content	Code
g1	1	2021/11/16 9:28	A	海洋工程新型建筑材料	IPP-1
g1	1	2021/11/16 9:35	A	什么是海洋工程新型建筑材料？	IPP-1
g1	1	2021/11/16 9:35	A	为什么要引入新型建筑材料？	IPP-1
g1	1	2021/11/16 9:35	A	新型建筑材料对于海洋工程的影响？	IPP-1
g1	1	2021/11/16 9:35	A	与传统建筑材料相比，新型建筑材料有具体有哪些优点	IPP-1
g1	1	2021/11/19 20:36	B	该想法强调了海洋工程新型建筑材料的概念、应用前景及优	PRA-0
g1	1	2021/11/19 20:50	B	与传统建筑材料相比，海洋环境下的建筑材料的环境耐久性	IPP-1
g1	1	2021/11/19 20:50	B	海洋工程中的新型建筑材料遭受着长期的波浪拍击、海流冲	IPP-2
g1	1	2021/11/19 20:50	B	为此，需要研发更适用于海洋环境、耐久性更加优良的海洋	IPP-2
g1	1	2021/11/19 20:50	B	新型建筑材料的研发及推广，对海洋资源开发、海洋经济发	IPP-2
g1	1	2021/11/19 21:04	B	（新型材料以硅酸盐水泥基材为主） 主要使用通用硅酸盐水泥	IPP-2
g1	1	2021/11/19 21:04	B	（RD.Hooton的实验） 目前国外海洋工程中新型建筑材料都以硅	IPP-2
g1	1	2021/11/19 21:24	B	海洋防波堤建造过程中混凝土材料的使用。	IPP-1
g1	1	2021/11/19 21:24	B	若采用传统混凝土，则在海洋盐水侵蚀、干湿循环等作用下波	IPP-1
g1	1	2021/11/19 21:24	B	因此可尝试采用带有添加剂的新型混凝土材料，满足早强、抑制	IPP-2
g1	1	2021/11/19 21:27	B	新型海洋建筑材料掺加剂一般可采用矿渣、粉煤灰等固废材	IPP-2
g1	1	2021/11/19 21:27	B	在满足服役性能的前提下控制成本。	IPP-1

图3-25 过程挖掘数据截图

在完成数据处理后，将数据导入Disco软件［见图3-26（a）］。单击文件夹符号打开文件，将数据集导入工作区，并配置Case id、Activity name（即表中的Code）和Timestamp（即表中的time）。Disco会自动匹配每一列的含义，但可以手动检查并更正配置。完成配置后，点击右下角"start import"导入数据。

导入数据集后，Disco会在窗口以流程图（Map）的形式显示过程挖掘的结果［见图3-26（b）］。流程图顶部的三角形符号代表过程的开始，流程图底部的终止符号代表过程的结束。方框表示发生的活动，两个活动之间的箭头代表流程发展的路径。流程图默认以绝对频率显示，活动和路径中的数字分别表示活动的发生次数和经过该路径的频率。

此外，还可以更改其他显示的指标，如案例频率、最大重复次数、总持续时间、平均持续时间等。

原始的流程图展示了所有的活动，会使显示结果非常复杂，因此需要对流程图进行简化。可以通过Disco界面右侧的滑块修改流程图中显示的详细程度：Activities滑块可以根据活动发生的频率修改显示的活动，0代表仅显示出现频率最高的活动，100代表显示所有频率的活动；Paths滑块可用于修改流程图中显示活动连接的路径，0代表仅显示这些活动之间最主要的联系，100代表显示所有活动之间的联系。图3-26（c）显示了案例数据集中将Activities和Paths设置为0的流程图的开始部分。所有案例都是从"GPS-1"或者"IPP-1"步骤开始的，之后这个过程分成其他不同的路径，最后以"GPS-0"或"IPP-1"结束。箭头的数字、粗细、颜色都反映了流程中活动和活动联系的频率。

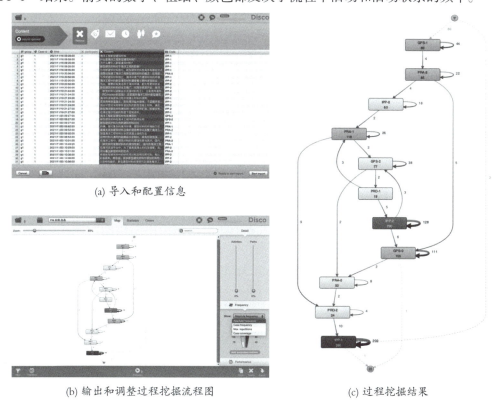

(a) 导入和配置信息

(b) 输出和调整过程挖掘流程图

(c) 过程挖掘结果

图3-26　过程挖掘结果

第九节　多模态学习分析

一、定义

随着物联网、大数据、人工智能等技术及可穿戴设备的不断发展，收集和分析学习者在学习过程中产生的大量认知、行为、心理等数据成为可能。多模态学习分析（multimodal learning analytics, MMLA）可通过捕捉学习者多种类型的数据，采用多种学

习分析方法和技术，实现对学习行为、认知、动机与情绪等方面的表征。多模态学习分析的相关研究能够帮助人们深入理解学习的内在机理，为学习者提供更加合理的学习评价与个性化的学习反馈和学习服务，为教育决策者提供更加合理化的建议。相关综述表明，多模态学习分析研究中包括丰富的数据类型，可以将其分为活动数据、情境数据、环境数据和生理数据四种类型；最常使用的五种模态为音频、视频、生理、眼动和数字日志。牟智佳和符雅茹（2021）通过对174篇多模态学习分析文献进行分析，认为多模态学习分析领域的研究可以分为多模态感知与情绪分析、多模态数据融合与挖掘及多模态表征与对象识别三大领域。

二、多模态学习分析内容

多模态学习分析是一种整合的学习分析方法，学者Blikstein和Worsley（2016）总结了多模态学习分析中主要涉及的九种类型分析内容。

（1）文本分析（text analysis）。学习过程中的文本数据易于获取，是多模态学习分析中十分有前景的分析内容。

（2）语音分析（speech analysis）。语音分析依赖语音识别技术和自然语言处理技术。语音识别技术主要用于提取话语内容，自然语言处理技术侧重于提取语音的韵律特征，例如语调、声调、重音和节奏以确定谈论的主题、说话者的情绪状态等。

（3）手写分析（handwriting analysis）。手写分析是文本分析的另一种形式，依赖手写识别技术。手写识别技术的引入使学生可以使用熟悉的纸笔形式与学习材料进行交互。

（4）草稿分析（sketch analysis）。从学生的草稿中提取出有价值的信息，涉及对单词、文本和图形的识别。

（5）动作和手势分析（action and gesture snalysis）。动作和手势分析采用摄像机、红外探测器、加速度计等捕捉学生的行动和手势。其中，微软开发的Kinect可以用于捕捉学生全身的肢体动作，任天堂开发的Wiimote可以捕捉学习者的不同手势。

（6）情感状态分析（affective state analysis）。情感状态分析的研究主要包含三类，即人类注释的情感状态（human annotated affective states）、自动注释的情感状态（automatically annotated affective state）和情感状态的生理标记（physiological markers of affective state）。其中，人类注释的情感状态是指研究者根据特定的编码框架对学习者的情感状态进行注释。自动注释的情感状态是指使用计算机视觉技术和机器学习技术使机器自动检测学生的面部表情进而判断学生的情绪状态。情感状态的生理标记是指通过学生在学习过程中的生理特征（如皮电、瞳孔扩张）来判断学生的情绪状态。

（7）神经生理学的标记分析（neurophysiological markers）。通过标记生理数据分析学生的学习情况，如心率、脑电、皮肤电分析等。

（8）眼睛注视分析（eye gaze analysis）。眼球追踪和注视分析，眼动数据与学习者的注意力有密切关系。

（9）多模态集成和多模态接口（multimodal integration and multimodal interfaces）。多

模态学习分析建立在多模态集成和多模态接口的想法之上。多模态集成是指将不同模态的学习数据进行同步对齐和融合。

三、多模态学习数据收集

（一）文本分析的数据收集

文本分析技术能对学习者在学习过程中产生的大量文本信息进行分析。文本数据可从课堂学习和在线学习活动中较为便捷地收集，如学习者在讨论交流中产生的文本数据、学习者在学习平台上发表的帖子和回复，以及上传的作业、反思等内容。单迎杰等人（2021）利用慕课平台收集了参与现代教育技术慕课课程的学习者在每个单元后的"学习体验与反思"模块发表的文本（共 724 条数据纳入分析）以分析其学习情感体验。Wu 等人（2021）收集了 45 名学习者在学习数据库原理与实践课程中对教师发布的六个主题发表的 204 篇讨论文本。

（二）语音分析的数据收集

教育领域的语音数据主要包括人与人的对话及人机之间的对话。对于前者，研究者可以使用麦克风录制学习者与学习者、学习者与教师的对话内容；对于后者，研究者可以使用智能学习工具收集人机对话的数据。语音数据不仅包括学习者对话的内容，还包括学习者对话时的语气、语速等韵律数据。例如，Worsley 和 Blikstein（2011）的研究要求学生绘制并大声描述如何建造电子和机械设备，研究者使用无线麦克风记录了 15 名学生的访谈语音，访谈环境如图 3-27 所示。

图 3-27　访谈环境示意（Worsley & Blikstein, 2010）

（三）手写分析的数据收集

手写数据是文本数据的另一种形式，可以通过数字笔（digital pen）进行记录。例如，Zhou 等人（2014）所使用的数据集包括 6 组学生使用数字笔记录的手写数据，相机记录的视频数据及麦克风记录的对话数据（见图 3-28）。手写笔记录了学习者绘制时的平均笔画次数、平均书写时间、平均笔画距离、累计书写距离、笔画持续时间、平均书写速度和平均书写压力等书写特征。

图 3-28　使用数字笔手机手写数据（Zhou et al., 2014）

（四）草稿分析的数据收集

在草稿分析的研究中，研究者往往要求学习者在纸上或特定的草稿系统中绘制草图。例如，Scheiter 等人（2017）要求学习者在学习有关温室效应的材料后需要向自己解释所学的主要知识并绘制一张解释温室效应的草图。图 3-29（a）呈现了该实验中学习者绘制的两幅草图。Forbus 等人（2011）开发了一款基于草图的教育平台——CogSketch。该平台由草图工作表（sketch worksheets）和设计伙伴（design buddy）两个独立的模型组成。图 3-29（b）展示了 CogSketch 平台的流程，该平台能够将学习者绘制的草图工作表与教师的草图进行比较并给出反馈建议，学习者根据平台建议不断修改草图，直至平台对草图给出"你的草图看起来很好"的反馈意见（Garnier et al., 2017）。

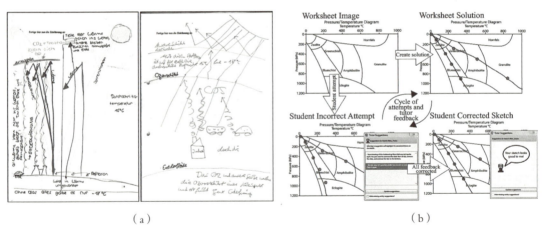

（a）　　　　　　　　　　　　　　　　　　（b）

图 3-29　草稿分析

（五）动作和手势分析的数据收集

在动作和手势分析研究中，研究者往往使用摄像头或传感器记录学习者在学习过程中的动作和手势变化。例如，Kinect V2 是微软推出的一款 3D 传感器［见图 3-30（a）］，该传感器由分辨率为 1920×1080 像素的 RGB 相机、分辨率为 512×424 像素的红外相机和红外发射器组成。Kinect V2 能实现骨骼追踪的功能［见图 3-30（b）］，识别学习者在学习过程中的动作变化。

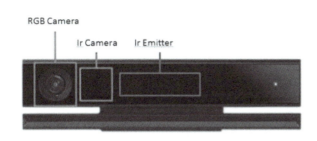
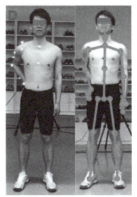

（a）Kinect V2（Caruso et al., 2017）　　　（b）骨骼追踪效果（Cai et al., 2019）

图 3-30　动作和手势分析

（六）情感状态分析的数据收集

在人类注释的情感状态研究中，研究者往往通过现场观察编码或录制课堂视频后通过手动注释的方式对情感状态进行编码。例如，Pardos 等人（2013）的一项研究采用一款现场观察同步软件，编码员每 20 秒对学生情感状态进行编码。

在自动注释的情感状态研究中，研究者往往根据 Ekman 等人（1982）提出的面部动作编码系统（FACS），使用相机等方式记录学习者在学习过程中的面部表情，应用计算机视觉技术和机器学习技术判断学生的情感状态。例如，Shen 等人（2022）使用了网络相机记录学习者在 MOOC 学习过程中的面部图像，提出了一种轻量级面部表情识别模型。

情感状态的生理标记研究中，研究者收集了学习者的多种生理数据（如皮电、瞳孔扩张等）对学习者在学习过程中的情绪进行测量与分析。这里简单介绍皮肤电信号的数据收集方式。目前较为常用的测量方法是在手指、手掌或脚底等对情绪刺激反应较为强烈部位的两个皮肤接触点上施加一定的电压，通过传感器（见图 3-31）来测量皮肤导电水平的变化（韩颖等, 2018）。

图 3-31　Empatica E4 手环

（七）神经生理学标记分析的数据收集

在生理数据的收集上，当前大部分研究主要借助一定的设备（如相机、手环、脑电头盔）来实现对生理数据的采集。

当前研究主要采用心电设备、手环收集或从视频中提取的方式进行心率数据的收集。心电设备通过电极记录学习者心动周期的电活动变化（ECG）。手环监测心率的方法是光电容积脉搏波描记法（PPG），即通过监测LED灯照射下血管的变化来计算心率［见图3-32（a）］。从视频中提取心率方法的原理与PPG类似，通过人脸皮肤色彩的变化来监测学生心率，其最大的优势是无须佩戴设备，具有较高的便利性［见图3-32（b）］。

（a）Mio alpha 手环　　　　　　（b）心率监测工具

图 3-32　心率数据的收集

脑电数据的采集主要有植入和非植入两种方式（刘新玉等，2023）。植入方式需要将电极置于头皮内部，采集难度较大，多用于临床试验和动物实验等场景。非植入方式通过头皮上或头皮外部的电极测量学习者的大脑神经活动。教育领域的研究主要采用脑电头盔［见图3-33（a）］和脑电波耳机［见图3-33（b）］等非植入的方式采集学生的脑电数据。

（a）脑电头盔佩戴示意图（Sharma et al., 2020）　　（b）学生佩戴脑电波耳机（Sun, 2014）

图 3-33　脑电数据采集

（八）眼睛注视分析的数据收集

眼动数据的收集主要依靠眼动仪进行。眼动仪的类型主要有眼镜式眼动仪［见图3-34（a）］、桌面式眼动仪［见图3-34（b）］和虚拟现实眼动仪。桌面式眼动仪适用于基于计算机屏幕的学习环境，学生的头部不能随意移动，否则会影响眼动数据的收集。眼镜式眼动仪适用于学习者使用移动设备进行学习的学习环境，学生可随意移动头部，不受限制（王雪，2015）。研究中常用的眼动仪品牌有Tobii、SMI、EyeLink等。

（a）眼镜式眼动仪 TOBII PRO GLASSES 3   （b）桌面式眼动仪 TOBII PRO NANO

图 3-34　眼睛注视分析数据采集工具

（九）多模态集成和多模态接口的数据收集

为了提升采集多模态数据的便利性，国内外的研究者开发了能够集成各种数据的工具包或设备。例如，哈佛大学的学习、创新和科技实验室开发了一款基于摄像头和计算机算法的多模态数据工具包［见图 3-35（a）］，可收集的数据包括眼动数据、心率数据、身体姿势、手势、面部表情、语音等（具体信息见 https://mmla.gse.harvard.edu/）。国内中科心研团队则开发了一款多模态手环 ES1［见图 3-35（b）］，该手环能够采集学习者的心率、心率变异性、频带能量值（LF/HF）、皮温、皮肤导电水平（SCL）、皮肤导电反应（SCR）及加速度、角速度等丰富的数据（具体信息见 https://www.zkpsych.com/emotion-monitor-terminal.html）。

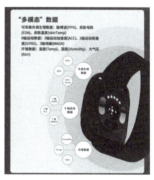

（a）EZ-mmla 部分工具截图   （b）中科心研多模态手环

图 3-35　多模态集成和多模态接口数据收集工具

四、多模态数据处理

（一）文本分析的数据处理

文本数据分析往往依据特定的研究目的使用一定的编码框架或采用自然语言处理等技术进行分析。例如，左明章等人（2018）对两个主题下抽取的两个小组的发帖文本进行了基础描述与统计描述、情感分析、社会网络分析、主题挖掘和文本意义分析。下面将简要介绍该研究中的主题挖掘和文本意义分析。首先，主题挖掘使用了 NLPIR 集成工

具提取论坛帖子内容的关键词［见图 3-36（a）］，文本意义则是根据研究者设定的对话内容层次进行分析，分析结果如图 3-36（b）所示。Wu 等人（2021）使用知识贡献的信息测量（information measures of knowledge contribution, IMKC）方法分析了学习者在慕课讨论中发表的帖子，通过信息量和信息增益两个核心指标来测量学习者在在线学习中的知识贡献度。信息量由文本中出现的关键词所包含的信息内容的总和来衡量。信息增益与学习者提出的、未与先前信息重复的信息相关。该研究还使用聚类分析将学习者分为主动型贡献者（active students）、优秀贡献者（excellent sudents）、自我参与型贡献者（self-involved students）、重复型贡献者（repeater）和消极贡献者（passive students）。学习者聚类结果如图 3-36（c）所示。

a）A组实验关键词 　　　　　　　　　b）B组实验关键词

（a）A组和B组的关键词（左明章, 2018）

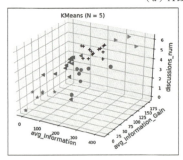

编　号	类　目	数目（单位/条）	
		A 组 实验	B 组 实验
1	分享与澄清	14	18
2	意义协商	20	28
3	检验修正	8	24
4	达成与应用	7	4
5	认知冲突	0	0
6	总计	49	74
7	回复评论	30(61.22%)	48(64.86%)

（b）文本意义分析结果（左明章, 2018）　　　　（c）学习者聚类结果（Wu et al., 2021）

图 3-36　文本分析的数据处理

（二）语音分析的数据处理

语音数据的处理主要依赖语音识别技术和自然语言处理技术。语音识别技术侧重于将语音转换为文本内容，而自然语言处理技术则侧重于对语音中的韵律特征进行提取。如 Worsley 和 Blikstein（2010）的研究使用 Praat 软件包、Python 中的自然语言工具包（natural language toolkit, NLTK）、Stanford Parser 等工具提取了专家学习者、中等学习者、新手学习者的语音特征。该研究发现，专家学习者在一般语境中使用状语修饰语的可能性较小，而在内容语境中使用状语修饰语的可能性最大，中等学习者在讨论内容问题时，往往会回避使用状语修饰语，新手学习者在内容问题语境中较多使用状语修饰语［见图 3-37（a）］。Ou 等人（2020）收集了 37 名小学生与教师之间的对话，由一位研究者对转录后的对话内容贴上标签，随后寻找最频繁的 n 元模型（n-gram）以分析师生对话模式，结果如图 3-37（b）所示。

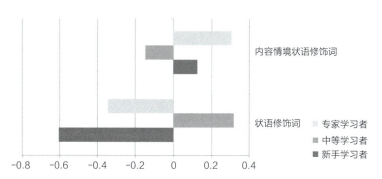

（a）学习者使用状语修饰语的频率（Worsley & Blikstein, 2010）

N–Grams	Regime 1	Regime 2	Regime 3
3	S: "I have them" T: "can you find", "can you say"	S: "at same time" T: "do you notice"	S: "they turn green" T: "bars turn green"
4	S: "at bottom of screen" T: "you think out loud", "what you are doing"	S: "here again here again", "I do not know" T: "what do you mean", "can you show that"	S: "right bar is now", "it both are light" T: "find even more green", "at bottom of screen"
5	S: "a little bit of green" T: "as many ways as possible", "everything you think out loud"	S: "the right bar is higher", "if I do that for" T: "what do you have to do", "hands at the same time"	S: "bar is twice as high", "they both are light green" T: "how did you do that?", "find green at the top"

（b）师生对话模式（Ou et al., 2020）

图 3-37　语音分析的数据处理

（三）手写分析的数据处理

在手写分析的研究中，研究者往往对学习者手写的各项特征进行分析以识别学习者的特征。如 Zhou 等人（2014）根据学习者手写的各项特征（如平均笔画次数、平均书写时间等），比较了三种机器学习算法（支持向量机、随机森林、朴素贝叶斯）对专家学习者和非专家学习者的分类效果。研究结果显示，朴素贝叶斯算法的准确率高于另外两种算法，识别专家的准确率为 70.83%。Simonnet 等人（2019）设计了一种分析幼儿字母书写的数字工作簿（见图 3-38），可以对幼儿书写进行评估并给出即时反馈。

图 3-38 彩图效果

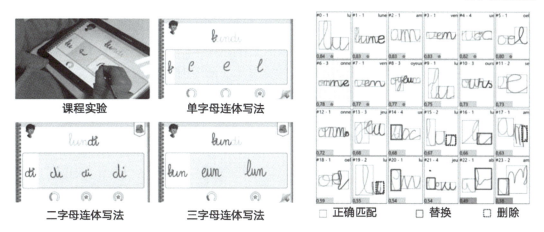

课程实验　　单字母连体写法

二字母连体写法　　三字母连体写法

□ 正确匹配　　□ 替换　　□ 删除

图 3-38　书写识别效果（Simonnet et al., 2019）

（四）草稿分析的数据处理

在草稿分析的研究中，研究者往往根据学习内容设计草图的评分框架或使用平台记录草图绘制的特征。Scheiter等人（2017）根据学习内容"温室效应"确定了包含20个主要概念单元的草图评分框架［见图3-39（a）］。在草图中提及每个主要概念将获得1分。23%的学习者的草图由两位评分员进行评分，两位评分员的评分一致性系数达标后，其余草图由其中一位评分员独立评分。图3-39（b）展示了其中两位学习者绘制的草图，左侧草图获得20分，右侧草图获得10分。Jee等人（2014）的研究使用CogSketch平台记录了地球科学学生和新手绘制的草图。通过对平台数据的分析，研究者发现，在绘制地球科学图时，地球科学学生更倾向于按照因果顺序绘制草图；而在绘制机械控制图时，两者不存在统计学意义上的差异。

1.太阳（作为光束的来源）	2.光束
3.(射向)地球	4.将光束分成两部分
5.一部分：反射到大气层	6.另一部分：返回到空间
7.大部分辐射	8.到达地球
9.被转化为热量	10.被地球反射
11.将热辐射分成两部分	12.一部分穿过大气层进入太空
13.另一部分被大气层反射	14.平均温度约为15°
15.气体（二氧化碳）的排放	16.(由)如工业/汽车(造成)
17.累积在大气层中	18.热辐射不能逃到空间
19.热量仍然存在	20.温度升高

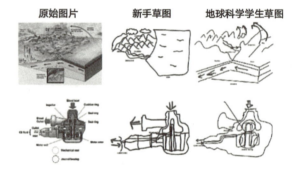

（a）草图评分框架（Scheiter et al., 2017）　　　（b）地球科学学生和新手绘制的草图（Jee et al., 2014）

图3-39　草稿分析的数据处理

（五）动作和手势分析的数据处理

动作和手势分析的研究往往使用研究者手动编码和自动识别的方式进行。如李小娟等人（2022）的研究由两位编码者使用ELAN软件对教师和学习者在混合同步课堂（blended synchronous classroom, BSC）学习环境中的言语互动行为和非言语互动行为进行编码标注（分析框架见表3-12）。分析框架编码分为指示性手势和节奏性手势两种手势类型。该研究发现，教师的目光注视与手势的结合能够提升学生的社会存在感，提升学习体验。学者Raca等人（2016）提出了一种在课堂学习环境中检测学习者动作的方法（见图3-40）并探究了学习者的反应速度与其主观注意力之间的关系。图3-40（a）的紫色箭头为单独的运动向量，图3-40（b）中则显示了随着时间推移，运动向量组合成运动轨迹并分配给学习者，图3-40（c）标记了学生区域和高斯概率中心，用来模拟每个学生的运动概率。研究结果显示，相较于注意力水平高的学生，注意力水平较低的学生反应更慢。

图3-40 彩图效果

表3-12　混合同步课堂中师生互动行为分析框架（李小娟等，2022）

模态类型		行为指标	编码	指标描述
言语行为	师生互动 TS	中心校教师与中心校学生互动	TS1	讲授、提问、邀请或点评中心校学生
		教学点教师与教学点学生互动	TS2	集体解惑、组织教学点学生开展讨论或个别化指导
		中心校教师和教学点学生互动	TS3	讲授、提问、邀请或点评教学点学生
	师师互动 TT	中心校教师与教学点教师互动	TT	交流协同管理组织教学，如主讲教师对教学点教师说把接下来的教学点班级的讨论环节交给教学点教师
	生生互动 SS	中心校学生互动	SS1	学生间的言语互动，如协同创作环节学生间的互动讨论
		教学点学生互动	SS2	
非言语行为	手势 G	指示性手势	G1	用手或手指指向具体事物、空间、方位，以建立物理环境与言语表达及对应的心理表征间的互动意义关系，引起注意。如提问教学点学生时，邀请手势指向直播屏幕
		节奏性手势	G2	在协同言语表达时，调节和强化言语表达的速度、节拍和要点内容，但不传递教学信息。如活动结束时鼓掌、配合话语强调进入点评活动环节
	目光注视 A	面向中心校	A1	中心校教师在教学过程中面向中心校学生，如教师看中心校学生展示作品
		面向教学点	A2	中心校教师的目光看向教学点学生，即看向直播屏幕

　　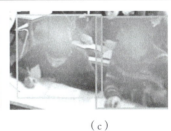

（a）　　　　　　　　　（b）　　　　　　　　　（c）

图3-40　动作检测（Raca et al., 2014）

（六）情感状态分析

在人类注释的情感状态研究中，研究者根据一定的编码框架对学习者的情感状态进行编码。学者Baker等人（2010）在研究中提出了一种认知—情感状态的编码框架（见表3-13）并比较了自动导师、物理模拟环境和Aplusix II代数学习助理三种学习环境下学习者的认知—情感状态（见图3-41）。该框架编码了学习者的七种认知—情感状态，分别为无聊、困惑、高兴、全神贯注、沮丧、惊讶和中立。

表3-13 认知情感状态的编码框架（Baker et al., 2010）

认知—情感状态	编码指南中的示例
无聊	行为：懒洋洋的坐姿，用手掌托住下巴 话语："我们能做别的事情吗？"或"这好无聊！"
困惑	行为：挠他/她的头，反复看相同的界面元素；询问同学或老师；看另一个学生的行为，以决定下一步该做什么等 话语："我搞糊涂了！"，"为什么它不起作用呢？"
高兴	行为：拍手，愉快地笑等 话语："是的！"或者"我明白了！"
全神贯注	行为：沉浸、专注和集中于系统，表现出积极的参与感；身体倾向于电脑；说出解决方法；指向屏幕
沮丧	行为：重重地敲键盘或鼠标；拉他/她的头发；深深地叹气 话语："发生了什么？！"
惊讶	行为：突然地抖动或喘气 话语："嗯？"或者"哦，不！"
中立	当学生没有表现出任何其他认知—情感状态时，或者当学生的情感无法确定时

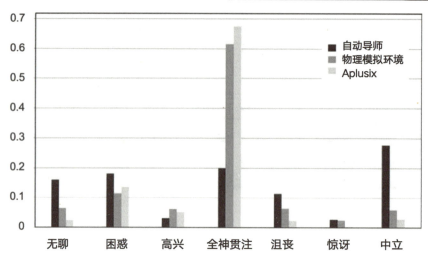

图3-41 三种环境下不同认知—情感状态出现的频率

在自动注释的情感状态研究中，研究者根据学习者的面部特征对学习者在学习过程中的情绪进行识别。如学者Shen 等人（2022）采用基于注意力机制的特征提取（attention-based feature extraction）和领域自适应的分类方法（classification based on domain adaptation）实现对四种在MOOC学习中常见的面部理解、困惑、中性、厌恶情绪的识别。该研究还提出了一个基于面部情绪识别的自动学习评价框架以评价学习者的学习参与度（见图3-42）。学习参与度量化计算公式如下所示，其中 e_1，e_2，e_3，e_4 分别代表理解、困惑、中性、厌恶四种情绪持续的时间。总得分 0.7～1.0 的为高参与，0.5～0.7 的为中参与，0.0～0.5 的为低参与。

$$score = \frac{1 \times e_1 + \pm 0.7 \times e_2 + 0.5 \times e_3 + 0.1 \times e_4}{(e_1 + e_2 + e_3 + e_4)}$$

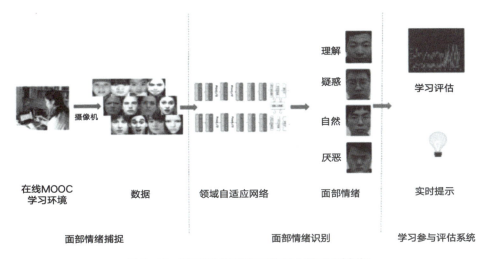

图 3-42　基于面部情绪识别的自动学习评价框架

下面将介绍通过皮肤电数据处理进行情感状态生理标记研究的案例。皮肤电反应（galvanic skin reaction, GSR）信号主要可以分为基础活动和相位活动（韩颖等，2018），如图 3-43 所示。皮肤电导水平（skin conductance level, SCL）是皮肤电反应中变化较为缓慢的方面，而皮肤电传导反应（skin conductance response, SCR）则反应了皮肤电反应中的快速变化（Nagai et al., 2004）。GSR数据的处理分为降采样、滤波、峰值检测和极值标准化等步骤。学者Harley等人（2019）在一项基于计算机学习环境BioWorld的研究中收集了学习者的SCL和SCR。该研究发现，SCL与羞耻、焦虑之间存在显著的正向预测关系，SCL与任务价值之间存在负向预测关系。

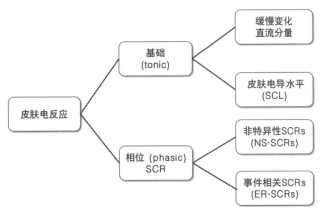

图 3-43　皮肤电反应的组成部分（韩颖等，2018）

（七）神经生理学的标记分析

心率数据和脑电图数据是神经生理学标记分析的主要数据，下面将简要介绍使用这两类数据开展分析的案例。

心率和心率变异性是受教育者关注的两个生理指标。心率是指学习者每分钟的心跳次数，心率变异性是指逐次心跳周期的微小变化。具体的分析指标可以分为频域指标和

时域指标，频域指标包括高频功率（high frequency, HF）、低频功率（low frequency, LF）等，时域指标包括心率间隔的间期标准差（SDNN）、间期差值均方（RMSSD）等。学者Kim和Jo（2019）的一项研究收集了23名学生在学习视频时的心率数据（低频功率与高频功率的比值，LF/HF），结果显示不同先验知识水平的学习者在学习过程中呈现了不同的心率变异性变化模式（见图3-44）。

图3-44 彩图效果

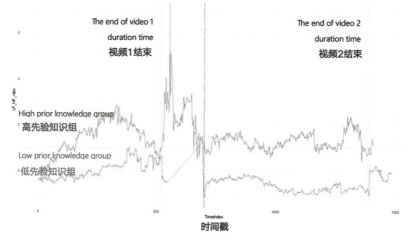

图3-44　学习者观看视频时的LF/HF比值变化（Kim & Jo, 2019）

在脑电图研究方面，学者通常将脑电信号按照频率划分为五种频段：δ（0.2～3.5 Hz）、θ（4～7.5 Hz）、α（8～13 Hz）、β（14～30 Hz）、γ（30～90 Hz）。不同的频段与不同的意识过程相关。例如，δ波往往出现在人们睡觉的时候，θ波与想象、幻想等相关，α波代表专注和放松的精神状态，β波与警觉状态相关，γ则与高认知功能相关（Huang et al., 2020）。学者Castro-Meneses等人（2020）的一项关于外语学习的研究表明，θ波与学习者自我报告的认知负荷相关（见图3-45）。

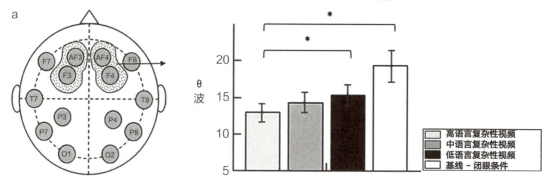

图3-45　θ波结果（Castro-Meneses et al., 2020）

（八）眼睛注视分析

眼动注视情况与学习者的注意力密切相关。学者Hyönä等人（2003）分析了21项眼动研究，总结了常用的眼动指标：总注视次数、兴趣区注视时间/比例、平均注视时间和总注视比例等。除了这些指标之外，注视轨迹图［见图3-46（a）］和注视热点图［见图

3-46（b）］能够直观呈现学习者的注视情况。如曹晓明等人（2018）的一项研究分析了实践型慕课的不同组织方式（Group A 为无教师讲授画面，Group B 为有教师讲授画面）下学习者的眼动情况，发现 Group A 注视次数更多且注视时间更长。从注视热点图可以直观地看出，Group A 对文字区域的关注更多，而 Group B 则较为关注教师、字幕和操作界面三个区域。

图 3-46 彩图效果

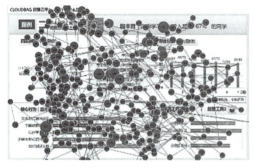
Group A 注视热点图

Group B 注视热点图

（a）注视轨迹图（张琪，2017）　　（b）注视热点图（曹晓明等，2018）

图 3-46　眼睛注视分析

（九）多模态集成和多模态接口

在完成数据收集后，需要对多模态数据进行融合。多模态数据融合的三个层次分别为数据层融合、特征层融合和决策层融合（尹睿和何淑茵，2022）。数据层融合是将原始数据直接输入数据中心进行融合，该方法的优点是保留了大量的原始信息，但也容易产生数据的冗余进而影响模型效果。特征层融合会先对原始信息进行特征提取和处理，再进行数据融合。决策层融合是先对不同模态进行处理生成模型，再对这些模型进行组合。决策层融合的优势在于能够保持不同模态模型的独立性，总体模型的抗干扰性较强。

五、多模态分析案例

下面简单介绍三个多模态学习分析的实例。三个研究收集了学习者的多模态数据，包括成绩数据、行为数据、生理数据、面部表情数据、眼睛注射数据和手势和身体姿势数据，使用了多种机器学习算法，探究并建模了学习者的学习过程和结果。

Sharma 等人（2020）收集了 32 名学习者在学习过程中的日志和生理数据，其中生理数据包括眼动、脑电、面部视频、心率、皮肤电、血容量脉冲和体温等。该研究使用 K-means 对学习者的行为模式进行聚类并结合隐马尔可夫模型（HMM）和维特比算法（Viterbi algorithm）预测学习者完成任务的努力程度。本研究使用 K-means 聚类将学习者分为五类，分别为 C1（高心理负荷，高记忆负荷，低心率）、C2（高注意力，高认知负荷）、C3（高皮肤电活动，高情绪强度，高心率，低心理负荷，低记忆负荷）、C4（低情绪强度、低认知负荷、高血量脉搏）和 C5（低注意力，高心率）。研究结果显示，该方法能够有效编码学习者行为与努力之间的关系（见图 3-47）。

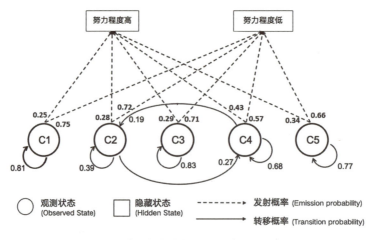

图3-47 学习者行为与努力之间的关系（Sharma et al., 2020）

Emerson等人（2020）采用多模态学习分析方法预测学生游戏化学习微生物学知识时的表现和兴趣，并比较了使用多种模态数据和单一模态数据模型之间的差异，该研究收集了61名北美大学生在游戏化学习时的前测成绩、眼睛注视、游戏行为和面部表情数据，研究结果显示，使用两种模态数据进行分析能够准确预测学生在游戏学习中的后测成绩（游戏数据＋面部表情数据预测准确度最佳）和学习兴趣（游戏数据＋眼睛注视数据预测准确度最佳），并且多模态数据的模型预测效果优于单模态数据的模型。

Ashwin等人（2020）采集了课堂活动中的表情、手势和身体姿势等数据（见图3-48），创建了一种新的混合卷积神经网络架构以分析学生的情感状态，该架构包含两个模型：CNN-1被用于分类单个图像帧中单个学生的情绪状态；CNN-2被用于分类单个图像帧中多个学生的情绪状态。该研究将学生的课堂情感状态分为专注、无聊和中性三种，该模型对预设情绪状态和自发情绪状态识别的准确率分别为86%和70%。

图 3-48 彩图效果

图 3-48 创建数据集的样本测试截图（Ashwin & Guddeti, 2020）

本章小结

本章详细介绍了学习分析的概念和主要研究方法，具体包括社会网络分析法、内容分析法、话语分析法、滞后序列分析法、时序分析法、认知网络分析法、过程挖掘法和多模态学习分析法，旨在帮助读者了解不同学习分析方法的工作原理、特征和实现方法，为读者理解下一章学习分析应用实例、实际开展学习分析研究奠定基础。

☑ 知识要点

1. 社会网络分析方法在教育环境中是分析实体间的关系及这些关系对教学和学习影响的方法，通常以图的形式表示实体及实体之间的关系，包含节点、连接、强度和方向四个元素。

2. 内容分析法是以定性研究为基础，并结合定量研究分析，将交流内容（文本、音频、视频）转化为定量数据，进行进一步统计分析或其他形式分析的研究方法。

3. 话语分析是一种定性研究方法，主要用于分析自然语言的口头和书面数据，探索语言的组织特征和使用特征，如开放式问题的回答，生生、师生之间的交流内容等。

4. 滞后序列分析是一种事件序列分析方法，可以用于确定学习过程中不同类型行为、事件之间的过渡和转化关系，从而揭示不同的学习模式和趋势。

5. 频繁序列挖掘是一种事件序列分析方法，可用于检查频繁发生的事件模式，即在数据集中出现频率超过设定阈值的长序列。

6. 时间序列分析支持随时间推移对观察到的所有变量进行研究；同时可以作为预测数据的基础，从过去数据中探究模式预测未来事件发生的可能性。

7. 认知网络分析法可以量化特定领域各元素间的连接共现性，通过网络图可视化表征复杂的认知结构。

8. 过程挖掘可以发现、分析和直观地表示完整的教育过程，生成并可视化过程模型。

9. 多模态学习分析可通过捕捉学习者多种类型的数据，采用多种学习分析方法和技术，实现对学习行为、认知、动机与情绪等方面的表征。

❓ 思考题

1. 社会网络分析、内容分析、话语分析、滞后序列分析、认知网络分析和过程挖掘的特点分别是什么？分析对象是什么？

2. 多模态学习分析对教育研究和教育实践具有什么意义？在分析过程中可能遇到哪些挑战？

3. 基于提供的数据库，利用本章介绍的多种学习分析方法进行综合分析。该数据库包括以下几个字段：日期、时刻、谈话发起者、对象和讨论的谈话内容。内容分析编码可以参考其他研究使用的编码框架或者自行制定框架，使用本章介绍的方法进行分析。分析需要展示以下几个部分：（1）学生之间的社会网络图；（2）内容分析结果，即内容分析的描述性统计和可视化呈现（如柱状图、饼图或其他展示形式）；（3）用滞后序列分析展示每个内容分析编码之间的转换结果，包括过渡频率、Yule's q 值和 z 值，并尝试用社会网络图形显示出事件序列结果；（4）尝试使用时序分析、认知网络分析和过程挖掘等方法对内容分析结果进行综合分析，并对分析结果进行解读。

参考文献

Ashwin TS, Guddeti R M R, 2020. Automatic detection of students' affective states in classroom environment using hybrid convolutional neural networks[J]. Education and Information Technologies, 25(2): 1387−1415.

Baker R S, D'Mello S K, Rodrigo M M T, et al, 2010. Better to be frustrated than bored: The incidence, persistence, and impact of learners' cognitive−affective states during interactions with three different computer-based learning environments[J]. International Journal of Human-computer Studies, 68(4): 223−241.

Blikstein P, Worsley M, 2016. Multimodal Learning Analytics and Education Data Mining: Using computational technologies to measure complex learning tasks[J]. Journal of Learning Analytics, 3(2): 220−238.

Cai L, Ma Y, Xiong S, et al, 2019. Validity and Reliability of Upper Limb Functional Assessment Using the Microsoft Kinect V2 Sensor[J]. Applied Bionics and Biomechanics, 2019: 1−14.

Caruso L, Russo R, Savino S, 2017. Microsoft Kinect V2 vision system in a manufacturing application[J]. Robotics and Computer-Integrated Manufacturing, 48: 174−181.

Castro-Meneses L J, Kruger J, Doherty S, 2020. Validating theta power as an objective measure of cognitive load in educational video[J]. Educational Technology Research and Development, 68(1): 181−202.

Chen B, Resendes M, Chai C S, et al, 2017. Two tales of time: Uncovering the significance of sequential patterns among contribution types in knowledge-building discourse[J]. Interactive Learning Environments, 25(2): 162−175.

Ekman P, Friesen W V, 1982. Felt, false, and miserable smiles[J]. Journal of Nonverbal Behavior, 6(4): 238−252.

Emerson A, Cloude E B, Azevedo R, et al, 2020. Multimodal learning analytics for game-based learning[J]. British Journal of Educational Technology, 51(5): 1505−1526.

Ferguson R, 2012. Learning analytics: drivers, developments and challenges[J]. International Journal of Technology Enhanced Learning, 4(5-6): 304−317.

Forbus K D, Usher J, Lovett A A, et al, 2011. CogSketch: Sketch Understanding for Cognitive Science Research and for Education[J]. Topics in Cognitive Science, 3(4): 648−666.

Garnier B, Chang M, Ormand C J, et al, 2017. Promoting Sketching in Introductory Geoscience Courses: CogSketch Geoscience Worksheets[J]. Topics in Cognitive Science, 9(4): 943−969.

Gee J P, 2004. An introduction to discourse analysis: Theory and method[M]. London: Routledge.

Harley J M, Jarrell A, Lajoie S P, 2019. Emotion regulation tendencies, achievement emotions, and physiological arousal in a medical diagnostic reasoning simulation[J]. Instructional Science, 47(2): 151−180.

Harris G B, 1952. X. Quantitative measurement of preferred orientation in rolled uranium bars[J]. The London, Edinburgh, and Dublin Philosophical Magazine and Journal of Science, 43(336): 113−123.

Huang H S, King J, Lee C L, 2020. The New Science of Learning: Using the Power and Potential of the Brain to Inform Digital Learning[J]. Educational Technology & Society, 23(4): 1−13.

Hyönä J, Radach R, Deubel H, 2003. The mind's eye: Cognitive and applied aspects of eye movement research[M]. Amsterdam, Netherlands: North-Holland.

Jee B D, Gentner D, Uttal D H, et al, 2014. Drawing on Experience: How Domain Knowledge Is Reflected in

Sketches of Scientific Structures and Processes[J]. Research in Science Education, 44(6): 859–883.

Kim J, Jo I-H, 2019. Feasibility and use of psychophysiological responses based on cognitive load theory[J]. Australasian Journal of Educational Technology, 35(3): 150–165.

Landauer T K, Foltz P W, Laham D, 1998. An introduction to latent semantic analysis[J]. Discourse processes, 25(2-3): 259–284.

Nagai Y, Critchley H D, Featherstone E, et al, 2004. Activity in ventromedial prefrontal cortex covaries with sympathetic skin conductance level: A physiological account of a "default mode" of brain function[J]. NeuroImage, 22: 243–251.

Niemann K, Schmitz H C, Kirschenmann U, et al, 2012. Clustering by usage: higher order co-occurrences of learning objects [C]//Proceedings of the 2nd International Conference on Learning Analytics and Knowledge. New York: Association for Computing Machinery.

Opsahl T, 2013. Triadic closure in two-mode networks: Redefining the global and local clustering coefficients[J]. Social networks, 35(2): 159–167.

Ou L, Andrade A, Alberto R, et al, 2020. Using a cluster-based regime-switching dynamic model to understand embodied mathematical learning[C]// Proceedings of the 10th International Conference on Learning Analytics & Knowledge. New York: Association for Computing Machinery.

Pardos Z A, Baker R S J d, San Pedro M O C Z, et al, 2013. Affectivestates and state tests: Investigating how affect throughout the school year predicts end of year learning outcomes[C]// Proceedings of the 3rd International Conference on Learning Analytics & Knowledge. New York: Association for Computing Machinery.

Raca M, Tormey R, Dillenbourg P, 2016. Sleepers' lag - study on motion and attention[J]. Journal of Learning Analytics, 3(2): 239-260.

Ramesh A, Goldwasser D, Huang B, et al, 2013. Modeling learner engagement in MOOCs using probabilistic soft logic[J]. In NIPS workshop on data driven education, 21: 62.

Roy D, Sarkar S, Ghose S, 2008. Automatic extraction of pedagogic metadata from learning content[J]. International Journal of Artificial Intelligence in Education, 18(2): 97–118.

Scheiter K, Schleinschok K, Ainsworth S, 2017. Why Sketching May Aid Learning From Science Texts: Contrasting Sketching With Written Explanations. Topics in Cognitive Science[J], 9(4): 866–882.

Shaffer D W, Collier W, Ruis A R, 2016. A Tutorial on Epistemic Network Analysis: Analyzing the Structure of Connections in Cognitive, Social, and Interaction Data[J]. Journal of Learning Analytics, 3(3): 9–45.

Sharma K, Papamitsiou Z, Olsen J K, et al, 2020. Predicting learners' effortful behaviour in adaptive assessment using multimodal data[C]// Proceedings of the 10th International Conference on Learning Analytics & Knowledge. New York: Association for Computing Machinery.

Shen J, Yang H, Li J, et al,2022. Assessing learning engagement based on facial expression recognition in MOOC's scenario[J]. Multimedia Systems, 28(2): 469–478.

Simonnet D, Girard N, Anquetil E, et al, 2019. Evaluation of children cursive handwritten words for e-education[J]. Pattern Recognition Letters, 121: 133–139.

Sun J C, 2014. Influence of polling technologies on student engagement: An analysis of student motivation, academic performance, and brainwave data[J]. Computers & Education, 72: 80−89.

Wen M, Yang D, Rose C, 2014. Sentiment analysis in MOOC discussion forums: What does it tell us?[C]// Proceeding of the 7th International Conference on Educational Data Mining. London: International Educational Data Mining Society.

Worsley M, Blikstein P, 2011. Towards the development of learning analytics: Student speech as an automatic and natural form of assessment[R]. Colorado: Annual Meeting of the American Education Research Association (AERA).

Wu L, Li J, Liu Q, et al, 2021. Information Measures of Knowledge Contribution: A New Method to Measure Knowledge Contribution in Collaborative Knowledge Building: An Information Theory Perspective[J]. Journal of Educational Computing Research, 59(7): 1319−1342.

Zhou J, Hang K, Oviatt S, et al, 2014. Combining empirical and machine learning techniques to predict math expertise using pen signal features[C]// Proceedings of the 2014 ACM Workshop on Multimodal Learning Analytics Workshop and Grand Challenge. New York: Association for Computing Machinery.

曹晓明, 朱姗, 薛锡雅, 2018. 实践型慕课的视频组织方式对学习效果影响的实验研究[J]. 电化教育研究 (5): 66−73.

单迎杰, 傅钢善, 王一冰, 等, 2021. 基于反思文本的慕课学习情感体验特征分析[J]. 电化教育研究(4): 53−60, 75.

顾小清, 张进良, 蔡慧英, 2012. 学习分析: 正在浮现中的数据技术[J]. 远程教育杂志(1): 18−25.

韩颖, 董玉琦, 毕景刚, 2018. 学习分析中情绪的生理数据表征: 皮肤电反应的应用前瞻[J]. 现代教育技术 (10): 12−19.

黄琰, 赵呈领, 赵刚, 等, 2020. 教育过程挖掘智能技术: 研究框架、现状与趋势[J]. 电化教育研究(8): 49−57.

李小娟, 刘清堂, 吴林静, 等, 2022. 混合同步课堂中师生多模态互动行为的动态协同分析[J]. 电化教育研究(8): 43−50.

刘新玉, 王东云, 师丽, 2023. 脑机接口教育应用: 原理、潜能与障碍[J]. 开放教育研究(1): 18−25.

牟智佳, 符雅茹, 2021. 多模态学习分析研究综述[J]. 现代教育技术(6): 23−31.

王雪, 2015. 多媒体学习研究中眼动跟踪实验法的应用[J]. 实验室研究与探索(3): 190−193, 201.

王志军, 杨阳, 2019. 认知网络分析法及其应用案例分析[J]. 电化教育研究(6): 27−34, 57.

尹睿, 何淑茵, 2022. 基于系统性文献综述的多模态学习分析研究进展与前瞻[J]. 现代远程教育研究(6): 54−63.

张琪, 武法提, 赖松, 2017. 学习仪表盘信息设计研究——基于眼动数据的整合分析[J]. 开放教育研究(6): 94−103.

左明章, 赵蓉, 王志锋, 等, 2018. 基于论坛文本的互动话语分析模式构建与实践[J]. 电化教育研究(9): 51−58.

第四章

学习分析应用及案例

第四章学习课件

本章导入 ▶ ▶

本章将介绍学习分析在教育实践中的应用和相关案例。运用学习分析、数据挖掘、解释和建模等技术分析、解释并呈现学习活动产生的各种学习数据，可以帮助教师、学校和管理者提高对教学和学习的理解，对学习者学习效果进行更为合理的评估，根据每个学生的需求和能力水平定制教育活动，从而更有效地提供个性化教学并为精准教研提供有力支撑。学习分析在实践中的应用包括学习者画像、学习分析仪表盘、认知和元认知工具、群体意识工具和教学分析工具等，具有对学习者特征进行建模、反馈学习者的学习状态、支持学习者学习过程及支持群体协作过程等功能。但是，在实际教育场景中应用和发展学习分析时，还需要注意随之而来的挑战，如数据收集带来的伦理问题、教育管理者和教师合理运用学习分析的素养培养等。

第一节　学习分析工具设计原则

学习分析的定义为"测量、收集、分析和报告数据，以更好地理解和改进学习过程"。虽然诸如教育数据挖掘的其他技术均有涉及测量、收集和分析的过程，但学习分析的一个显著特征是将数据和分析结果直接反馈给学习过程中的利益相关者。

学习分析工具可以帮助学生和教师在学习与教学过程中做出决策，目前多数学习分析工具被用于高等教育环境。对于学生来说，学习分析仪表盘、认知与元认知工具、群体意识工具等可以帮助他们意识到自己的学习表现和行为，产生反思，从而调整学习行为。对于教师来说，面向教师的学习分析工具能够帮助教师了解学生的学习动态，从而及时提供有针对性的教学指导。

然而，将有意义的学习数据，以学生易于理解的格式呈现并非易事。换句话说，学习分析工具的设计与开发需要重视界面设计与其用户数据素养之间的匹配性。从设计者的角度看，高等教育机构和学习分析工具的设计者需要确定相关的学习数据，然后将其编码为指标、图形、数字、颜色或文本等形式。从使用者的角度看，学生需要对这些信息进行解码、将其置于学习情境中进行评估和解释，并决定如何调整自身的行为。

为了解决以上问题，Jievt 等人（2020）从自适应学习和学习者目标两个角度探究了学习分析工具的哪些因素会影响学生理解工具中的信息、进行意义建构，以及决

定下一步学习行动。他们的研究结果表明，学习分析工具设计应遵循设计透明原则（transparency of design）、参考框架原则（reference frames）和行动支持原则（support for action），该研究结果在领域内得到了广泛的认可。

第一个学习分析工具的原则是设计透明原则。设计透明原则具体包括五个维度，以向用户解释学习分析工具系统内部的工作原理，帮助用户更容易掌握背后的算法。具体来说，设计透明原则包括：（1）解释仪表板元素和信息是如何相互关联的；（2）解释信息是如何计算的；（3）解释信息如何与学生的学习目标相关；（4）解释信息如何与学生的学习相关；（5）对显示此信息的规模进行解释。总之，在学习分析工具中实现设计透明原则，需要嵌入可解释信息。这些可解释信息能够极大地帮助学习者理解他们目前正在接受哪些信息、显示的指标是如何计算的，以及为何这些指标与学习者的学习目标相关。目前，设计透明原则在人机交互领域得到了广泛的应用，能够促进使用者对工具或系统的信任。在学习分析工具中，如果学生信任数据并了解其计算方式，他们就会更加积极地参与到工具的应用中来。

第二个学习分析工具的原则是参考框架原则。参考框架原则具体包括五个维度，用来为学生提供学习分析工具上的各项指标的锚点，从而帮助学生理解各项指标的含义。具体来说，参考框架原则包括：（1）查看有关我完成的课程活动的指标；（2）查看有关我如何学习的指标；（3）查看自己在学习活动中的表现；（4）查看自己与过去学习成绩的比较表现；（5）在课程结束时，查看我的学习行为预测。总之，在学习分析工具中落实参考框架原则，意味着需要在学习分析工具中创建锚点，帮助学生比较各个指标的含义，促进学生获得有关各项指标的解释。Jievt等人（2020）通过定性研究，发现了"课程中最可能的学习活动是什么、学生的学习目标、学生过去的表现、其他学生的表现"等四个因素可以成为学习分析工具中作为锚点的参考因素。这四个因素可以被概括为三个维度，即成就参考框架、进步参考框架，以及社会参考框架（Jivet等，2017）。值得注意的是，Jievt等人（2020）发现，尽管社会参考框架在已有的学习分析工具中是最常见的，但是学生对社会参考框架的主观评分却是最低的。研究团队指出，这可能是学习分析工具实施过程中的文化背景差异造成的。在教育环境中，在更具有男性气质的社会中，学生倾向于在课堂上相互竞争，失败会严重损害一个人的自尊；而在更具有女性气质的社会中，学生倾向于相互团结，失败会更多地被视为个人发展的机会。目前绝大多数学习分析工具在美国、英国、澳大利亚，以及日本等男性气质得分较高的国家开发和实施；相反，Jievt等人（2020）的研究在女性气质得分较高的荷兰进行。因此，荷兰的学生可能不喜欢将自己的表现与同龄人进行比较。总之，未来的学习分析工具可以进一步在特定文化背景下探讨如何设计最适合学生的参考框架，尤其是社会参考框架。

第三个学习分析工具的原则是行动支持原则。行动支持原则具体包括三个维度，旨在为学生提供某个主题的学习建议和启发性信息来促进学生对学习分析工具上相关指标的理解，以及鼓励和帮助学生基于学习分析工具的信息进行学习行为调整。具体来说，行动支持原则包括：（1）收到有助于我计划学习的信息（如每节课的预计时间）；

（2）收到关于如何改变我的学习行为，从而促进更有效地学习的建议；（3）收到关于我接下来需要涵盖哪些主题或我应该重做哪些主题的建议。总之，在学习分析工具中落实行动支持原则，将支持采取行动的功能纳入学习仪表板可以增加学习者跟进他们的反馈的可能性，行动支持原则将能够促进学生的理解并鼓励学生采取行动。Jievt 等人（2020）指出，在目前已有的学习分析工具中，只有 17% 同时包含可视化组件和推荐组件，这意味着大多数现有的学习分析工具仅旨在培养学生的意识和反思，但忽视了对学生进行行为调整和改善学习成果的关注（Jivet 等，2017）。因此，未来的学习分析工具需要结合更深层次的算法、数据结构、信息流等，来为学生提供更多的行动支持。

总之，学习分析工具具有光明的应用前景，能够通过获得有关学习表现的反馈帮助学生了解自身学习策略，获得个人学习模型，从而促进自适应学习的发展及支持教师提供更加个性化的教师教学指导。

第二节　学习者画像

学习者画像这一概念来源于商业领域的用户画像概念。大数据支撑的用户画像能够勾画出用户的偏好和诉求。根据这些用户画像，商业机构能够为用户提供更加个性化的产品服务。与之类似，学习者画像能够帮助学习者得到更加个性化的学习支持。学习者画像是对学习者在学习过程中的各种特征进行抽象所形成的学习者模型（陈海建等，2017），代表学习者在知识、情感、认知和行为上的不同水平（Chrysafiadi & Virvou, 2013）。

在学习者建模技术方面，随着学习者建模研究的发展，人工智能技术越来越多地被应用于学习者建模领域，例如贝叶斯网络、自然语言处理和教育数据挖掘等。研究中常用的学习者建模技术可以分为五类，分别是：（1）聚类和分类技术，该技术的主要目标是将学习者划分至具有相同特征或特征集的群体，如相同或类似的知识水平或学习风格；（2）预测建模方法（如机器学习和项目反应理论），该技术通过模型来预测学习者的特征，如人格特质或知识水平；（3）覆盖建模，该方法假设学习者的知识是领域知识的子集；（4）不确定性建模方法（如模糊逻辑和贝叶斯网络），该方法主要用于估计学习者的特征；（5）基于本体论的学习者模型，该方法的主要优势是可扩展性、可重用性和实现的简单性。

学者对学习者建模的分类方法不尽相同。根据学习者在建模过程中的参与程度可以将学习者模型分为静态模型和动态模型。静态模型需要学习者主动提供自己的性别、年龄、学习兴趣和学习偏好等个人基本信息。学习系统根据学习者提供的信息构建学习者模型，为学习者提供个性化的学习支持和服务。静态学习者模型的优点是构建难度小、简单便捷；其缺点在于学习者需要手动输入个人信息，在一定程度上增加了学习者的负担，同时系统难以收集学习者所有的学习兴趣偏好等信息，信息的更改也较为困难。与静态模型不同，动态学习者模型不需要学习者手动输入个人信息，能够根据学习者在学

习过程中产生的学习行为等数据自动构建模型。动态模型的优势在于模型能够根据学习者的数据动态变化。在实际应用中，静态模型缺乏灵活性和易用性，因此研究多关注学习者动态模型的构建。

学者Abyaa等人（2019）则将学习者建模分为隐性建模和显性建模两类。隐性建模即自动建模，是通过非侵入性的或间接的方式收集学习者的特征，对学习者的正常学习行为影响较小，如收集学习者在线学习的日志数据、学习者的浏览历史等，但该方法收集数据的精确性相对较低。而显性建模通过问卷调查或与学习者直接互动等方式收集学习者的特征，收集数据的精确性较高，但这种方式可能会扰乱学习者的正常学习节奏，对学习者的学习动机产生不良影响，如使用眼动仪、脑电头盔等仪器收集学习者的眼动数据和脑电数据。

更多的学者则根据关注的学习者特征的不同对学习者建模进行分类。如武法提等人（2019）将学习者特征分为基本信息、认知水平、社会网络、兴趣偏好、情感状态和学习风格六类。徐鹏飞等人（2018）则将学习者模型分为学习者知识状态模型、学习者认知行为模型、学习者情感模型和学习者综合模型四种类别。早期的学习者建模研究关注的主要是学习者的知识特征和认知特征，随着研究的发展，学习特征维度的相关研究逐渐从早期的关注单一维度发展为关注学习者多维度的特征，这种多维化的发展趋势，丰富了学习者建模的理论体系，也为学习者提供更加个性化的学习服务提供了支持。除了学习者特征维度的多元化外，近年来，学习者建模研究的数据收集更加聚集化（王小根和吕佳琳，2021），即连续地、同步地记录不同学科的学习数据，聚合的数据收集能够更好地了解学习者的学习特征，以便提供更加合理的、个性化的学习资源推荐、学习评价和学习建议等学习服务。

下面将分别介绍五种主要的学习者建模类型，即知识状态建模、学习行为建模、学习风格建模、学习认知建模和学习情感建模及相应的研究实例。

一、知识状态建模

知识状态建模主要关注的是学习者在学习过程中知识状态的变化情况。进行学习者知识状态建模的数据主要包括学习者回答测试的情况、学习者在学习过程中产生的手稿或草图等（徐鹏飞等，2018）。学习者知识状态的建模方法主要有：（1）覆盖模型，该方法将学习者知识视为专家知识的子集，比较学习者知识与专家知识之间的差异；（2）铅板模型，即简单分组模型，根据学习者共有的某个特征或某些特征将学习者划分为不同的群体；（3）偏差模型，即比较学习者解决问题路径与专家路径之间的差异，来发现学习者在知识上存在的不足；（4）贝叶斯知识追踪模型，即观察学习者回答问题的状态，判断学习者对知识的掌握程度，学习者的知识是隐藏的变量，该模型假定学习者对某个知识点是掌握或未掌握两种状态，而学习者的表现是一个可观察的变量，该方法定义了学习者回答问题的四种可能性，分别是学习者已经知道这个概念的可能性（学习前已掌握知识的概率）、学习者在回答问题后学习这个概念的可能性（学习后掌握的概率）、学习者猜对一个问题的可能性（未掌握且答对）、有知识的学习者错误回答这个问题的可能性（已掌握但答错）；（5）深度知识追踪模型，即使用循环神经网络模型对学习者的知识状态进行建模。深度知识追踪模型是在贝叶斯知识追踪模型的基础上发展而来的。贝叶斯知识追踪模型的局限性主要体现在该模型未考虑学习者对知识的遗忘及只能针对单一的知识点进行建模；而深度知识追踪模型通过深度学习方法，能够引入更多的特征对学习者的知识状态进行更准确的预测。

下面介绍两个知识状态建模的研究实例。学者Liu 等人（2021）提出了一种新颖的基于学习迁移的多层知识追踪模型（knowledge tracing model with learning transfer, KTLT）来追踪学生的知识水平（见图4-1）。KTLT模型是从学生的抽象原则开始的，通过D矩阵确定学生的深层知识结构。其中，D矩阵表示的是知识概念和抽象原则之间的相关性。此外，KTLT模型通过考虑代表知识概念之间相关性的S矩阵来计算学生的知识结构，然后结合学生的知识熟练度来计算学生的知识掌握水平。最后，KTLT通过考虑问题难度等因素，获得学生的问题掌握水平，并生成学生的问题反应。该模型考虑了学习迁移的影响，有效地实现了对学习者知识熟练度、抽象原理掌握水平和知识结构的追踪。学者Wang等人（2016）的研究则基于Coursera和MOOC平台上的数据，考虑了知识成分之间的丰富结构和相关性，对学习者知识状态的时间性和层次性进行建模，对学习者的成绩预测有较高的精确性。

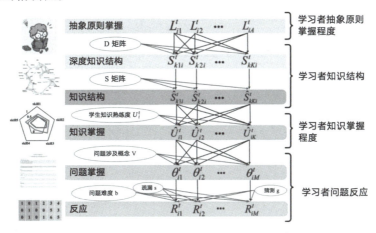

图 4-1　KTLT框架图（Liu et al., 2021）

二、学习行为建模

知识状态建模使用的数据多为学习者回答测试的数据及学习者在学习过程中产生的各类学习行为数据。研究者依据学习者的行为数据可以对学习者的行为模式进行分类或量化。学习者的行为包括与学习材料进行交互的行为（如播放学习视频、提交学习作业、完成学习测试等）及与其他学习者进行交互的行为（如阅读他人帖子、评论他人发言等）。

下面简单介绍两个学习行为建模的研究实例。学者Tang（2016）使用的数据集来自

一门持续五周的统计学MOOC课程，该研究提出了一种基于n-gram和循环神经网络模型的学习者行为预测模型。该研究中的学习行为是指学习者访问资源的行为，如打开视频、暂停视频、浏览讨论帖子等，整个数据集共包括3687个不同的动作。该预测模型能够根据学习者的历史学习行为对其下一步学习行为进行预测，其预测准确度达72%。学者Reddy等人（2022）为了识别学习者在解决结构不良问题环境下的学习认知过程，使用隐马尔可夫方法对高表现学习者和低表现学习者日志文件中的六类学习活动进行建模（见表4-1）。研究结果显示，高表现学习者从UP状态转换到REDO状态的可能性为25%[见图4-2（a）]，远高于低表现学习者的15%[见图4-2（b）]，说明高表现学习者对系统给出的反馈更加积极。低表现学习者从UP状态到RA状态的可能性为46%，远高于高表现学习者的32%，说明低表现学习者更多使用学习资源，可能在理解活动上存在困难。总而言之，高表现学习者更多在做和重做任务之间切换，更倾向于过渡到更高水平的REDO状态，而低表现者更多使用资源，较少过渡到REDO状态。

表4-1　学生活动和相关行为（Reddy et al., 2022）

活动	学生行为
UP	保存在理解问题活动中绘制的图表
FG	保存在制定问题活动中制定的目标
GS	保存在解决问题活动中生成的解决方案
EV	保存对解决方案的评估
RA	访问资源，如提示、例子、笔记
REDO	多次尝试修改答复

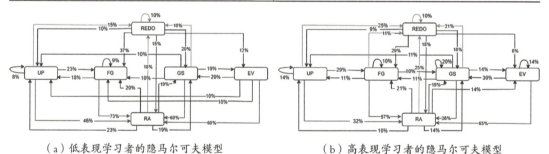

（a）低表现学习者的隐马尔可夫模型　　　　（b）高表现学习者的隐马尔可夫模型

图4-2　不同学习绩效学习者隐马尔可夫模型结果（Reddy et al., 2022）

三、学习风格建模

学习风格是指学习者感知和处理学习材料的个人偏好和技能，如一些学习者更喜欢独自学习，而另一些学习者更偏好与同伴一起学习。不同的分类标准所划分的学习风格差异较大，其中比较有代表性的分类方法有Felder - Silverman Learning学习风格和Kolb学习风格理论。Felder - Silverman学习风格从四个维度对学习风格进行划分，分别是感觉和直觉、视觉和语觉、冲动和反思，以及序列和整体。Kolb学习风格理论则将学习者分为分散者、聚合者、同化者和适应者四种不同的类型。传统的学习风格建模往往通过对学习者进行问卷调查的方式进行，使用问卷各维度的得分对学习风格进行划分。随着大数据、机器学习等方法的发展，研究者开始在学习风格建模的相关研究中添加学习行为数据。

下面简单介绍两个学习风格建模的研究实例。第一个实例是一项在线学习系统的学习风格自动检测研究，学者Özpolat和Akar（2009）使用学习者在网络上搜索的行为构建学习者的学习风格。该研究提出了一种基于NBTree分类和二叉相关分类器的学习风格的自动分类方法，其所得的分类结果与Felder和Soloman的学习风格量表所得的结果有较高的匹配率，在输入维度（视觉型/言语型/中立型）、信息加工维度（活跃型/深思型/中立型）、理解维度（序列型/综合型/中立型）、感知维度（感悟型/直觉型/中立型）方面的匹配率分别为53.3%、70%、73.3%、73.3%。第二个实例是学者吴青和罗儒国（2014）使用J48算法挖掘学习者的网络学习行为与学习风格之间的关系的研究。研究收集了浏览课程时间、在线答题情况、发言字数等平台学习数据，并与同化型、聚敛型、分散型和适应型四种学习风格进行对应。研究结果显示，同化型和聚敛型学习者的协作学习积极性相对较低，两种类型的学习者发言次数都较少，更偏好独立思考和学习；而分散型学习者和适应型学习者的协作学习积极性较高，发言次数较多。该研究所构建的决策树模型预测准确率达76.92%。

四、学习认知建模

学习认知建模关注学习者在学习过程中获取和加工信息的状态。在网络学习的环境下，学习者的认知可以分为个体认知和群体认知两个层次，信息注意与呈现、信息加工与保持及信息交换与建构三个阶段（张家华，2012）。研究者在学习认知建模中关注学习者的认知负荷、工作记忆等因素，主要使用的数据有学习者的行为数据、学习过程中产生的文本数据及生理数据。

下面简单介绍两个学习认知建模的研究实例。学者Larmuseau等人（2020）测量并收集了67名学习者在线解决复杂问题过程中的任务表现、自我报告认知负荷和生理数据（皮肤电、皮肤温度、心率、心率变异性）等数据，使用逻辑回归模型对学习者的认知负荷状态进行二元分类（高认知负荷、低认知负荷）。研究结果显示，学习者的平均心率和皮肤温度与自我报告的认知负荷显著相关，逻辑回归模型的准确率、敏感度、特异度分别为0.76，0.74，0.79，即生理信号具有检测高认知负荷或认知负荷超载的潜力。学者Huh等人（2019）测量并收集了19名不同先验知识水平的学习者在观看数学视频时的瞳孔直径变化，使用时间序列聚类的方法得到了七种瞳孔扩张模式（见图4-3），研究发现学习者在高任务复杂度和低任务复杂度的学习片段上的瞳孔扩张模式存在显著差异，如高任务复杂度学习片段中最常见的模式为模式2（35.2%），其次为模式3（24.1%）和模式6（13.0%），而低任务复杂度学习片段中最常见的模式为模式3（25.0%），其次为模式2（23.4%）和模式1（19.6%）。其研究结果表明，瞳孔扩张模式可以用于监测学习者的认知负荷变化。

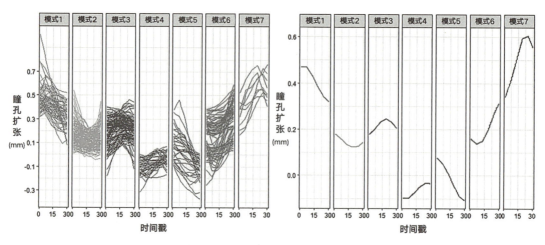

图 4-3　瞳孔直径变化的聚类结果（Huh et al., 2019）

五、学习情感建模

　　学习情感建模关注学习者在学习过程中情感态度的变化。学习情感建模可以分为快照式情感模型和连续式情感模型。快照式情感模型是指建模某些时间点的学习者情绪，如学习者在学习前后的情绪状态；而连续式情感模型则对学习者在整个学习过程中的情绪波动进行测量并建模。学习情感建模使用的数据包括面部表情数据、生理数据（如心率、血压、皮肤电）、问卷数据、访谈数据、视频数据和音频数据等，其中较为常用的数据是学习者的面部表情数据和生理数据。在研究中，使用多模态数据对学习者的情感变化进行建模往往能够得到较好的效果。

　　下面简单介绍两个学习情感建模的研究实例。学者Pham和Wang（2018）收集了26名学习者使用智能手机学习MOOC课程时的面部表情和光电容积脉搏波信号[①]（photoplethysmography signals, PPG signals），使用支持向量机的方法对学习者的六种情绪（无聊、困惑、好奇、沮丧、快乐和自我效能）进行检测，其检测平均准确率达84.4%。除此之外，该研究还发现学习者的情绪对学习效果有显著的预测作用，如果学习者感到厌烦或无聊会对学习效果产生负面影响。学者Sun和Yang（2022）选择了50名参与在线课程学习的学习者行为数据，包括课程访问量、课件访问量、讨论参与度等，基于一种常用的多传感器数据融合方法——DS证据理论（Dempster-Shafer evidence theory）提取学习者的在线学习行为数据，构建了由数据层、技术层、应用层构成的在线学习者的在线学习情绪测量框架（见图4-4）。该研究发现学习者的学业情绪会对学习产生有利影响，学生的学业情绪与教师的情绪之间存在正相关关系。此外，学习者的添加、删除和修改活动会对学业情绪产生有利影响。

---

① PPG技术利用血液流动所造成的吸收光线的差异来测量学习者的心率，常用于便携式心率测量设备，如运动手环。

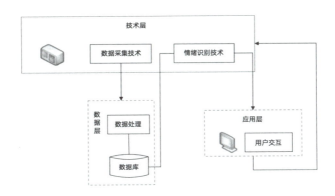

图 4-4　在线学习情绪测量框架（Sun & Wang, 2022）

第三节　学习分析仪表盘

学习分析仪表盘（learning analytics dashboard, LAD）又称学习者仪表盘、教学仪表盘，是通过追踪学习者的学习行为、对行为数据进行分析并反馈行为分析结果的工具，能为学习者呈现包括学习行为、个体动机和自我调节过程等信息。Schwendimann 等人（2016）将其定义为"将关于学习者、学习过程或学习环境的不同指标汇总到一个或多个可视化的显示平台"。姜强等人（2017）认为，学习分析仪表盘以学习者与学习空间为研究对象，基于采集到的教育数据展开分析，利用云技术和智能推荐技术，通过数据收集、数据分析、等级评定和可视化报表，为学习者进行自我反省和教育者采取有效的介入措施提供帮助。目前，学者正在不断深入研究学习分析仪表盘。Valle 等人（2021）的一项评估研究发现，在 28 份研究结果中，仅有 7% 的研究指向探究学习分析仪表盘的动机情感结果，93% 的学习分析仪表盘研究指向提出用户友好的 LAD 设计，另外根据这些研究结果也发现，研究的目标更多关注监控学生的学习过程和对学生的学习行为进行反思，较少关心对学习者学习路径的规划或者对学习者的元认知进行训练。

学习分析仪表盘能够跟踪学生的学习情况，并呈现多维度和多样的信息：（1）对学生的学习记录进行数据和可视化呈现，如登录学习平台次数、学习资源使用次数、使用仪表板的时间、次数、时长等；（2）在学习记录的基础上，向学生提供更多的学习提示；（3）将同伴表现、学习者预期成果、过去的课堂表现与目前的课堂表现做比较，为学习者提供有效的参照；（4）研究教学与学生的学习表现之间的相关问题。

在 LAD 的应用中，大部分目标结果集中在过程监测方面，如学习表现意识、情绪状态及与学习进度、模式和策略相关的一般影响。另外，一些研究则侧重于反思，关注学习者对自身表现的考虑、行为和协作，以及学习和反思性建构。Solis（2016）描述了一种 LAD，用于在教师发布任务给学生前，给学生提供学习支持。Valle 等人（2021）也发现与任务相关的评估及时间和精力管理是学习仪表盘值得研究并能发挥作用的方向（见表 4-2）。

表4-2　目前研究LAD的应用（Valle et al., 2021）

目前研究LAD的应用		场景
学习分析仪表盘对学习过程的辅助	过程监测	监测学习表现、情绪状态或与学习进度、模式和策略相关的过程监测
		学习者的行为和协作与反思性建构
	规划	用于在教师发布任务给学生前，给学生提供学习支持
		根据呈现给用户的数据和趋势规划风险管理策略
	目标设定	通过设定目标和在中学数学智能辅导系统的背景下反思进展来对学生产生积极影响
	任务相关的评估	通过对学生的任务进行评估，安排合理难度的任务给学生，对学生产生影响
	精力管理	对学生的学习时间和学习难度进行规划，合理安排每日的学习时间
	……	……

　　学习分析仪表盘的出现增加了教学管理方式的灵活性，保障了适应性学习干预的可行性，正逐步成为教育研究者们关注的焦点。在过去的十年中，学习分析仪表盘使用各种数据来支持多维度的感知和决策。Govaerts等人（2012）在学生数据基础上开发了一款SAM仪表盘（见图4-5），它将学生和教师花费的时间、资源的使用及投入度可视化，以帮助教师进行精准的教学管理。Dawson等人（2010）设计的一款学习仪表盘将在线论坛中学习者之间的社会互动的演变可视化，让教师的即时干预成为可能。Safsouf等人（2021）设计了TaBAT仪表盘还能将社交媒体的学生数据可视化，借此提高学生的参与度，根据成绩、花费的时间和过去的表现来预测和可视化学习结果。Fagen和Kamin（2012）设计了SLICE学习分析仪表盘，该仪表盘使用XML搭建用户界面，用JavaScript编写核心逻辑，可视化了学生在面对面授课时对幻灯片的注释（见图4-6），让学生通过点击就能进行训练。此外，许多研究者专注于使用学习分析仪表板来促进小组协作，例如Zamecnik等人（2022）就使用学习分析仪表板进行课程教学实验，并根据日志数据对使用与学生课程表现之间的关联进行定量和定性评估，定量和定性分析的组合可以对学生的学习过程及其位置、时间等方面进行更为敏感的诊断和分析。该文提到学习仪表板的研究可以对教学实验进行支持，同时可以通过对日志数据的分析来评估使用和学习绩效之间的关联。他们提到，学习分析在高等教育中的应用可以显著支持学生的学习。同时，研究者、管理者和学术界的紧密协作是必要的，而不仅仅依靠数据驱动的方法。

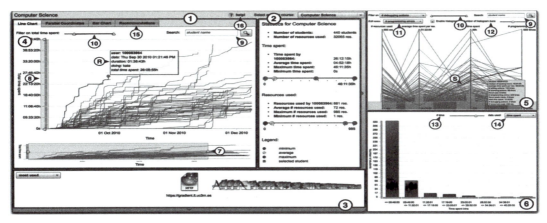

图 4-5 学习仪表盘 SAM（Govaerts et al., 2012）

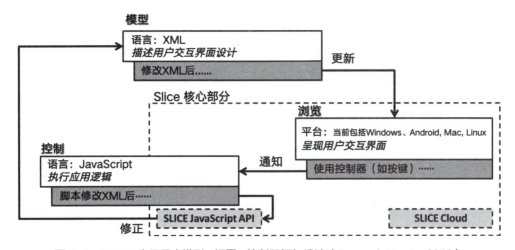

图 4-6 SLICE 应用程序模型–视图–控制器框架设计（Fagen & Kamin, 2012）

上述例子展示了学习分析仪表盘在教育实践中的丰富潜力，促进了不同学习环境中学生和教师对自身学习、教学的意识和反思。尽管 LAD 研究目标多与认知调节有关，但实际上是结果多数反映与既定目标结果相关的 LAD；还有一些研究侧重学习者对使用 LAD 的看法和满意度，大多数学习仪表盘只为学生或教师提供支持，较少涉及其他教育相关者的数据采集和分析。

第四节　认知和元认知工具

一、认知工具

认知工具的概念诞生于 20 世纪 90 年代（赵国庆等，2022）。在此之前，有关计算机教育应用研究以智能导师系统（intelligent tutoring system）为主，但部分学者认为计算机不适合扮演专家或教师的角色，而是应该作为辅助学习者认知的工具。

认知工具这一概念不仅在众多学术领域具有不同的意义，而且有着非常广阔的用途。认知工具的概念起源于认知心理学，由此作为一个抽象而非具体的概念而存在。认知工

具的发展与认知发展理论、分布式认知、社会性结构理论等有着密切的关系，许多研究者都从各个角度定义了认知工具的范畴。Derry（1990）提出了高度概括认知工具的两个概念，即"心理装置"与"计算装置"。我国学界的大多数研究沿用了这两种认知工具分类，即一种是有形的认知工具，视为技术设备；另一种是无形的认知工具，即智力方法。总而言之，判断认知工具的标准是该工具能否帮助学习者完成认知操作及能否促进学习者进行思考。相关研究表明，以信息技术为代表的认知工具能提高学习者在学习中的自由度（赵煜，2021）。例如，黄小莲等人（2019）将认知工具视为在一定程度上推动幼儿的学习想象发展的工具，以促进知识更好地生成和发挥学习者自我建构知识表征的能力。台湾学者张基成等以虚拟工具作为认知工具的微世界学习环境，让学生在虚拟学习环境中更好地融入学习场景，用游戏的方式让学习者主动构建认知。

例如，知识论坛（Knowledge Forum®）是一款典型的认知工具，是由加拿大多伦多大学教育研究院应用认知科学中心的CSILE研究小组与计算机专家、一线教师和学生共同合作，花了十多年的时间研发的一个促进知识建构的有效网络学习平台（Scardamalia & Bereiter, 1999）。知识论坛具备了促进知识建构的各种功能（见图4-7），比如支持和促进学生个人或小组对某一核心问题或概念的讨论的支架（比如，"我的观点""我的假设""新发现"等）提供图像界面显示协作认知图；查阅他人观点或者理论的功能，不仅可以清楚地标出该发帖人参考了哪些他人的意见，并自动提供参考资料的来源；还提供了对讨论笔记进行量化统计的工具供讨论的学生或者老师了解个人的参与度等（赵珂，2007）。近年来，计算机支持的协作学习网络平台——知识论坛广泛用于加拿大、美国、芬兰、荷兰、日本等国家，以及中国香港等地区学校的常规教育。有实证研究结果表明在中小学的课程中使用知识论坛能够在一定程度上激发学生深层次学习的动机，提升学生高层次的思维能力，如批判性思维、元认知、协作对话思维能力等（Chan, 2001）。

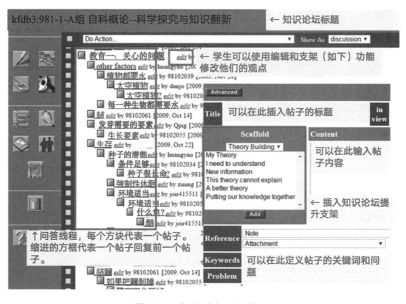

图 4-7　知识论坛工具界面

二、元认知工具

元认知工具能够指导学生对所学习的问题进行反思，反映自我调节学习中的元认知策略，包括自我提问、聚焦问题、选择策略、联系已有知识、反思学习过程等。元认知工具帮助学生考虑如何比较和修改他们的观点，促进学生将目标与现有知识和经验相联系、将问题与当前的理解相联系、反思当前理解与目标之间的差距、将现有的资源或工具与需要解决的问题相联系。

在学习环境中对学习者进行元认知训练、提供元认知工具支持，有助于推动学习者表现出更多的元认知行为，从而提高学习者的学习兴趣和学习效果。例如，斯坦福大学学习设计技术项目开发了基于语音信息处理技术的元认知工具运用学习原则，通过"提问—答案—思考"的过程促进学生提出认知水平更高的问题。基于上述项目，Gutwill和Dancstep（2017）开发的博物馆元认知工具能提供丰富的资料，学生可以通过这些资料线索体验举办线上展览的流程，并利用标签工具通过提问的方式对学生进行元认知训练，因此学生元认知训练的时间增加了三倍。Braad等人（2022）探究了通过自我解释机制用线上工具对学生进行持续特定领域的训练和元认知支持，原理如图4-8所示，即促使学习者在自我调节学习中的不同阶段进行自我阐释。但该工具仍需要针对目标人群做出优化，以适应低/高认知水平的学生使用，达到训练元认知的目标。

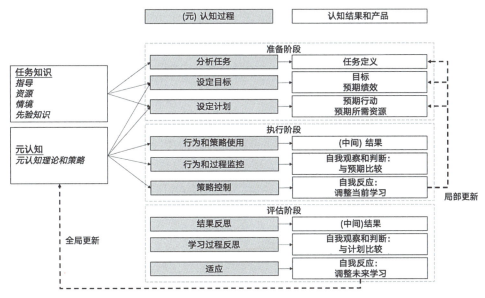

图4-8　元认知工具支持的元认知概念模型（Braad et al., 2022）

第五节　群体意识工具

群体意识是计算机支持的协作学习领域的新兴课题，目前许多研究聚焦于提供群体意识工具，即能够增强学习者对小组成员活动认识的工具。群体意识工具具有多方面的优势：（1）能够帮助学习者识别小组成员的讨论贡献，从而促进有意义的协商；（2）能

够提高群体对社会变量的感知，促进小组中不活跃成员参与讨论活动，提高小组意义建构的效率；（3）在支持多个学习者发表观点的同时，能够明确学习者的协作结构。

群体意识工具包括三种不同的类型，即行为群体意识工具、社会群体意识工具和认知群体意识工具。首先，行为群体意识工具呈现了学生在计算机支持的协作学习中的行为参与情况。例如，在线论坛中的活跃用户列表可以表示群体成员的构成，协作编辑器中的共享滚动条、活动指示器、时间线等可以呈现有关群体成员协作动态的信息。Janssen等人（2011）在群体意识工具中将群体成员对在线协作过程的相对贡献进行可视化（见图4-9），结果表明，群体意识工具中对学生行为的可视化能够显著预测小组成员参与、协调协作学习的过程。其次，社会群体意识工具可视化的内容包含社会行为、社会情感和社会动机。例如，Phielix等人（2011）开发了一款名为Reflector的同伴反思工具，支持学生在工具中反馈他们对小组内其他同伴的社会参与和认知参与的看法（见图4-10）。结果表明，这种由同伴反馈和反思工具激发的意识提高了小组过程满意度和团队绩效。最后，认知群体意识工具关注与知识相关的信息，通过让学习者了解个人、他人或集体的认知状态来促进协作学习。例如，Buder和Bodemer（2008）开发了一款用以支持在线讨论的认知群体意识工具（见图4-11），该工具让学习者对同伴观点的新颖性、同伴观点的同意程度进行评分，并将成员分别获得的评分以二维图可视化呈现。研究结果表明，使用群体意识工具的小组得出正确观点的比例明显更高，且增加了少数群体的影响力。总之，群体意识工具为学生提供了关于群体的社会或认知特征的信息，可通过向学生提供系列指标来反映合作状态，从而指导小组合作。

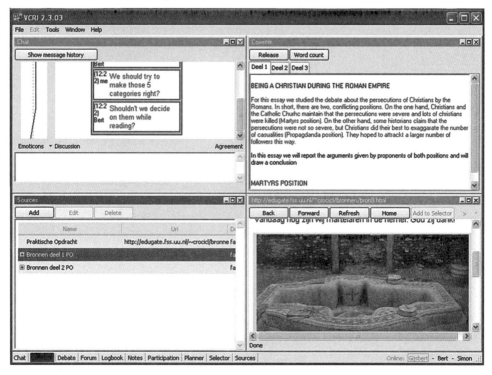

图 4-9　行为群体意识工具（Janssen et al., 2011）

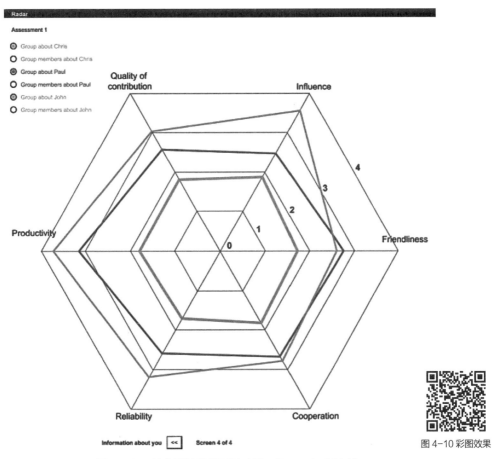

图 4-10 彩图效果

图 4-10　社会群体意识工具（Phielix et al., 2011）

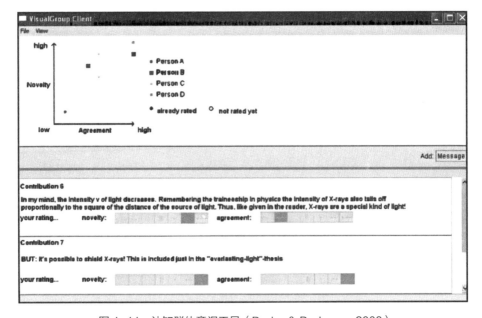

图 4-11　认知群体意识工具（Buder & Bodemer, 2008）

第六节　面向教师的学习分析工具

在传统的教学环境中，教师通常凭借经验来检查学习者的学习活动。随着技术的发展，学习分析能够通过收集与分析学生数据、提供形成性和总结性反馈，帮助教师及其他利益相关者监控、反思和优化教与学的过程。面向教师的学习分析工具将自动分析技术与交互式可视化相结合，能够帮助教师基于数据理解教学和学习过程，支持教师跟踪学生的社交和认知进步，驱动教师探究、反思教学过程并对课堂教学实现支持性干预。总之，面向教师的学习分析工具可作为一种数据驱动的教学策略，有助于教师了解学情、调整课堂教学，以及满足学习者需求。

面向教师的学习分析工具主要通过两个步骤实现。第一步为数据收集和预处理，其数据来自学习者与学习环境的交互（如学习者参与合作学习、撰写论坛帖子或阅读资料），完成数据后需要进行预处理，包括数据清洗、编码等。第二步为数据分析，通常利用描述性统计、聚类、社会网络分析等学习分析技术及数据挖掘技术实现，其结果可以通过插件或网页的形式集成到学习系统或学习环境中，以可视化的形式呈现。

面向教师的学习分析工具的规划、设计、实施和评估在学习分析领域受到了越来越多的关注。例如，Kaliisa和Dolonen（2022）团队开发了一款名为"CADA（Canvas Discussion Analytics Dashboard）"的面向教师的学习分析仪表盘（见图4-12）。CADA自动分析并通过仪表盘可视化了学生在在线论坛中的话语内容、参与指标、社交网络、情感分析，具体包括以下功能：（1）CADA能够支持教师概览讨论情况，还可以对时间范围与内容进行筛选；（2）仪表盘中话语内容分析呈现了学生在讨论论坛中讨论的关键词及相关的话语情境；（3）仪表盘中的参与指标提供了所有学生个体的详细视图，包括学生的帖子连接数量、个体占小组贡献的百分比等；（4）仪表盘中的社交网络提供了学生在论坛中的话语结构及学生分享知识的贡献情况，能够促进教师了解学生的讨论结构；（5）仪表盘中的情感分析通过对话语进行细颗粒分析，划分了总体正面、中立、负面等三个层次的情感，用以支持教师识别学生的情绪并帮助教师诊断其教学设计。研究结果表明，教师对仪表盘功能持肯定态度，如CADA能帮助教师更细致地了解学生如何使用特定术语，以及在必要时使用已识别的错误概念来进行课堂活动的设计。总而言之，该研究所开发的面向教师的学习分析仪表盘能够支持教师基于自动化社交网络和话语分析可视化改进课堂，体现了学习分析工具在促进教师进行学习设计和教学实践方面的光明前景。

（a）仪表盘界面 （b）仪表盘中的话语分析

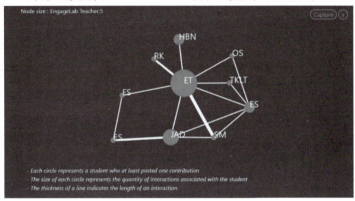

（c）仪表盘中的社交网络图

图4-12 面向教师的学习分析工具（Kaliisa & Dolonen, 2022）

📝 **本章小结**

本章介绍了学习分析工具在教育实践中的设计和应用，概述了学习分析工具的设计原则，根据受众和分析对象的不同分别介绍了学习者画像、学习分析仪表盘、认知和元认知工具、群体意识工具和教学分析工具等类型。此外，还针对五种类型的学习分析应用列举了前人的研究和具体工具案例，以帮助读者了解不同学习分析应用和工具的特点、功能和意图。

☑️ **知识要点**

1. 学习分析工具可以帮助学生和教师在学习与教学过程中做出决策，学习分析工具的原则包括设计透明原则、参考框架原则和行动支持原则。

2. 学习者画像是对学习者在学习过程中的各种特征进行抽象所形成的学习者模型，主要包括知识状态建模、学习行为建模、学习风格建模、学习认知建模和学习情感建模五种类型。

3. 认知工具能帮助学习者完成认知操作及促进学习者进行思考；元认知工具能够指导学生对所学习的问题进行反思，反映自我调节学习中的元认知策略。

4. 群体意识工具是指能够增强学习者对小组成员活动认识的工具，包括行为群体意识工具、社会群体意识工具和认知群体意识工具等类型。

5. 面向教师的学习分析工具将自动分析技术与交互式可视化相结合，能够帮助教师基于数据理解教学和学习过程，跟踪学生的社交和认知进步，并对课堂教学实现支持性干预。

思考题

1. 将学习分析运用于教育实践时，需要考虑哪些影响因素？这些因素如何影响工具的设计？

2. 请分别阐述学习者画像、认知工具和面向教师学习分析工具的特点，需要实现哪些功能？

3. 请阅读本章以外文献，了解不同学习分析工具的设计和实施，并思考这些工具运用了哪些学习分析方法、具有何种共性，以及批判性地思考这些学习分析工具的弊端和改进措施。

参考文献

Abyaa A, Idrissi M K, Bennani S, 2019. Learner modelling: systematic review of the literature from the last 5 years[J]. Educational Technology Research and Development, 67(5): 1105−1143.

Buder J, Bodemer D, 2008. Supporting controversial CSCL discussions with augmented group awareness tools[J]. International Journal of Computer-Supported Collaborative Learning, 3: 123−139.

Braad E, Degens N, Barendregt W, et al, 2022. Improving metacognition through self-explication in a digital self-regulated learning tool[J]. Educational Technology Research and Development, 70(6): 2063-2090.

Chan C K K, 2001. Promoting learning and understanding through constructivist approaches for Chinese learners[M]// Teaching the Chinese learner: Psychological and Pedagogical Perspectives. Hong Kong: CERC, 181−204.

Chrysafiadi K, Virvou, M, 2013. Student modeling approaches: A literature review for the last decade[J]. Expert Systems With Applications, 40(11): 4715−4729.

Dawson S., Bakharia A., Heathcote E, 2010. SNAPP: Realising the affordances of real-time SNA within networked learning environments [C]// Proceedings of the 7th International Conference on Networked Learning. Lancaster: Lancaster University.

Derry S J, 1990. Flexible cognitive tools for problem solving instruction[R]. Boston: Annual meeting of the American Educational Research Association.

Fagen W, Kamin S, 2012. Developing device-independent applications for active and collaborative learning with the SLICE framework[C]// Proceedings of Edmedia 2012 - World Conference on Educational Media and Technology, Denver: Association for the Advancement of Computing in Education.

Govaerts S, Verbert K, Duval E, et al, 2012. The student activity meter for awareness and self-reflection[C]// CHI' 12 Extended Abstracts on Human Factors in Computing Systems. New York: Association for Computing Machinery.

Gutwill J P, Dancstep T, 2017. Boosting metacognition in science museums: Simple exhibit label designs to enhance learning[J]. Visitor Studies, 20(1): 72–88.

Huh D, Kim J, Jo I, 2019. A novel method to monitoring changes in cognitive load in video-based learning[J]. Journal of Computer Assisted Learning, 35(6): 721–730.

Janssen J, Erkens G, Kirschner P A, 2011. Group awareness tools: It's what you do with it that matters[J]. Computers in Human Behavior, 27(3): 1046–1058.

Jivet I, Scheffel M, Schmitz M, et al, 2020. From students with love: An empirical study on learner goals, self-regulated learning and sense-making of learning analytics in higher education[J]. The Internet and Higher Education, 47: 100758.

Jivet I, Scheffel M, Drachsler H, et al, 2017. Awareness is not enough: Pitfalls of learning analytics dashboards in the educational practice[C]// Data Driven Approaches in Digital Education: 12th European Conference on Technology Enhanced Learning. Tallinn, Estonia: Springer International Publishing.

Kaliisa R, Dolonen J A, 2022. CADA: A teacher-facing learning analytics dashboard to foster teachers' awareness of students' participation and discourse patterns in online discussions[J]. Technology, Knowledge and Learning.

Verbert K, Ochoa X, Croon R, et al, 2020. Learning analytics dashboards: the past, the present and the future[C]// In Proceedings of the Tenth International Conference on Learning Analytics & Knowledge. New York: Association for Computing Machinery.

Larmuseau C, Cornelis J, Lancieri L, et al, 2020. Multimodal learning analytics to investigate cognitive load during online problem solving[J]. British Journal of Educational Technology, 51(5): 1548–1562.

Liu H, Zhang T, Li F, et al, 2021. Tracking Knowledge Structures and Proficiencies of Students With Learning Transfer[J]. IEEE Access, 9: 55413–55421.

Özpolat E, Akar G B, 2009. Automatic detection of learning styles for an e-learning system[J]. Computers & Education, 53(2): 355–367.

Pham P, Wang J, 2018. Predicting Learners' Emotions in Mobile MOOC Learning via a Multimodal Intelligent Tutor [C]// International Conference on Intelligent Tutoring Systems. Montreal, QC: Springer International publishing.

Phielix C, Prins F J, Kirschner P A, et al, 2011. Group awareness of social and cognitive performance in a CSCL environment: Effects of a peer feedback and reflection tool[J]. Computers in Human Behavior, 27(3): 1087–1102.

Reddy D, Balasubramaniam V, Shaikh S, et al, 2022. Student Behavior Models in Ill-Structured Problem-Solving Environment [C]// International Conference on Artificial Intelligence in Education. Durham: Springer International Publishing.

Safsouf Y, Mansouri K, Poirier, F, 2021. TaBAT: Design and Experimentation of a Learning Analysis Dashboard for Teachers and Learners[J]. Journal of Information Technology Education: Research, 20: 331–350.

Scardamalia M, Bereiter C, 1999. Schools as knowledge-building organizations[M]// Today's Children,

Tomorrow's Society: The Developmental Health and Wealth of Nations, New York: Guilford.

Solis O A P, 2016. Design and evaluation for the impact of a multi-agent control system (framework) applied to a social setting[M]. Texas: The University of Texas.

Sun Y, Wang, S, 2022. Study on the Distance Learners' Academic Emotions Using Online Learning Behavior Data[J]. Mobile Information Systems, 24: 9785591.

Tang S, 2016. Modelling Student Behavior using Granular Large Scale Action Data from a MOOC[J]. arXiv preprint arXiv: 160804789.

Valle N, Antonenko P, Dawson K, et al, 2021. Staying on target: A systematic literature review on learner-facing learning analytics dashboards[J]. British Journal of Educational Technology, 52(4): 1724−1748.

Wang Z, Zhu J, Li X,et al, 2016. Structured Knowledge Tracing Models for Student Assessment on Coursera[C]// Proceedings of the 3rd ACM Conference on Learning at Scale. New York: Association for computing Machinery.

Zamecnik A, Kovanović V, Grossmann G, et al, 2022. Team interactions with learning analytics dashboards[J]. Computers & Education, 185: 104514.

陈海建, 戴永辉, 韩冬梅, 等, 2017. 开放式教学下的学习者画像及个性化教学探讨[J]. 开放教育研究(03): 105−112.

姜强, 赵蔚, 李勇帆, 等, 2017. 基于大数据的学习分析仪表盘研究[J]. 中国电化教育(1): 112−120.

王小根, 吕佳琳, 2021. 从学习者模型到学习者孪生体——学习者建模研究综述[J]. 远程教育杂志(2): 53−62.

武法提, 黄石华, 殷宝媛, 2019. 基于场景感知的学习者建模研究[J]. 电化教育研究(3): 68−74.

吴青, 罗儒国, 2014. 基于网络学习行为的学习风格挖掘[J]. 现代远距离教育(1): 54−62.

徐鹏飞, 郑勤华, 陈耀华, 等, 2018. 教育数据挖掘中的学习者建模研究[J]. 中国远程教育(6): 5−11,79.

张家华, 2012. 网络学习的认知模型构建: 基于复合研究范式的视角[J]. 电化教育研究(6): 29−32,40.

赵国庆, 段艳艳, 赵晓玉, 2022. 面向智慧学习的认知工具与思维工具[J]. 现代远程教育研究(3): 96−103.

赵煜, 2021. 基于知识可视化的教育认知工具模型构建研究[J]. 软件导刊(7): 227−232.

赵珂, 2007. "知识论坛"及其在香港中小学教育中的应用和推广[J]. 外国中小学教育(11): 60−65.

教育数据挖掘及案例

第五章学习课件

传统的数据分析方法已经难以从指数增长的海量数据中高效地获取信息。在这一背景下，数据挖掘应运而生。数据挖掘是从大量的、模糊的、随机性的数据中，提取隐含的、潜在的有用信息和知识的过程。数据挖掘包括描述当前数据中存在的事实和根据历史或当前的数据去预测未来数据两个根本任务。数据挖掘在教育系统中扮演着重要角色。在教育系统中，传统的教育数据分析方法面临着难以处理大量的、多维度的复杂数据问题，数据挖掘在教育系统中的应用也逐渐兴起，形成了教育数据挖掘（educational data mining, EDM）这一子领域。教育数据挖掘通过对大量的教育数据进行挖掘，提取有价值的信息，用于预测和改善学生的表现。本章就教育数据挖掘的基本定义和发展、教育数据挖掘的方法和教育数据挖掘实例三个方面展开阐述。

第一节　教育数据挖掘基本概念

一、教育数据挖掘的定义

根据国际教育数据挖掘协会（International Educational Data Mining Society, IEDMS）的定义，教育数据挖掘是指利用相关技术探索挖掘来自教育环境的数据，并使用这些数据结果更好地了解学生及他们的学习环境。换句话说，教育数据挖掘是应用数据挖掘方法与技术从教育系统数据中提取出有意义的信息的过程。实际上，教育数据挖掘也可被看作是数据挖掘在教育大数据中的应用，这不仅是数字化教育研究的体现，也是教育信息化发展的必然需求（李婷和傅钢善，2010）。

教育数据挖掘起源于智能导学系统、人工智能教育、用户建模、技术增强学习和自适应及智能教育超媒体等众多研究领域。早期的教育数据挖掘以挖掘教学系统日志数据为主（Baker & Yacef, 2009），随后更加集成化、工具化和复杂的在线学习系统可采集更多种类的学习数据，并应用更为复杂的分析及提供方法。自 2005 年开始，国际会议开始设置数据挖掘相关议题；2007 年欧洲技术促进学习协会在第二届欧洲技术促进学习会议中举办了 Applying Data Mining in E-Learning（数据挖掘在数字化学习中的运用）研讨会；而后，该领域研究者组成国际教育数据挖掘工作组并创办"教育数据挖掘国际会议"；2008

年，首届教育数据挖掘国际会议在加拿大蒙特利尔举行；2011 年，国际教育数据挖掘协会成立。

作为一个跨学科的领域，教育数据挖掘与信息检索、推荐系统、可视化数据分析、社会网络分析、教育心理学、认知心理学、心理测量学等研究领域紧密相关（Romero & Ventura, 2013），可以看作是计算机科学、教育学与统计学三个学科结合的领域。三个领域的交叉形成了与教育数据挖掘相近和相关联的子领域，如基于计算机的教育、数据挖掘与机器学习以及学习分析（见图 5-1）。

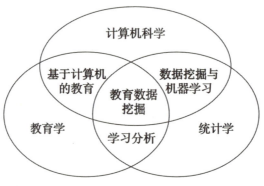

图 5-1　教育数据挖掘的相关领域

二、教育数据挖掘的应用价值

针对不同的利益相关人员，教育数据挖掘有其特定的价值。教育数据挖掘在教育领域的应用，不仅可以帮助学生发现自己的学习特点和学习路径，还可以帮助教师精准调整教学策略，提高教学质量。同时，融合数据挖掘技术的教育管理系统，也可以为教育管理者提供更加科学、精细的教育决策和服务，推进教育领域的综合改革与均衡发展。

对于学生而言，教育数据挖掘可以根据学生的学习行为记录和内容偏好，分析学生的学习行为模式、认知发展阶段和学习风格，进而向学生推荐适合其认知特征的学习活动、学习资源和学习任务等。

对于教师而言，教育数据挖掘可以有针对性地、有选择地收集、存储和分析教学过程中的数据，从繁杂的教学数据中挖掘学习行为与学习结果的关系，诊断学生的学习状况，预测学生的认知发展趋势，检测学生异常的学习行为，进而促进教师调整教学过程，优化教学内容，完善课程结构。通过数据挖掘，教师甚至可以在保障教育规模的情况下，为每个学生提供不同的教学服务，从而实现规模化下的精准化、针对化、个性化教学。

对于教育管理者而言，集数据挖掘、学习分析、情境感知于一体的信息技术可实现实时精确的教育观察和分析，促进教育管理从经验型、粗放型、封闭型向精细化、智能化、可视化转变，促进教育领域的综合改革。通过对管理者、教师、家长和学生各方面的行为记录信息进行收集和分析，全面提升教育服务质量，为教师、家长、学生提供更优质的服务。通过对教育数据的挖掘，管理者可以获得更加客观的反馈信息，从而优化教育决策并完善教育服务。

第二节　教育数据挖掘方法

教育数据挖掘常使用传统的数据挖掘方法来解决与教育相关的问题。在本书第二章数据处理基本概念与流程中提到，教育数据具有层次性、时序性和情境性的特点（徐鹏等，2013）。因此，由于教育数据的特殊性，教育数据挖掘方法的选择必须基于数据的特征，以更好地实现了解并改进学生的学习和教育情境的目标。例如，Baker 等人（2011）提出了一个教育数据挖掘框架，包括改进学生模型、增强领域模型、开发学习支持技术和支持教育研究四个主要应用领域，以及预测、聚类、关联规则挖掘、数据蒸馏和多模态建模五种数据挖掘技术。Mohamad 和 Tasir（2013）通过文献综述，发现教育数据挖掘研究中最常用的数据算法依次为聚类、分类、序列挖掘、预测和关系挖掘。本节将依次介绍回归分析、分类、聚类、文本挖掘和关系挖掘的定义、基本算法类型及其在教育中的应用。

一、回归分析

（一）回归分析基本概念

回归分析（regression analysis）是一种用于确定两个或多个变量之间定量关系的统计分析方法。回归分析主要用于确定两个或多个变量之间是否存在关系、探究变量间关系的性质，以及预测给定变量的变量值。回归分析可以帮助研究者深入了解变量间的相互影响，为科学研究和实践应用提供支持。

回归分析的数学原理是通过拟合"最佳"线来描述变量间关系。这里的"最佳"是指以使观测值与拟合直线之间的平方差最小的方式进行拟合。需要注意的是，通过回归分析得到的拟合线不一定是真实存在的。如果数据存在问题，或者数据不能满足回归分析的假设条件，得到的拟合结果可能会有偏差。

回归分析模型一般用 $y = \alpha + \beta_1 x_1 + e$ 表示（见图 5-2）。其中，y 表示因变量，即需要解释的变量，在图中由映射在 y 轴上的值描述。α 表示回归模型的截距，即所有自变量等于 0 时的因变量值。自变量由 x_1 表示，β_1 表示自变量 x_1 的回归系数，代表直线的斜率。β_1 系数为正表示拟合线向上倾斜，β_1 系数为负表示拟合线向下倾斜。e 表示方程的误差或残差。上述模型表示只展示了一个自变量的情况，如果模型为包含多个自变量的多元回归，其表示方法与一元回归类似。

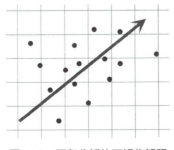

图 5-2　回归分析的可视化解释

图 5-3 中概述了回归分析的关键步骤。首先，需要考虑回归分析的数据要求，确定是否采用回归分析。其次，指定并估计回归模型。然后，依次确定选择的自变量、检验回归分析的假设，以及解释和验证回归结果。最后，使用拟合的回归模型，如使用数据进行预测。

图 5-3　回归分析实施步骤

（二）回归分析类型

回归分析可以根据涉及的变量数量、因变量数量，以及因变量和自变量之间的关系分为不同类别。按照涉及自变量的数量，可分为只涉及一个自变量的一元回归分析和涉及多个自变量的多元回归分析。按照涉及因变量的数量，可分为只有一个因变量的简单回归分析和涉及多个因变量的多变量回归分析。根据自变量和因变量之间的关系，可分为自变量和因变量呈线性关系的线性回归分析和自变量与因变量之间呈非线性的非线性回归分析。下面将介绍最常用的线性回归分析和多项式回归分析。

1.线性回归分析（linear regression analysis）

线性回归是最广泛使用的建模技术之一。线性回归模型的因变量y是连续的，自变量x可以是连续的也可以是离散的。在线性回归模型中，假设因变量y与自变量x之间存在线性关系，并通过最小二乘法来拟合数据。最小二乘法是用于拟合回归线最常用的方法，通过最小化预测值与实际值之间的残差平方和来拟合线性模型。

在进行线性回归模型拟合时需要注意以下问题。首先，线性回归模型假设自变量与因变量之间存在线性关系，因此需要确认所使用的自变量与因变量之间的关系是否为线性关系。其次，在多元线性回归中，自变量之间的高度相关性可能导致多重共线性，从而导致模型系数和标准误差的偏差，因此需要合并或筛选高度相关的自变量。最后，数据集中存在异常值可能会对模型的拟合产生影响，最终导致预测值偏差，因此需要检测和处理异常值。

2.多项式回归分析（polynomial regression analysis）

多项式回归用于探究一个因变量y与自变量x之间的非线性关系。多项式回归假设因变量和单个自变量之间存在非线性关系，最佳的拟合线为一条曲线或弧线（见图 5-4）。例如，在含单个自变量的回归模型中，如果自变量x_1的指数大于 1（比如 2），那么它的多项式回归方程用$y = \alpha + \beta_1 x_1^2$表示。

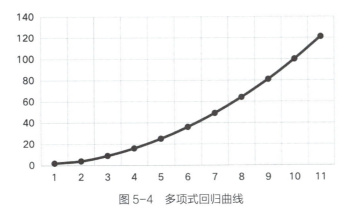

图 5-4　多项式回归曲线

然而，多项式回归容易出现过拟合问题，即模型的细节可能并不代表真实情况，从而导致模型在训练数据上表现良好，但在新数据上表现不佳。因此，在拟合过程中可以绘制关系图查看拟合情况，以保证模型没有过拟合或欠拟合。图 5-5 分别展示了欠拟合、拟合和过拟合三种不同的拟合状态。

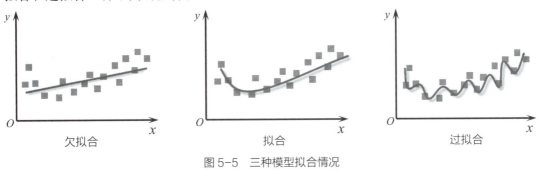

图 5-5　三种模型拟合情况

（三）回归模型评估

为了确定模型对数据拟合的程度、选择拟合最佳的模型，可以使用一些参数指标对模型进行评估，如决定系数（R-square, R^2）、调整决定系数（adjusted R-square, 调整后的 R^2）、赤池信息准则（Akaike information criterion, AIC）、贝叶斯信息准则（Bayesian information criterion, BIC），以及均方误差（mean-square error, MSE）等。

首先，R^2 可以衡量模型中两个变量间的相关性，取值范围在 0 ～ 1，R^2 越接近于 1，表示拟合程度越好，即线性回归模型效果越好。其中，相关性 "R" 接近 1 表示变量间具有很强的正相关性，接近 −1 表示变量间具有很强的负相关性，接近 0 表示变量间的相互关系较弱。为了防止低于平均值和高于平均值的数据相互抵消，需要对 R 进行平方表示数据集的方差。但是，当自变量的数目增加时，R^2 的值不会随着数据中冗余变量的增加而减少，即添加的自变量对因变量没有实际的解释作用，导致模型过于复杂。

其次，调整后的 R^2 通过考虑模型自由度，弥补了自变量过多导致 R^2 过高的问题。调整后的 R^2 的取值范围也在 0 ～ 1，与 R^2 类似，越接近 1 说明模型对数据的拟合越好。然而，调整 R^2 也存在一些局限性，例如可能会对模型的拟合效果进行过度惩罚，导致模型选择过于简单。

AIC建立在熵的概念基础上，可以用于评估回归模型的拟合效果和复杂度，AIC值越小代表模型的效果越好。AIC通过在模型的拟合效果和模型复杂度之间寻找平衡点，以便选择最佳模型。

BIC与AIC类似，可以用于评估模型的拟合效果和复杂度，BIC取值越小，相对应的模型越好。与AIC相比，BIC的惩罚项比AIC大，同时考虑了样本个数，可以防止模型精度过高造成的模型复杂度过高。

最后，均方误差MSE用于评估模型预测结果与真实值之间的差异，由模型预测值误差平方的平均值计算，数值越小说明模型对数据的拟合越好。但是，它对离群值比较敏感。如果样本中存在离群值，均方误差可能会受到影响，导致模型性能下降。

（四）回归分析在教育中的应用

回归分析在教育研究中常用于解释可能对学生学习绩效（因变量）造成影响的可能因素（自变量）（舒忠梅和徐晓东，2014；赵慧琼等，2017；张伟平等，2021），并推进创建包含学生知识、动机、元认知和态度等预测变量的学生模型来预测学生未来的学习行为、学习效果及学习态度等。

例如，在解释影响学习者学习绩效的因素方面，赵慧琼等人（2017）采集了Moodle课程中的学生信息与学习行为数据，利用散点图、简单二元相关性分析和多元回归分析法确定了六个影响学生学习绩效的预警因素，分别为讨论区总发帖数量、在线测验次数、同伴评价、自我评价、提交任务与浏览授课资源次数。Liufu等人（2020）通过对十三个系的四十九名学生在某一信息课程的在线学习信息的记录进行分析，纳入在线教学周期结束时选择性别、专业、章节学习次数、签到分数、视频观看次数、提交作业次数、家庭作业分数等七个指标进行了多元线性回归，以分析影响最终学业成绩的因素。结果显示，在性别中，签到分数和作业分数对最终成绩的影响更大；专业、章节、视频观看时间与家庭作业和成绩之间没有明显的相关关系。

在构建学习者预测模型方面，McIlraith等人（2018）使用分量回归（quantile regression）对字母知识、语音意识、快速自动命名、句子重复、词汇和母亲受教育程度进行回归分析，从而预测学前儿童在一年级时期的单词阅读水平。Yang等人（2021）为了培养学习者的自主分析技能，开发了一个自适应学习系统，针对学习者的活动数据，系统使用线性回归作为预测模型，根据学习者在特定区域活动的步数来预测学习者未来可能的学习情况，并提供相应的自动化反馈支持。

二、分类

（一）分类算法基本概念

分类是将数据集中的对象、项目或观察结果分配到不同类别的方法，即预测输入变量所归属的类别。由于输出的归属类别是事先确定的，因此分类是一种有监督的机器学习算法。分类模型也可以定义为：对现有的数据进行学习，得到一个目标函数和规则，把每一个属性映射到一个预先定义类别的过程。分类模型主要有两个作用：一是描述性建模，即作为解释性的工具，用于区分不同类别中的对象；二是预测性建模，用于预测未知数据所属的类别。

分类模型的构建一般分为训练和测试两个阶段。在构造模型之前，需要将数据划分为训练数据集和测试数据集。第一阶段为训练模型，通过分析训练数据集中每个数据所属的预定义类别来构建模型；第二阶段为测试模型，使用测试数据集来评估模型的分类准确率。

（二）分类算法类型

实现分类的算法称为分类器。一些算法只适用于离散数据，一些算法也适用于连续数据。常用的分类算法主要有逻辑回归、决策树、朴素贝叶斯分类器、支持向量机、K近邻算法和神经网络等。

1.逻辑回归（logistic regression）

逻辑回归虽然被称作回归，但实际上是一种常用于处理二分类问题的分类模型，即将样本分为两个或多个类别。逻辑回归的基本原理是通过线性回归模型进行预测，可分为两个步骤。第一步是建立线性回归模型［见图5-6（a）］。第二步是将线性回归问题转化为分类结果输出，通常使用sigmoid函数对输出值进行转化。将线性回归模型在 $(-\infty, +\infty)$ 范围内的输出通过sigmoid函数sigmoid $(z) = 1 / (1 + e^{-x})$ 映射到 [0,1] 区间内［见图5-6（b）］，从而得到样本属于某一类别的概率。在逻辑回归的训练过程中，还需要定义损失函数，通常采用交叉熵损失函数。逻辑回归的目标是最小化交叉熵损失函数，通过梯度下降等优化算法来更新模型参数，从而得到最优的分类模型。

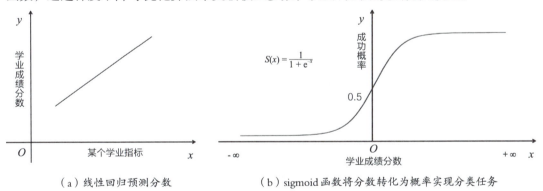

（a）线性回归预测分数　　　　（b）sigmoid函数将分数转化为概率实现分类任务

图5-6　逻辑回归的函数表示

逻辑回归具有以下三大优点。第一，逻辑回归无须实现假设数据分布，可以直接对分类的概率建模，从而避免了假设分布不准确带来的问题。第二，逻辑回归不仅可预测出类别，还能得到该预测的概率，有利于使用概率辅助决策的任务。第三，逻辑函数使用的对数概率函数是任意阶可导的凸函数，可以利用许多数值优化算法求出最优解。

2.决策树（decision trees）和随机森林（random forest）

决策树是在已知各种情况发生概率的基础上，通过对数据集进行划分，构建具有输入变量和输出变量的树形结构来进行分类或回归。它是一个非线性模型，涉及多个 if-else 语句，将结构分解为更小的结构并提供最终结果。决策树包括一个根节点、若干内部节点和若干叶子节点：每个节点表示一个属性或特征，每个分支表示该属性或特征的取值，从起始节点（根节点）开始根据属性或特征的取值不断向下划分，直到达到表示分类或回归的结果的末端节点（叶子节点）。从根节点到任意一个叶子结点的路径对应一个判定测试序列。决策树的构建过程是一个递归的过程，通过选择最优的属性或特征进行划分，直到满足停止条件为止。决策树学习的步骤主要包括节点的分类和阈值的确定两个步骤，其关键在于如何选择最优划分属性。

以英语学习中判断词性为例，这个问题可以可视化为决策树（见图 5-7）。根据其前身的词性标签识别句子中单词的词性标签（名词、动词、形容词等）。如果一个词的前身是形容词，后面加限定词，则该词确定为名词；否则，必须考虑其他属性来做出决定。

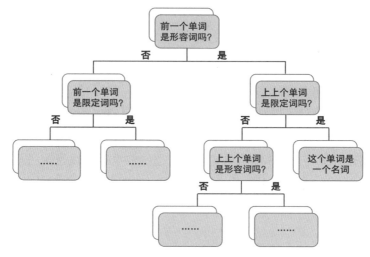

图 5-7　用于词性标记的决策树示例

随机森林是一种包含多种决策树的分类器，其通过在属性的使用和样本的使用上进行随机化，生成多棵决策树，最后对结果进行汇总，使得整体模型的结果具有较高的精确度和泛化性能。因此，随机森林具有抵抗过拟合的能力，使分类结果更加精确。

3. 朴素贝叶斯分类器（naive Bayes classifiers）

朴素贝叶斯分类器计算每个类别的概率，并选择概率最大的类别作为预测结果。它基于贝叶斯定理 $P(X|Y) = P(Y|X) \times P(X) / P(Y)$ 的独立性假设，对一个新的样本 X，算法会计算该样本在每个类别下的后验概率 $P(X|Y)$，并将后验概率最大的类别作为该样本的分类预测结果。

尽管算法简单，朴素贝叶斯分类器也具有较高的分类效率。如果条件独立假设成立，朴素贝叶斯分类器比逻辑回归等判别模型收敛得更快，从而对训练数据的要求更低。但是，由于算法假定任何特征都独立于其他特征，它通常不适用于特征之间存在关联的复杂数据，也无法学习特征之间的相互作用。

4. 支持向量机（support vector machine, SVM）

支持向量机是一种线性分类器。支持向量机旨在找到能够正确划分训练数据集并且几何间隔最大的分离超平面。具体来说，支持向量机将给定的一组样本点根据核函数映射到高维空间中，并找到区分这两类的最佳超平面，使得两个类别的最近样本点到该超平面的距离最大（见图 5-8）。这些最近的样本点被称为支持向量，SVM 的名称也来源于此。

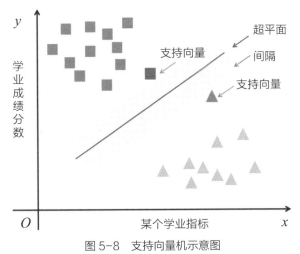

图 5-8 彩图效果

图 5-8　支持向量机示意图

下面介绍一个教育情境案例，教师希望基于支持向量机，通过分析学生在 A 课程和 B 课程的成绩数据，以实现对学生在 C 课程的成绩的预测。其实现过程主要分为两步，第一步，对数据进行可视化描述。例如，以 A 课程成绩为横轴，以 B 课程成绩为纵轴，绘制学生成绩的可视化成绩分布情况。第二步，通过超平面选择一条能够完美表达训练集的一般情况。图中，红色的线即为超平面，距离红色的线最近的数据点为支持向量，而支持向量定义的沿着分割线的区域称为间隔。对于非线性可分的数据，可以将数据投射到一个线性可分的维度，再进一步寻找超平面实现分类。

常用的 SVM 分类器包括线性 SVM 和非线性 SVM。线性 SVM 是指使用线性的核函数的 SVM，它适用于线性可分的数据集，如在二维空间中可以使用一条线划分成两个类别样本的数据集。非线性 SVM 则是指使用非线性核函数的 SVM，它适用于非线性可分的数据集。

支持向量机在处理分类问题上具有以下三个优势。第一，它能较好地处理在高维空间中的非线性问题。第二，它可以根据问题的复杂度调整核函数的选择。第三，它可以处理小样本数据。但是，支持向量机不能直接提供概率估计；如果特征数量远大于样本数量时，选择的核函数需要避免过拟合。

5. K 近邻算法（K-nearestneighbor, KNN）

K 近邻是一种分类算法，通过邻近样本实现分类。其基本思想是：在特征空间中，为了判定某个样本的类别，需要通过计算该样本点与样本竞价所有点之间的距离，取出与该点最近的 k 个点；如果一个样本附近的 k 个最近（即特征空间中最邻近）样本的大多数

属于某一个类别，则该样本也属于这个类别。例如，图 5-9 中蓝色的正方形、红色的三角形分别表示两类不同的样本数据，绿色的圆表示待分类的数据。根据 K 近邻的思想，如果 $k=3$，则绿色的待分类数据最邻近的 3 个点是 2 个红色三角形和 1 个蓝色正方形，可判定该数据属于红色三角形一类；如果 $k=9$，则绿色的待分类数据最邻近的 9 个点是 3 个黄色三角形和 6 个蓝色正方形，可判定该数据属于蓝色正方形一类。由此可见，k 的取值对于 K 近邻算法具有关键作用。

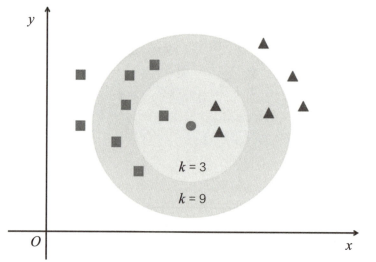

图 5-9 彩图效果

图 5-9　K 近邻算法示意图

K 近邻算法可应用于协同过滤算法。协同过滤算法是一种推荐算法，基于对用户历史行为数据的挖掘发现用户的喜好偏向，并预测用户可能喜好的产品进行推荐。例如，在教育场景中，可以通过 K 近邻算法找到复杂网络系统中最近邻的资源或用户集合，用以预测未评分的目标学习资源，从而实现较为准确的学习资源及学习路径推荐。

（三）分类算法在教育中的应用

在教育领域中，分类算法可以基于学习数据对学习者进行分类，或对学习者的未来表现进行预测。这类应用对于学生的选科和选课定位、就业决策、评估指导和后续学习计划的导航等方面具有重要意义，能够为后续决策提供标准和依据。

例如，Yang 等人（2013）在考虑认知风格和学习风格的基础上，开发了一个自适应学习系统。期望该方法能够帮助学生提高学习成绩，减少认知负荷，促进学习动机。为了测量学生的认知风格，研究采用了 Witkin（1977）提出的 Group Embedded Figure Test（GEFT，群体镶嵌图形测验）。根据 GEFT 的分数标准，如果学生的考试成绩在前 50%，则确定学生具有 FI（field-independent，场依赖）风格，FI 的学生喜欢自己组织信息；否则将学生归类为 FD（field-dependent，场独立）学习方式，FD 学生偏好结构化信息、晋升和权威导航。从课程导航的角度来看，针对 FD 学生的用户界面设计是在显示较少信息的同时，避免分散他们的注意力；相反，FI 学生的用户界面提供了更多的信息，帮助他们对学习内容进行全面检查。

金延军（2009）在研究中分析了高校毕业生就业问题的引发因素，并在研究中应用了 Apriori 算法，该算法为一种数据挖掘技术，应用流程为对高校毕业生就业信息数据进行提取与选择，并基于高校毕业生的学习成绩、基本信息等挖掘毕业生信息与就业之间存在的内在联系，而获取的内在联系能够为高校管理毕业生就业工作提供更加全面的支撑性数据，也能够为高校确定人才培养方向提供依据与指导。

苏里（2022）基于随机森林、逻辑回归和 Adaboost 的 Stacking 融合模型，设计和实现了基于该模型的心理危机预警系统。该系统通过分类的方法，建立能够自动根据心理档案做出心理危机预测的系统，减少心理工作人员因人工识别所耗费的大量时间。具体来说，首先在理论层面确立了心理档案的两个理论基础：家庭理论和生活事件理论。通过理论的介绍为使用分类算法对大学生心理档案进行分析提供了必要的理论支持。随后，使用大学生人格问卷和大学生心理档案作为数据采集工具收集了有效问卷 3066 份，大学生心理档案依据心理学中的家庭理论和生活事件理论设计而成，并且兼顾分类算法对数据的要求。问卷主要内容包括学生的基本情况、学生身体健康情况、家庭情况、学生在学校的生活学习情况和重大生活事件。经过数据预处理后，研究最终选择随机森林、Adaboost 和逻辑回归作为基模型，并开发设计了以 Stacking 融合模型为中心的应用系统。

三、聚类

（一）聚类分析基本概念

聚类的目的是将一组数据项划分为若干个类别或簇，使得每个簇内的数据项相似度较高，而不同簇之间的数据项相似度较低。聚类可以帮助我们发现数据中的隐藏模式和结构，为数据分析和决策提供有用的信息。和分类不同，聚类是一种无监督的机器学习算法，不需要提前标记数据项所属的类别。

聚类分析需要关注聚类特征的选择和相似度的定义。一方面，并不是所有的数据项特征都与分析目标相关，甚至可能很多特征都是无用的噪声特征。因此，在分析前需要去除无用特征，保留有用特征。可以使用相关性、基尼系数、信息熵、统计检验等方法选取最为重要的特征变量，或对特征进行合并、变换或降维。另一方面，数据项之间的相似度有不同的刻画方法，如距离、相似系数、核函数和 DTW（动态时间规整）距离。其中最为常用的度量方式是距离，欧氏距离和曼哈顿距离是常用的距离计算方法。具体相似度刻画方法的选择取决于应用的情境。

（二）聚类分析步骤

聚类分析主要包含 5 个步骤，分别为数据处理、相似函数选择、聚类分析、簇 V 验证和集群标识（见图 5-10）。

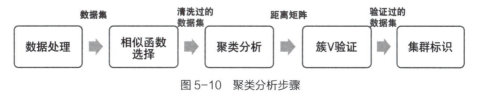

图 5-10　聚类分析步骤

第一步，数据处理。数据聚类算法与所涉及数据集的特征密切相关，因此在聚类分析前必须对用于聚类的数据进行规范化和标准化处理。

第二步，相似函数选择，即确定衡量元素间相似度的标准。相似函数用于衡量两个样本之间的相似程度，从而确定它们是否应该归为同一类别。不同的相似函数会导致不同的聚类结果，因此选择适当的相似函数对于获得合理的聚类结果至关重要。常用的相似函数包括欧氏距离（Euclidean distance）、曼哈顿距离（Manhattan distance）、闵可夫斯基距离（Minkowski distance）、余弦相似度（cosine similarity）和汉明距离（Hamming distance）等。

第三步，聚类分析，使用聚类算法并根据选择的相似函数对数据项进行分组。聚类可以看作是一个优化问题，其目标是以最佳方式将项目分配到聚类中。聚类方法主要有两类：硬聚类和软聚类（也称为模糊聚类）。在硬聚类中，每个元素只能属于一个集群。在软聚类中，每个对象可以属于不同的类别，其隶属度表示属于该聚类的可能性。具体的聚类算法会在下一章节中详细说明。

第四步，簇V验证，利用效度指标评估生成的集群，对聚类质量进行评价。由于聚类的无监督性质，由聚类算法产生的数据的最终分类需要进行评估。聚类方案质量的度量称为聚类有效性指数，可以通过外部标准或内部标准进行检查。外部标准基于第三方（人、系统或内在数据属性）定义的部分数据聚类的结果评估。最常用的外部标准包括纯度（purity）、兰德指数（Rand index）和F值测量（F-measure）。内部标准评估类内聚集程度和类间离散程度，最常用的方法之一是轮廓法。

第五步，集群标识。标识技术为每个集群"贴标签"，定义出能够高度描述该集群特征的标签。标签技术可分为差别集群标签法（differential cluster labeling）和集群内信息标签法（cluster-internal techniques）。差别集群标签法通过比较候选标签与不同集群特征的相关性确定标签，集群的标签在该集群中频繁出现，而在其他集群中较少出现。集群内信息标签法则只根据目标集群的特征确定标签，不考虑其他集群的特征。它常使用在群集中心或靠近中心且频繁出现的术语作为标签，但不同的集群可能会产生重复标签。文本型数据、类别型数据和数值型数据适合使用不同的集群标识技术。对于文本型数据，适合使用差别式集群标签法。其中，互信息法（mutual information method）最为常用，它能够衡量两个变量之间的依赖程度。文本型数据中的每个术语都可视为候选标签，术语的互信息值代表了其作为集群标签的概率。类别型数据的标签可由集群中出现频率最高的类别确定。对于数值型数据，常使用集群内信息标签法，标签可由群集成员的平均值确定，或基于规则划分区间后分配具有代表性的值标签。

（三）聚类分析算法

聚类可以根据分类的方法分为硬聚类和软聚类。硬聚类的数据点仅分配给其中一个类别，而软聚类提供数据点属于每个类别的概率。迄今为止，根据聚类的原理，聚类算法可以分为划分聚类、层次聚类、基于密度的聚类、基于网格的聚类和基于模型的聚类。其中，最常用的是K均值聚类、层次聚类、神经网络聚类等方法。本节将简要介绍基于划分的K均值聚类、层次聚类和基于密度的DBSCAN聚类。

1. K均值聚类（K-means clustering algorithm, K-means）

K均值聚类是一种迭代求解的聚类分析算法，通过反复迭代，直至最后达到"簇内的点足够近，簇间的点足够远"的目标。划分聚类方法需要事先指定簇类的数目或者聚类中心，K-means算法是常用的划分聚类算法之一。算法假定k为固定已知的簇的数量，并为每个簇计算一个代表向量，即簇的质心或均值。质心可以源于原始数据集，也可以随机生成。具有各自质心的聚类数据集的直观表示如图5-11所示。

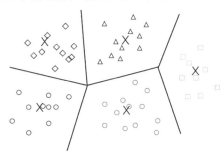

图5-11 彩图效果

图5-11 聚类及各自质心示例（用X符号表示）

K-means从给定或随机选取的k个簇的初始质心开始，随后计算每个对象与各个质心之间的距离，把每个对象分配给距离它最近的簇中［见图5-12（a）］。其中，"距离"用以判定每个对象之间的相似程度，通常会使用欧氏距离以衡量两个对象在多维空间中的距离。在每一步都会确定一组新的点作为每个簇的质心，并重新计算距离函数，将数据项再次归入距离最近质心所在的簇中［见图5-12（b）］。当距离函数值没有显著变化，或对象所属的簇不再变化时，这个迭代过程就会停止。总而言之，K均值聚类的优势在于均值计算具有高效性；但是，由于距离函数中存在局部极小值，不同的初始质心、参数K值的选取可能会引起不同的聚类结果，无法获得全局最优解。

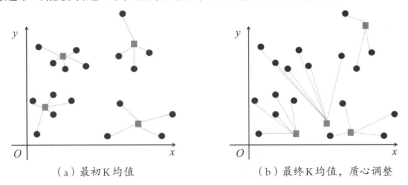

（a）最初K均值　　　　　　　（b）最终K均值，质心调整

图5-12 K均值聚类过程

2. 层次聚类（hierarchical clustering）

层次聚类根据相似性或距离来构建簇的层次结构。层次聚类可以分为凝聚式和分裂式两个主要类型。凝聚式层次聚类是一种自下而上的方法，每个数据点最初被视为一个单独的簇，然后通过合并距离相近的簇来构建层次结构，直到所有数据点都在同一个簇

中。分裂式层次聚类是一种自上而下的方法，所有数据点最初被视为一个簇，然后根据距离度量分割簇来构建层次结构，直到每个簇包含一个数据点。层次聚类的主要优点是可以可视化地表示簇之间的相似性，并且不需要预先指定簇的数量。然而，它存在计算复杂度较高、难以处理大型数据集，以及对噪声和异常值比较敏感的缺点。

层次聚类结果通常以树状图呈现。树状图由许多颠倒的U形线组成，这些U形线连接簇的层次树中的数据点。不同类别的原始数据点是树的最底层，树的顶层是一个聚类的根节点。每个节点表示簇的类别，每个U的高度表示两个连接簇之间的距离和差异。树状图的优点是可以在任意高度用水平线切割图，从而定义具有相应簇数的聚类结果。例如，图5-13显示了在2和6簇的聚类结果。

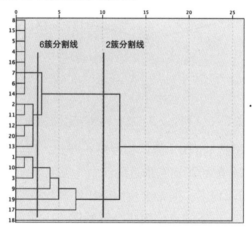

图5-13　2和6簇处切割线的树状图示例

3. DBSCAN聚类（density-based spatial clustering of applications with noise）

DBSCAN是一种典型的基于密度的聚类算法。密度聚类算法假定样本所属的类别可以通过样本分布的紧密程度决定。同一类别的样本之间是紧密相连的，在该类别任意样本周围一定存在同类别的样本。算法将紧密相连的样本划为一类，得到了不同的聚类类别。没有被划分为某簇的数据点，则可看成数据中的噪声数据。

DBSCAN密度聚类算法需要半径参数Epsilon（ε）、minPts参数等指标。半径参数Epsilon（ε）代表邻域的最大半径，minPts参数代表形成簇类所需的最小样本个数。DBSCAN算法通常将数据点分为核心点、边界点和噪声点3种类型。核心点是指某个半径点的邻域内的点个数超过minPts参数的样本；边界点是指不是核心点但是它位于核心点邻域内的样本；噪声点是指既不是核心点也不是边界点的样本，也可以单独看成一个随机分布的特殊簇。

在DBSCAN密度聚类算法中，首先将所有的样本标记为核心点、边界点或者噪声点，然后将任意两个距离小于半径参数Epsilon的样本划分为同一个簇。任何核心点的边界点也与相应的核心点归为同一个簇。而噪声点不归为任何一个簇，应独立对待。

DBSCAN密度聚类具有以下三大优点。首先，相比K-means聚类，DBSCAN不需要预先声明聚类数量，即数据聚类数量会根据半径参数Epsilon和MinPts参数动态确定，但是选择不同的邻域和MinPts参数往往会得到不同的聚类结果。其次，DBSCAN密度聚类可以找出任何形状的聚类，所以该方法更适合数据分布形状不规则的数据集。最后，DBSCAN密度聚类能分辨出噪声，因此该算法也可以用于异常值的检测。

（四）聚类在教育中的应用

在教育领域中，聚类分析常用于提取学习者、学习资源、学习课程等信息的典型特征。基于信息管理系统的数据，能够为学生、教师和决策者提供多方面的数据支持，如学习风格挖掘、学生综合评价、学生成绩评估、课堂教学评估等方面。

罗杨洋和韩锡斌（2021）选取某高校网络教学平台中2018年秋季学期2456门混合课程的在线数据作为样本，提出了一种依据学生在线学习行为聚类特征对混合课程进行分类的方法，并采用2020年春季学期的1851门混合课程对该分类方法的稳定性进行了验证。依据学习行为的典型特征将混合课程分为可以自动识别的5种类型：不活跃型课程、低活跃型课程、任务型课程、阅览型课程和高活跃型课程。

贾文军等（2020）利用国内微博社交平台，采集了学生关于在线教学评论的文本数据，并运用聚类分析识别和刻画在线学习者的学习体验类型。网络爬虫用于搜集微博中高校大学生关于网课体验的评论与话题，通过文本数据聚类分析深入挖掘文本数据，呈现学生在课前、课中、课后真实的学习体验状况。利用Python编程中Jieba分词工具包将文本进行分词处理，通过分词后得到词频统计数据。根据词频数据生成词频矩阵，利用SPSS软件中的系统聚类分析工具生成系统谱系图，以便直观地分析评论的类型。结果显示，学生在新冠疫情期间的学习体验可以分为7种类型。第一类的高度关联词突出表现为回学校、打卡、不想、上学、学校，故定义为大学生的"网课意愿"；第二类关联词与教学平台相关，故定义为"平台体验"；第三类关联词主要围绕学生在线听课现场的状况，可定义为"授课现场"；第四类关联词围绕学生的听课设备，故定义为"个人设备"；第五类关联词涉及学生的课堂视频学习及课后作业布置，故将第五类关联词定义为"课业任务"；第六类关联词定义为"学习状态"；第七类关联词则定义为"期待开学"。

四、文本挖掘

文本挖掘（text mining）是以文本数据作为对象，从文本数据信息的结构、模型、模式中抽取未知的、有价值的和可用的新知识的过程。文本数据是自然语言的集合，相比其他类型的数据，文本数据具有非结构化、复杂、不明确等特点。典型的文本挖掘包括预处理、核心挖掘操作和模式评价3个阶段（见图5-14）。本节将按照文本挖掘过程依次介绍其涉及的主要技术。

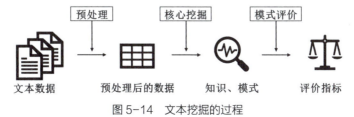

图5-14　文本挖掘的过程

（一）文本预处理技术

文本预处理是文本挖掘的第一个步骤，对文本挖掘效果的影响至关重要，文本的预处理过程占据整个文本挖掘过程大部分的工作量。文本预处理技术主要包括分词、去停用词和文本表示（Talib et al., 2016）。

1. 分词

分词是指英文通过空格来分开不同的单词。但是，中文文本不能直接像英文一样用简单的空格或标点符号来完成分词，因此需要专门的方法去解决中文的分词问题。常用的分词方法包括基于规则的分词方法、基于统计的分词方法和基于深度学习的分词方法。

首先，基于规则的分词方法是一种比较传统的方式，其基本思想是将语句中的每一个字符串与词表中的词逐一匹配，如能完成匹配则进行切分。按照匹配切分的方式，主要有正向最大匹配、逆向最大匹配和双向最大匹配。其次，基于统计的分词方法利用字与字相邻出现的概率或频率作为分词的依据。因此，该分词方法需要大规模的训练文本用来训练模型参数，利用统计机器学习模型学习词语切分的规律。主要统计模型包括N元语言模型（N-gram），隐马尔可夫模型（hidden Markov model, HMM）和条件随机场模型（conditional random fields, CRF）等。最后，基于深度学习的分词方法是当前中文分词的研究热点。该方法以深度网络模型学习语义特征，摆脱了烦琐的特征工程。典型的深度学习分词模型包括CNN（卷积神经网络）（Wang & Xu, 2017）、LSTM（长短记忆神经网络）（Chen et al., 2015）、BILSTM（双向长短记忆神经网络）（Yao & Huang, 2016）等。

2. 去停用词

在文本信息中，往往存在一些高频出现、但是对文本语义表达没有价值的词语，如英文中的"the""is""at""which""on"，以及中文中的"一定""个"等。如果不去除停用词，可能会对文本挖掘知识信息造成干扰，同时导致计算资源浪费，因此有必要对停用词进行删除。去除停用词一般需要构建一张停用词表，将分词好的文本结果与停用词表中的词语匹配，对所有出现在停用词表中的词语进行删除。

3. 文本表示

计算机无法像人一样感知文字，因此需要将文本表示为计算机可理解的语言，通常情况下，文本被表示为一系列具有特征和权重的向量。常见的文本表示模型有向量空间模型、主题模型和神经网络模型。

向量空间模型的基本思想是将文本表示成实数值分量所构成的向量。其中，词袋模型较为基础和常用，该模型忽略文本数据中的语序、语法、句法等信息。模型将输入文本数据表示成长向量，向量中的每一维代表一个词语，每一维对应的权重则反映了这个词在原文本中的重要程度。例如，"小明喜欢看电影"和"小明也喜欢打篮球"这两个句子可以构建一个包含词语索引和对应标号的词典 {1:"小明", 2:"喜欢", 3:"看", 4:"电影", 5:"也", 6:"踢", 7:"足球"}。那么，上述两个句子用词袋模型表示的向量分别为 [1, 1, 1, 1, 0, 0, 0] 和 [1, 1, 0, 0, 1, 1, 1]。但是，词袋模型丢失了许多文本的关键信息，同时当文本数据增大时处理数据的时间变长。

主题模型从概率生成模型的角度实现文本的表示，每一个维度代表一个主题。主题通常为一组词的聚类，因此可以通过主题推测出每个维度所代表的语义，具有一定的解释性。主题模型包括潜在语义分析（latent semantic analysis, LSA）、概率潜在语义分析（probabilistic latent semantic analysis, PLSA）和潜在狄利克雷分布（latent Drichlet allocation, LDA）等。

基于神经网络的文本表示方法为近年来最常用的方法。Word2Vec是目前最常用的一种浅层神经网络模型，除此之外，基于RNN／CNN的模型和基于注意力机制的模型相继被提出。

（二）文本挖掘技术

典型的文本挖掘技术包括文本摘要、文本分类、文本聚类、观点抽取和实体关系模型等。（1）文本摘要技术在本质上是一种信息压缩技术，该技术对文本或者是文本的集合进行内容的抽取、总结和提炼，使其处理后的内容能够概括和展示原文本的主要内容或主要思想。（2）文本分类技术在本质上是分类算法，可以按照一定的分类标准对文本数据进行自动分类标记。除了贝叶斯、支持向量机、随机森林等传统分类算法，诸如textCNN、FastText、LSTM和Bert等深度学习算法已被用于文本分类任务。（3）文本聚类是指对文档内容进行聚类分析，将文档集合分成若干个簇，使同一簇内文档内容的相似度尽可能大，不同簇内文档内容的相似度尽可能小。常见的聚类算法均可用于文本聚类，如K-means、层次聚类和DBSCAN等。（4）观点抽取通过对文本数据进行分析，提取核心观点。文档层次、句子层次的情感分类，基于特征的观点挖掘均属于观点抽取的范畴。（5）实体关系模型用于自动理解实体对之间的语义关系，提取有效的语义知识。

（三）文本挖掘算法

1. TF-IDF算法

在文本表示中，词袋模型虽然统计了词语在文本中出现的次数，但"出现次数"这个属性无法区分词语在文本中的重要程度，为了解决这个问题，TF-IDF（term frequency-inverse document frequency）算法应运而生。TF-IDF用于评估某一词语在所有文本中的重要程度，其基本思想是：如果某个词语在一篇文档中出现的频率高，并且在其他文档中很少出现，则认为该词语具有很好的类别区分能力。TF-IDF由词语频率（term frequency, TF）和逆文档频率（inverse document frequency, IDF）两部分组成，计算公式如下：

$$TF = \frac{某个词语在文档中出现的总次数}{文档中包含的总词数}$$

$$IDF = \log\left(\frac{语料库的文档总数}{包含该词的文档数+1}\right)$$

$$TF\text{-}IDF = TF \times IDF$$

2. LDA算法

LDA是基于概率模型的主题模型，也称为三层贝叶斯概率模型，包含词、主题和文档三层结构。LDA主题模型主要用于推测文档的主题分布，将文档的主题以概率分布的形式给出，从而可以根据主题分布进行主题聚类或文本分类。图 5-15 表示 LDA 的生成过程。其中，α 和 β 是 Dirichlet 分布的超参数，分别决定了主题分布 θ 和词分布 φ。主题分布 θ 是一个维度为文档数 × 主题数的矩阵，矩阵元素 $\theta_{i,j}$ 是主题 j 在文档 i 中的比例；词分布 φ 是一个维度为主题数 × 词数的矩阵，矩阵元素 $\varphi_{i,j}$ 是词 j 在主题 K 中的频次。在这个模型中，只有文档分布 W 是观测变量。文档分布 W 是一个维度为文档数 × 词数的矩阵，矩阵元素 $W_{i,j}$ 是词 j 在文档 i 中出现的频次。K 代表设置的主题数，M 代表语料库中文档数，N 代表所有词的词表。

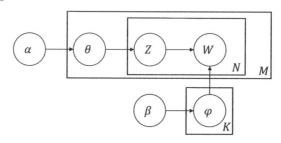

图 5-15　LDA 生成过程

对于语料库中的每篇文档，LDA 定义了如下生成过程：（1）从服从 Dirichlet 分布的 α 中，取样生成文档 i 的主题分布 θ_i；（2）从主题的多项式分布 θ_i 中取样生成文档 i 的第 j 个词的主题 $Z_{i,j}$；（3）从服从 Dirichlet 分布的 β 中取样生成主题 $Z_{i,j}$ 对应的词语 $\varphi z_{i,j}$；（4）从词语的多项式分布 $\theta z_{i,j}$ 中采样最终词语 $W_{i,j}$。因此，LDA 的核心公式如下：

$$P（词|文档）=P（词|主题）P（主题|文档）$$

$$P（w|d）=P（w|t）× P（t|d）$$

也就是说，以主题作为中间层，可以得到文档中出现某个词语的概率。

3. TextRank 算法

TextRank 算法是文本摘要任务中的经典算法，是一种基于图论的排序算法（Mihalcea & Tarau, 2004）。该算法以句子作为图顶点，以句子间的相似度作为边的权重，通过算法的迭代计算每个顶点的权重，最后通过高低排序选取排序靠前的句子作为输入文本的摘要。TextRank 算法的重要特点是不需要语料库，仅对单篇文档进行分析即可提取摘要。

TextRank 算法的核心是计算图模型中各顶点的权重，计算公式如下：

$$\mathrm{WS}\left(V_i\right)=\left(1-d\right)+d\times\sum_{j\in In\left(V_i\right)}\frac{W_{ji}}{\sum_{VK\in out\left(Vj\right)}W_{jk}}\times\mathrm{WS}\left(V_j\right)$$

其中，图模型由顶点集 V 和边集 E 组成，Out $\left(V_i\right)$ 和 In $\left(V_i\right)$ 代表顶点的出度和入度集合；WS $\left(V_i\right)$ 表示顶点 V_i 的权重，即句子间的相似度，通常使用句子间共同包含的词语数量衡量；d 为阻尼系数，表示某个节点指向另一个节点的概率，通常取值 0.85；W_{ji} 代表顶点 V_j 和顶点 V_i 之间边的权重；WS $\left(V_j\right)$ 代表上次迭代得到的顶点 V_j 的权重。

4. 文本挖掘在教育中的应用

在教育领域，文本挖掘常用于收集、分析和挖掘教育情境中的各种文本数据（如学生学习文本数据、教师教学文本材料），并开展学习者成绩预测、学习者知识能力测评、学习模式识别、教学材料结构分析和内容可视化等工作。

例如在学习者成绩预测方面，得克萨斯大学研究者（Robinson et al., 2013）以363名学习者在学期开始时的书面自我介绍作为数据来源，使用LIWC工具对其语言类别进行分析并预测学期末课程成绩。结果发现标点符号（逗号和引号）、第一人称单数代词、现在时态、有关家庭和社会生活的细节，以及与吃、喝和性有关的词语支持成绩预测。

在学习者知识能力测评方面，威特沃特斯兰德大学研究者（Klein et al.,2011）开发了一个自动文本评分系统，它采用潜在语义分析方法对学习者提交的非结构化短文本内容进行自动评分。测试结果显示，在理想配置下，该系统自动评分的准确率超过80%。

在学习模式识别方面，哥伦比亚大学研究者（Dasigi et al., 2012）提出了一种无监督方法来自动化检测讨论区持有相似观点的学习者。该方法通过LDA提取讨论文本的潜在语义，将其作为学习者的态度变量进行聚类。实验结果表明，学习者含蓄态度的表达（倾向于使用相似的文本内容）对于直接态度的表达（讨论话题内隐含的情感）是一个很重要的补充，并且两者的结合可以有效地提高识别相似模式的准确度。

在教学材料结构分析方面，塔斯马尼亚大学研究者（Langan et al., 2016）设计了一种基于文本挖掘的课程单元相似性评估系统，该系统采用N-Gram关键词抽取的方式，使用基于维基百科语料库的度量方法计算相似度，成功地实现了课程相似程度的自动分析。

在内容可视化方面，北京师范大学研究者（Zheng et al.,2023）提出了一种基于深度神经网络模型的自动知识图谱构建方法，该方法通过文本分类及关键词匹配对小组的在线讨论记录识别知识实体，同时通过查询提前存储在数据库中的目标知识图来提取关系，最终构建小组知识图谱。应用结果表明该自动知识图谱构建方法对协作知识构建、小组表现、社会互动和社会共享调节有明显的积极影响。

五、关系挖掘

（一）关系挖掘概述

关系挖掘（relationship mining）主要用于识别变量之间的关系，包括关联规则挖掘（association rule mining）、序列模式挖掘（sequential pattern mining）、相关挖掘（correlation mining），以及因果挖掘（causal mining）。具体来说，关联规则挖掘用于挖掘变量间的任何关系，序列模式挖掘用于挖掘变量间的时间关联，相关挖掘用于挖掘变量间的线性关系，因果挖掘用于挖掘变量间的因果关系（Baker, 2010; Romero & Ventura, 2013; Romero & Ventura, 2020）。

1. 关联规则挖掘

关联规则挖掘用来寻找多个变量之间存在的相互依存性和关联性，例如在超市购物问题中，关联规则可以用于发现顾客购买产品之间存在的关联性，便于超市制定营销策略，啤酒和尿布就是两个典型的关联产品。

关联规则挖掘的基本概念包括项（item）与项集（itemset）、事务（transaction）与

事务集（transaction dataset）、支持度（support）、置信度（confidence）、提升度（lift）、频繁项集（frequent itemset）与非频繁项集（infrequent itemset）、关联规则（association rule）与强关联规则（strong association rule）等（见表5-1）。

表5-1　关联规则挖掘的基本概念

概念	描述
项	关联规则的最小组成元素，记作 i_k（$k=1,2\cdots m$）
项集	包含项的集合，记作 $I=\{i_1, i_2\cdots i_k\}$，含 m 个项的项集被称为 m - 项集。
事务	一个事务 T 对应一个项集
事务集	多个事务 T 构成了事务集 D
支持度	同时包含 A 和 B 的事务个数在所有事务中出现的概率，其中 A 和 B 均为项集 I 的子集且不为空集，并且 A 和 B 的交集为空集
置信度	表示使用包含 A 的事务中同时包含 B 事务的比例，即同时包含 A 和 B 的事务占包含 A 事务的比例
提升度	包含 A 的事务中同时包含 B 事务的比例与包含 B 事务的比例的比值
频繁项集	若一个项集的支持度大于或等于某个阈值，则称为频繁项集
非频繁项集	若一个项集的支持度小于某个阈值，则称为频繁项集，该阈值为最小支持度
关联规则	反映项与项之间的联系，具体表示为 $A \rightarrow B$
强关联规则	若 $A \rightarrow B$ 的支持度大于或等于设定的阈值支持度，且置信度大于或等于某个阈值，则 $A \rightarrow B$ 为强关联规则，该阈值称为最小置信度

关联规则挖掘的过程主要包含挖掘频繁项集和产生强关联规则两个步骤。第一，频繁项集的挖掘是最耗时也是最重要的一步，需要以某种求解方法找到事务集中所有的频繁项集。Apriori 算法是经典的频繁项集挖掘算法之一。第二，利用频繁项集产生强关联规则需要生成候选规则、计算规则的支持度和置信度，并对规则进行剪枝和评价，最终得到强关联规则。

2. 序列模式挖掘

序列模式挖掘与关联规则挖掘相仿，但它更侧重于分析事物之间的前后关系（Agrawal & Srikant, 1995），因此在序列模式挖掘中 $A \rightarrow B$ 和 $B \rightarrow A$ 是两个不同的序列。序列 α 的支持度是指序列数据库中所有数据中包含 α 的数目所占的比例。支持度大于最小支持度的 k- 序列，称为频繁 k- 序列。序列模式挖掘就是要找出序列数据库中支持度不小于最小支持度的所有序列（吴孔玲等，2012）。

相比关联规则挖掘，序列模式挖掘强调序列（sequence）的概念。序列是指不同项集的有序排列，记作 $S=\langle s_1, s_2\cdots s_k \rangle$。其中，$s_k$ 为项集，也被称为序列的元素。序列包含的所有项集的个数称为序列的长度，具有 k 长度的序列称为 k- 序列。假设 $\alpha = \langle a_1,a_2...a_n \rangle$，$\beta = \langle b_1,b_2...b_m \rangle$，如果存在整数 $1 <=j_1< j_2<...<j_n<= m$，使得 a_1b_{j1}，$a_2b_{j2}... a_nb_{jn}$，则称序列 α 为序列 β 的子序列，记为 $\alpha\beta$。例如，对于项集 $I=\{A, B, C, D, E, F, G, H, I\}$，序列 $\langle\{F\}, \{C, G\}, \{H\}, \{D, E, G\}, \{C, G\}\rangle$ 包含 $\langle\{C\},\{D, G\}, \{G\}\rangle$，因为 $\{C\}\subseteq\{C, G\}$，$\{D, G\}\subseteq\{D, E, G\}$，以及 $\{G\}\subseteq\{C, G\}$。$\langle\{C\}, \{D\}\rangle$ 和 $\langle\{C, D\}\rangle$ 并不相互包含，因为 $\langle\{C\}, \{D\}\rangle$ 表示 C 和 D 是前后发生的，而 $\langle\{C, D\}\rangle$ 表示 C 和 D 是同时发生的。

大多数序列模式挖掘算法是基于Apriori算法，如AprioriAll、DynamicSome、AprioriSome，而后更多的算法被提出，如FreeSpan、PrefixSpan等。基于Apriori算法的序列模式挖掘的实现步骤可参考本书第三章第五节频繁序列挖掘的相关内容。

3. 相关挖掘

相关关系用于描述变量间是否线性相关及相关强度如何。如果变量A与变量B相关，则变量B也与变量A相关，并且变量A对于变量B来说拥有的信息量与变量B对于变量A来说所拥有的信息量是等同的。

相关关系评估包括相关系数、互信息等一些相关性度量方法。其中，相关系数r是最广泛和常用的相关度评估方法，以信息论为背景的互信息（mutual information, MI）能够相对公平地对待线性和非线性关系。除此之外，基于互信息，最大标准化互信息（maximal information coefficient）及最大互信息非参统计量（maximal information-based nonparametric exploration statistics）等相应提出用于评估相关关系。

4. 因果挖掘

因果关系用于描述变量间的原因和结果。与相关关系不同，因果关系是有向的，$A \rightarrow B$表示变量A是变量B的原因，变量B是变量A的结果。换句话说，因果关系严格区分了"因"变量和"果"变量，相比相关关系更能揭示事物发生的机制（Zhou et al., 2014; Didelez & Pigeot, 2001）。常用的因果挖掘算法包括LCD算法（Cooper, 1997）和CU-path算法（Silverstein et al., 2000）。

Reich（2015）指出，因果挖掘是下一代教育研究设计的重要方向。尽管大量研究从教育数据中挖掘出"学习行为—学习效果"形式的相关性，但是相关性对于构建智能导学、推荐、评价的机制仍缺乏可操作性，需要进一步找出影响学生学习过程中的关键因素和关键因素之间存在的因果关系。

（二）关系挖掘算法：Apriori算法

Apriori算法是最常用的频繁项集挖掘算法（Agrawal & Srikant, 1994），其基本思想是逐层搜索的迭代方法，用k项集探索（$k+1$）项集，即从单个项集开始逐步生成包含更多项的项集，在生成的候选项集中找出频繁项集。Apriori算法的先验性质包含两个定律：（1）如果一个集合是频繁项集，则它的所有子集都是频繁项集；（2）如果一个集合非频繁项集，则它的所有父集也是非频繁项集。在逐层迭代的过程中，Apriori算法对数据集进行了剪枝，删除部分候选项集以提高运行效率。

算法的具体步骤如下：（1）从数据集中生成候选k项集C_k（$k = 1, 2, \cdots, m$）；（2）计算C_k中每个项集的支持度，剔除低于最小支持度的项集，构成频繁项集L_k；（3）将频繁项集L_k中的元素进行组合，生成候选$k+1$项集C_k+1；（4）重复步骤2和3，直到频繁k项集无法组合生成候选$k+1$项集，或者所有候选k项集无法生成频繁k项集；（5）从所有满足最小支持度阈值的频繁项集中筛选出满足最小置信度阈值的频繁项集，输出所有强关联规则，算法结束。下面将用一个简单的例子对该算法中的各个步骤进行解释分析。假定事务数据库如表5-2所示：

表5-2　事务数据库

TID	Items
1	1, 3, 4
2	2, 3, 5
3	1, 2, 3, 5
4	2, 5

设置最小支持度为50%，即支持度计数为2（4×50%），最小置信度为70%。第一步，生成一个候选1-项集C_1，然后计算出每个候选集出现的次数（见表5-3）。第二步，根据预先设定的最小阈值获得频繁1-项集L_1。由于{4}的支持度计数小于2，故被剔除（见表5-4）。

表5-3　候选1-项集C_1　　　比较候选支持度计数　　　表5-4　频繁1-项集L_1

候选 1- 项集 C_1	支持度计数
{1}	2
{2}	3
{3}	3
{4}	1
{5}	3

与最小支持度计数 →

频繁 1- 项集 L_1	支持度计数
{1}	2
{2}	3
{3}	3
{5}	3

第三步，通过频繁1-项集L_1产生候选2-项集C_2（见表5-5）。第四步，对候选2-项集中的各项集的支持度与预先设定的最小支持度进行比较，删除{1, 2}和{1, 5}，获得频繁2-项集L_2（见表5-6）。

表5-5　候选2-项集C_2　　　　　　　表5-6　频繁2-项集L_2

候选 2- 项集 C_2	支持度计数
{1, 2}	1
{1, 3}	2
{1, 5}	1
{2, 3}	2
{2, 5}	3
{3, 5}	5

比较候选支持度计数
与最小支持度计数 →

频繁 2- 项集 L_2	支持度计数
{1, 3}	2
{2, 3}	2
{2, 5}	3
{3, 5}	5

第五步，通过频繁2-项集L_2产生候选3-项集C_3（见表5-7）。第六步，对候选3-项集中的各项集的支持度与预先设定的最小支持度进行比较，获得频繁3-项集L_3（见表5-8）。由于无法生成候选4-项集，故频繁项集挖掘结束。

表5-7　候选3-项集C_3　　　　　　　表5-8　频繁3-项集L_3

候选 3- 项集 C_3	支持度计数
{1, 3, 5}	1

比较候选支持度计数
与最小支持度计数 →

频繁 3- 项集 L_3	支持度计数
{1, 3, 5}	2

（三）关系挖掘在教育中的应用

关联规则与教学评价的结合，可以发现教学评价指标之间的关联性，也可以用于学习行为模式挖掘及教育资源推荐。

在教学评价指标之间的关联分析方面，简相栋（2022）发现教师职称和教学态度、教学效果的关联性很高，教授的教学效果较好，但讲师和副教授的教学效果更受学生的青睐，可能是因为讲师和副教授与学生的交流互动比较多，而教授更加注重教授知识。李飞（2021）使用Apriori算法，对高校的评教数据进行分析，并进一步设计和实现了教学评教和分析系统。

在学习行为模式挖掘方面，郑娅峰等人（2020）使用关联规则挖掘算法,自动化地挖掘协作问题解决中高转换率的协作讨论行为序列。实证研究结果表明，修订观点、争论、采用证据，以及良好的管理等行为对群组协作都具有积极意义。该研究为帮助教师指导在线协作讨论、设计更好的协作教学策略提供了重要的参考。吴青等人（2015）以远程教学平台中存储的网络学习行为数据作为分析对象，使用关联规则挖掘学习风格、学习行为和学习成绩之间隐含的内在规律，以帮助不同风格的学习者改善自身学习行为。

在教育资源推荐方面，吴笛和李保强（2017）提出了结合情境感知技术和多层次、多关系的关联算法来实现学习资源的个性化推荐模型。Le Anh 等人（2014）开发了一个名为SciRecSys的推荐系统以支持用户有效地查找相关文章，该系统利用马尔可夫链模型发现关键字之间的各类关联关系，并将关键字作为基本元素向用户推荐更多该主题下的论文。

第三节　教育数据挖掘过程示例：
使用聚类分析识别学生的协作问题解决模式

欧阳璠等人2023年于 *International Journal of Computer-Supported Collaborative Learning* 发表了 "An artificial intelligence-driven learning analytics method to examine the collaborative problem-solving process from the complex adaptive systems perspective" 研究，使用了聚类分析方法来识别学生的群体协作问题解决模式（Ouyang et al., 2023）。

该研究是在浙江大学的"远程和在线教育"及"在线学习分析"两门课程中进行的。两门课程中分别包括 9 名全日制和 4 名非全日制硕士生。学生需要在"会议桌"协作平台（https://www.huiyizhuo.com/）共同完成一个与课程内容相关的开放式、结构不良的问题。"会议桌"协作平台提供文字聊天、音视频交流、概念图、笔记评论、资源共享等功能。在协作问题解决活动（collaborative problem solving，CPS）过程中，成员们首先通过音频和文字聊天进行交流，然后共享资源并保持沟通以共享知识，最后构建概念图来解决问题并提出解决方案。研究数据由 24 个数据集组成：每个数据集都包括该小组的口头交流数据的录音（总共约 2160 分钟），电脑屏幕的点击流数据记录（总共约 2160 分钟），基于文本的聊天及概念图产品。作者提出了一个三层分析框架来检查CPS活动期间协作模式的特征（见图 5-16）。

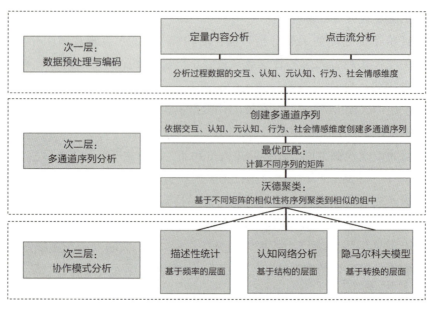

图 5-16　三层分析框架

第 1 层为数据预处理和分析。屏幕捕获数据（带音频）由两名研究人员转录，以记录参与者口头交流和在线行为的时序模式。转录采用的分析单位是句子，即学生说出的完整句子；点击流行为的分析单位是学生在平台上的鼠标点击或鼠标移动行为。转录后，24 个数据集总共包括 11477 个单位的语言和行为数据（平均值 = 478.21；SD = 79.18）。之后，根据编码框架（如表 5-9 所示），3 名研究人员对转录后的数据进行编码。

表5-9　编码框架

维度	编码	描述
交互	同伴言语交互（Int-C）	学生通过口头交流或文本与同伴产生交互，如口头回答他人、文本回复他人
	同伴行为交互（Int-B）	同伴通过补充或修改他人的概念图与同伴发生交互
认知	浅层知识（KS）	学生分享与话题相关的信息，但没有进一步解释或阐述
	中层知识（KM）	学生解释了话题相关的细节，但没有进一步阐述
	深层知识（KD）	学生明确地阐述了话题的细节，并有详细的解释、支持的资源和数据，或个人经验
行为	资源管理（RM）	学生在平台、网络上寻找或分享资源
	编辑概念图（CM）	学生创建、修改、移动自己创建的概念图节点；CM 间接反映了学生的认知过程，包括 KS（概念图的第一级节点）、KM（在概念图中添加第二级的论证或解释）和 KD（在概念图中增加第三级的例子，以进一步支持上层的论证）
	观察（OB）	学生在平台上移动鼠标，但没有任何操作；OB 间接反映了学生的调节维度，如监控和反思（MR）
调节	任务理解（TU）	学生阅读、解释任务中的疑惑和问题
	目标设定和计划(GSP)	学生讨论任务的目的，将任务分为具体的步骤，计划下一步的任务
	监控和反思（MR）	学生监控任务的进程，评估完成任务的时间，总结已完成和未完成的事项

续表

维度	编码	描述
社会情感	倾听和尊重（ALR）	学生倾听同伴、给予回应和关注
	鼓励参与（EPI）	学生鼓励同伴积极参与任务中
	促进小组凝聚力（FC）	学生将小组视为一个集体，共同工作，将小组成为"我们"

第2层为多通道序列分析。使用多通道序列分析（multichannel sequence analysis, MCSA）来检查小组CPS活动的相似性。MCSA包括三个步骤：首先，将五维代码转换为五通道序列，总共创建了24个长度不同的五通道序列，为避免信息丢失，不对序列进行截断；其次，使用最优匹配算法（optimal matching, OM）计算和对齐24个五通道序列，以识别它们之间的相似子序列；最后，使用Ward聚类（ward cluster, WC）算法将CPS活动聚类为具有相似协作模式的类型。

第3层为协作模式分析。使用统计分析，认知网络分析和隐马尔可夫模型来揭示第2层中确定的协作模式的定量、结构和过渡特征。聚类结果揭示了三种协作模式（如图5-17所示），分别由5个、14个和5个CPS活动组成。每种协作模式的五维特征如图5-18所示。

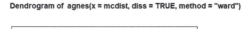
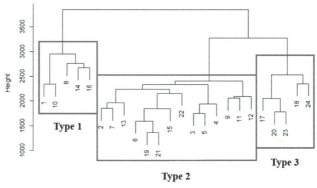

图5-17　聚类结果

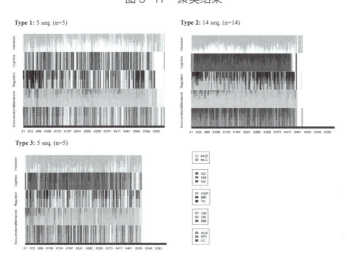

图5-18彩图效果

图5-18　协作模式特征

此研究使用的数据根据编码维度分布在 5 个数据表格中。以交互维度为例（见图 5-19），ID 代表活动编号，共有 24 次活动，每次活动按照时序进行编码，NA 代表非交互维度编码。

	A	B	C	D	E	F	G	H	I	J
1	ID	1	2	3	4	5	6	7	8	9
2	gy0403	NA	NA	NA	NA	NA	NA	NA	NA	NA
3	gy0417	NA	NA	NA	NA	Int-C	NA	NA	Int-C	Int-C
4	gy1020	NA	NA	NA	Int-C	Int-C	Int-C	NA	Int-C	Int-C
5	gy1027	NA	NA	NA	NA	NA	Int-B	Int-B	NA	Int-B
6	gy0304	NA	NA	NA	NA	NA	NA	Int-C	NA	Int-B
7	wgy0304B	NA	NA	Int-B	Int-B	Int-B	Int-B	NA	NA	NA
8	wgy0304C	NA	NA	NA	NA	NA	NA	NA	NA	Int-C
9	wgy0311B	NA	Int-C	NA	Int-C	Int-C	Int-C	NA	Int-B	Int-B
10	wgy0311C	NA	NA	NA	NA	Int-C	NA	NA	NA	NA
11	wgy0318A	NA	Int-C	Int-C	Int-C	Int-C	Int-C	Int-C	Int-C	Int-C
12	wgy0318B	NA	Int-C	Int-C	Int-C	Int-C	Int-C	Int-C	Int-C	Int-B
13	wgy0318C	NA	NA	NA	NA	NA	NA	Int-C	Int-C	NA
14	wgy0325A	NA	Int-C	Int-C	Int-C	Int-C	Int-C	Int-C	Int-C	Int-C
15	wgy0325B	NA	NA	NA	NA	NA	NA	NA	NA	NA
16	wgy0325C	NA	NA	NA	Int-C	Int-C	NA	NA	Int-C	NA
17	wgy0401A	NA	NA	NA	Int-C	Int-C	Int-C	Int-C	Int-C	Int-C
18	wgy0401B	NA	NA	NA	NA	NA	NA	NA	NA	NA
19	wgy0401C	NA	Int-B	NA	NA	Int-B	NA	Int-B	NA	NA
20	wgy0408A	NA	Int-C	Int-C	Int-C	NA	Int-C	Int-C	NA	NA
21	wgy0408B	NA	NA	Int-C	NA	NA	NA	NA	NA	NA
22	wgy0408C	NA	Int-C	NA	Int-C	Int-C	Int-C	Int-C	NA	Int-C
23	wgy0415A	NA	NA	NA	NA	NA	NA	NA	NA	NA
24	wgy0415B	NA	NA	NA	NA	NA	NA	NA	Int-C	NA
25	wgy0415C	NA	NA	NA	Int-C	Int-C	Int-C	Int-C	NA	NA

图 5-19　交互维度序列数据表

研究使用 R 程序进行数据分析的代码如下所示，可供参考。

```
library(TraMineR)
library(seqHMM)

####muti-channel SA 多通道序列分析
#### 载入数据，转化成seq格式
int<- read.csv("序列 int.csv", header = TRUE, stringsAsFactors=FALSE)
int.seq <- seqdef(int, 2:631, labels = c("Int-B", "Int-C"))

cog<- read.csv("序列 int.csv", header = TRUE, stringsAsFactors=FALSE))
cog.seq <- seqdef(cog, 2:631, labels = c("KD", "KM", "KS"))

reg<- read.csv("序列 int.csv ", header = TRUE, stringsAsFactors=FALSE)
reg.seq <- seqdef(reg, 2:631, labels = c("GSP", "MR", "TU"))

beh<- read.csv("序列 int.csv ", header = TRUE, stringsAsFactors=FALSE)
beh.seq <- seqdef(beh, 2:631, labels = c("CM", "OB", "RM"))

soc<- read.csv("序列 int.csv ", header = TRUE, stringsAsFactors=FALSE)
soc.seq <- seqdef(soc, 2:631, labels = c("ALR", "EPI","FC"))


#### 定义颜色
attr(int.seq, "cpal") <- c("yellow1", "yellow3")
```

研究案例分析代码

```
attr(cog.seq, "cpal") <- c("violetred", "violetred2", "violetred4")
attr(reg.seq, "cpal") <- c("lightblue", "blue2", "blue4")
attr(beh.seq, "cpal") <- c("lightgreen", "green2", "green4")
attr(soc.seq, "cpal") <- c("darkorange", "darkorange2", "darkorange4")

#### 作图
ssplot(list("Interaction" = int.seq, "Cognitive" = cog.seq, "Regulation" = reg.seq,
"Behavioral" = beh.seq, "Socio-emotional" = soc.seq))
ssplot(list("Interaction" = int.seq, "Cognitive" = cog.seq, "Regulation" = reg.seq,
"Behavioral" = beh.seq, "Socio-emotional" = soc.seq), with.legend = F, border = NA)
#### 最优匹配算法
smatrix <- list()
smatrix[[1]] <- seqsubm(int.seq, method = "CONSTANT", with.missing=T)
smatrix[[2]] <- seqsubm(cog.seq, method = "CONSTANT", with.missing=T)
smatrix[[3]] <- seqsubm(reg.seq, method = "CONSTANT", with.missing=T)
smatrix[[4]] <- seqsubm(beh.seq, method = "CONSTANT", with.missing=T)
smatrix[[5]] <- seqsubm(soc.seq, method = "CONSTANT", with.missing=T)
mcdist <- seqdistmc(channels=list(int.seq, cog.seq, reg.seq, beh.seq, soc.seq),
method="OM", sm =smatrix, cweight=c(2,1,1,1,1),  with.missing=T)
#### 使用 ward 的聚类方法
library(cluster)
clusterward <- agnes(mcdist, diss = TRUE, method = "ward")
#### 画出聚类图像
plot(clusterward, which.plots = 2)


#### 三个簇
cluster3 <- cutree(clusterward, k = 3)
cluster3 <- factor(cluster3, labels = c("Type 1", "Type 2", "Type 3"))
table(cluster3)
```

📝 本章小结

　　教育数据挖掘是数据挖掘应用于教育研究的新兴领域，通过对大量的教育数据进行挖掘，提取有价值的信息，预测和改善学生的表现。本章阐述了教育数据挖掘的基本定义和发展、教育数据挖掘的方法，介绍了每种方法在教育中的应用案例，并最后展示了一个使用教育数据挖掘方法探究群体协作问题解决模式和特征的研究实例。本章为读者理解教育数据挖掘相关研究、未来着手开展教育数据挖掘研究和实践提供了参考和方向。

☑ 知识要点

1. 教育数据挖掘是应用数据挖掘方法与技术从教育系统数据中提取出有意义的信息的过程，使用数据挖掘结果可以更好地了解学生及他们学习的环境。

2. 教育数据挖掘主要包括改进学生模型、增强领域模型、开发学习支持技术和支持教育研究四个主要应用领域，以及预测、聚类、关联规则挖掘、数据蒸馏和多模态建模五种数据挖掘技术。

3. 回归分析是一种用于确定两个或多个变量之间定量关系的统计分析方法，主要用于确定两个或多个变量之间是否存在关系、探究变量间关系的性质，以及预测后给定变量的变量值。

4. 分类是将数据集中的对象、项目或观察结果分配到不同类别的方法，即可以预测输入变量所归属的类别。

5. 聚类的目的是将一组数据项划分为若干个类别或簇，使得每个簇内的数据项相似度较高，可以发现数据中的隐藏模式和结构。

6. 文本挖掘是以文本数据作为对象，从文本数据信息的结构、模型、模式中抽取未知的、有价值的和可用的新知识的过程。

7. 关系挖掘主要用于识别变量之间的关系，包括关联规则挖掘、序列模式挖掘、相关挖掘，以及因果挖掘。

❓ 思考题

1. 教育数据挖掘和学习分析有何交叉点，又有何不同点？

2. 请选择本章介绍的一种教育数据挖掘方法，思考该方法可以分析学生学习过程中的什么数据？分析的结果如何用以支持教学？是否可结合使用其他方法解决更复杂的问题？

--- 参考文献 ---

Agrawal R, Srikant R, 1994. Fast Algorithms for Mining Association Rules in Large Databases[J]. Proceedings of the 20th International Conference on Very Large Data Bases, 487−499.

Agrawal R, Srikant R, 1995. Mining sequential patterns[C]// Proceedings of the Eleventh International Conference on Data Engineering. Taipei: IEEE.

Baker R S, Yacef K, 2009. The state of educational data mining in 2009: A review and future visions[J]. Journal of Educational Data Mining, 1(1): 3−17.

Baker R S J D, 2010. Data mining for education[J]. International encyclopedia of education, 7(3): 112−118.

Baker R, Gowda S M, Corbett A T, 2011. Automatically Detecting a Student's Preparation for Future Learning: Help Use is Key[C]// Proceedings of the 4th International Conference on Educational Data Mining, July 6-8.

Chen X X, Qiu Zhu C, Liu P, et, al, 2015. Long Short-Term Memory Neural Networks for Chinese Word Segmentation[C]. Proceedings of the 2015 Conference on Empirical Methods in Natural Language Processing September 17-21, Lisbon.

Cooper G F , 1997. A simple constraint-based algorithm for efficiently mining observational databases for causal relationships[J]. Data Mining and Knowledge Discovery, 1(2): 203−224.

Dasigi P, Guo W, Diab M, 2012. Genre independent subgroup detection in online discussion threads: A study of implicit attitude using textual latent semantics[C]. Proceedings of the 50th Annual Meeting of the Association for Computational Linguistics, July 8-14, Republic of Korea.

Didelez V, Pigeot I, 2001. Causality: models, reasoning, and inference[J]. Politische Vierteljahresschrift, 42(2): 313−315.

Klein R, Kyrilov A, Tokman M,2011. Automated Assessment of Short Free-Text Responses in Computer Science Using Latent Semantic Analysis[C]// Proceedings of the 16th Annual Joint Conference on Innovation and Technology in Computer Science Education. New York: Association for Computing Machinery.

Langan G, Montgomery J, Garg S, 2016. Similarity Matching of Computer Science Unit Outlines in Higher Education[C]// AI 2016: Advances in Artificial Intelligence. Hobart: Springer International Publishing.

Le Anh V, Hoang Hai V, Tran H N, et al., 2014. SciRecSys: A recommendation system for scientific publication by discovering keyword relationships[C]// Technologies and Applications: 6th International Conference. Seoul: Springer International Publishing.

Liufu Y, Meng X, Wang J, 2020. Analysis and Suggestions on Influencing Factors of Student Achievement under Multiple Linear Regression[C]// Proceedings of the 2020 12th International Conference on Education Technology and Computers. New York: Association for Computing Machinery.

McIlraith A L, Language and Reading Research Consortium, 2018. Predicting word reading ability: A quantile regression study: Predicting word reading[J]. Journal of Research in Reading, 41(1): 79−96.

Mihalcea R, Tarau P, 2004. TextRank: Bringing Order into Text[C]// Proceedings of the 2004 Conference on Empirical Methods in Natural Language Processing. Barcelona: Association for Computational Linguistics.

Mohamad S K, Tasir Z, 2013. Educational Data Mining: A Review[J]. Procedia - Social and Behavioral Sciences, 97: 320−324.

Ouyang F, Xu W, Cukurova M, 2023. An artificial intelligence-driven learning analytics method to examine the collaborative problem-solving process from the complex adaptive systems perspective[J]. International Journal of Computer-Supported Collaborative Learning, 18(1): 39−66.

Reich J, 2015. Rebooting MOOC research[J]. Science, 347(6217): 34−35.

Robinson R L, Navea R, Ickes W, 2013. Predicting final course performance from students' written self-introductions: A LIWC analysis[J]. Journal of Language and Social Psychology, 32(4): 469−479.

Romero C, Ventura S, 2013. Data mining in education[J]. Wiley Interdisciplinary Reviews: Data Mining and Knowledge Discovery, 3(1): 12−27.

Romero C, Ventura S, 2020. Educational data mining and learning analytics: An updated survey[J]. Wiley Interdisciplinary Reviews: Data Mining and Knowledge Discovery, 10(3): e1355.

Silverstein C, Brin S, Motwani R, et al, 2000. Scalable techniques for mining causal structures[J]. Data Mining and Knowledge Discovery, 4(2): 163−192

Talib R, Kashif M, Ayesha S, et al, 2016. Text Mining: Techniques, Applications and Issues[J]. International Journal of Advanced Computer Science and Applications, 7(11): 414-418.

Wang C, Xu B, 2017. Convolutional neural network with word embeddings for Chinese word segmentation[C]// Proceedings of the Eighth International Joint Conference on Natural Language Processing. Taipei: Asian Federation of Natural Language Processing.

Witkin H A, Moore C A, Goodenough D R, et al, 1977. Field-dependent and field-independent cognitive styles and their educational implications[J]. Review of Educational Research, 47(1): 1−64.

Yang T C, Hwang G J, Yang J H, et al, 2013. Development of an adaptive learning system with multiple perspectives based on students' learning styles and cognitive styles[J]. Journal of Educational Technology & Society, 16(4): 185−200.

Yang Y, Majumdar R, Li H, et al., 2021. A framework to foster analysis skill for self-directed activities in data-rich environment [J]. Research and Practice in Technology Enhanced Learning, 16(1): 22.

Yao Y, Huang Z, 2016. Bi-directional LSTM Recurrent Neural Network for Chinese Word Segmentation[C]// International Conference on Neural Information Processing. Kyoto: Springer International Publishing.

Zheng L, Niu J, Long M, et al, 2023. An automatic knowledge graph construction approach to promoting collaborative knowledge building, group performance, social interaction and socially shared regulation in CSCL[J]. British Journal of Educational Technology, 54(3): 686−711.

Zhou Z H, Chawla N V, Jin Y, et al, 2014. Big data opportunities and challenges: Discussions from data analytics perspectives [discussion forum][J]. IEEE Computational intelligence magazine, 9(4): 62−74.

贾文军, 郭玉婷, 赵泽宁, 2020. 大学生在线学习体验的聚类分析研究[J]. 中国高教研究(4): 23−27.

简相栋, 2022. 关联规则在教学评价中的应用研究[D]. 延安: 延安大学.

金延军, 2009. 数据挖掘技术在高校学生就业指导中的应用[J]. 黑龙江工程学院学报（自然科学版）(1): 60−63.

李飞, 2021. 网上评教数据的关联规则挖掘及其在教学质量改进应用中的研究[D]. 北京: 北京邮电大学.

李婷, 傅钢善, 2010. 国内外教育数据挖掘研究现状及趋势分析[J]. 现代教育技术(10): 21−25.

罗杨洋, 韩锡斌, 2021. 基于增量学习算法的混合课程学生成绩预测模型研究[J]. 电化教育研究(7): 83−90.

舒忠梅, 徐晓东, 2014. 学习分析视域下的大学生满意度教育数据挖掘及分析[J]. 电化教育研究(5): 39−44.

苏里, 2022. 基于Stacking融合模型的大学生心理危机预警系统研究和应用[D]. 昆明: 云南师范大学.

吴笛, 李保强, 2017. 基于情境感知的学习资源关联分析与推荐模型研究[J]. 中国远程教育(2): 59−65,80.

吴孔玲, 缪裕青, 苏杰等. 序列模式挖掘研究[J]. 计算机系统应用, 2012, 21(6): 263-271.

吴青, 罗儒国, 王权于, 2015. 基于关联规则的网络学习行为实证研究[J]. 现代教育技术(7): 88−94.

徐鹏, 王以宁, 刘艳华, 等, 2013. 大数据视角分析学习变革: 美国《通过教育数据挖掘和学习分析促进教与学》报告解读及启示[J]. 远程教育杂志(6): 11−17.

张伟平, 付卫东, 李伟, 等, 2021. 中小学课后服务能促进教育公平吗: 基于东中西部6省（自治区）32个县（区）调查数据的分析[J]. 中国电化教育(11): 16−23.

赵慧琼,姜强,赵蔚，等，2017.基于大数据学习分析的在线学习绩效预警因素及干预对策的实证研究[J].
　　电化教育研究(1): 62−69.

郑娅峰, 张巧荣, 李艳燕, 2020. 协作问题解决讨论活动中行为模式自动化挖掘方法研究[J]. 现代教育技
　　术(2): 71−78.

第六章

人工智能教育及其应用

第六章学习课件

本章导入 ▶▶▶

2017 年，国务院正式印发《新一代人工智能发展规划》，指出要围绕教育等民生需求，加快人工智能创新应用，强调利用智能技术加快推动人才培养模式和教学方法改革，构建包含智能学习、交互式学习在内的新型教育体系。人工智能教育是实现未来教育的基本途径及目标。目前，人工智能教育主要有两个方面，一是人工智能在教育领域的应用，包括促进认知、学习、教学、发展等方面的应用；二是面向人工智能时代的人才教育和培养。本章主要围绕人工智能技术在教育场景的方法和应用展开：第一节介绍人工智能教育的基本概念；第二节介绍人工智能在教育场景中的常用算法和原理；第三节介绍人工智能在教育场景中的具体应用；第四节介绍当前人工智能教育面临的伦理和道德风险。

第一节　人工智能教育概述

一、人工智能

学界对于人工智能的思考在计算机诞生之初就有了萌芽，无论是以"人工智能之父"闻名的图灵还是提出"人工智能"概念的约翰·麦肯锡都致力于推动人工智能领域的发展。关于人工智能（artificial intelligence, AI）这个词的起源，学界普遍认为是源于1956年美国汉诺斯镇达特茅斯学院的麦肯锡主持的会议上，会议提出：人工智能就是要让机器的行为看起来像人表现出的智能行为一样。人工智能是人工智能科学的总称，是计算机科学、逻辑学、心理学和其他许多学科的汇编。同时，人工智能是一项知识工程，它以知识为对象，获取知识，分析和研究知识的表达方法，并通过这些方法达到模拟人类智力活动的效果。它以数据、算法、算力、场景为基础，训练计算机学习人类的行为，如学习、判断和决策，用计算机来模拟人类的智能行为。当今人工智能的快速发展得益于多种技术的驱动。这些技术包括大数据处理、算法设计、机器学习、自然语言处理、硬件和计算机视觉等（见表 6-1）。这些技术的应用范围广泛，不仅涉及专家系统、机器学习和机器人等核心领域，也覆盖了决策支持系统、模式识别和智能交互等多个领域（见表 6-2）。

表6-1　人工智能的驱动程序或技术介绍（Zhang & Lu, 2021）

驱动程序或技术	介绍
大数据	大数据定义为需要使用非传统工具，在一定时间范围内收集、维护和处理的数据集合。处理大数据需要新型的方法，用以促进和优化处理数据信息多样化和流程复杂性的能力
算法	执行任何数据操作都有一定的步骤，而训练解决问题的方法和步骤被称为算法
机器学习	机器学习是人工智能领域的一个重要分支，主要研究机器如何通过学习和模拟人类的学习方式，重新组织已有的知识结构，利用数据或经验来优化程序性能，提升其完成任务的能力，最终实现算法的效率提升和自我进化
自然语言处理	自然语言处理（NLP）是计算机领域的一个重要组成部分，属于数据科学、人工智能和语言学等交叉学科领域，专注于研究分析计算机和人类（自然）语言之间的互动
硬件	硬件指构成计算机系统的所有物理元件，包括电子、机械和光电设备。这些物理元件按照系统结构的规范建构完整的实体，为计算机软件的运行提供了必要的物理支撑。在运行深度学习任务时，主要的硬件平台通常是图形处理器，即GPU
计算机视觉	计算机视觉指让机器理解图像与视频的技术，旨在模仿人类视觉系统的功能，使计算机对目标进行识别、跟踪和测量，从图像或视频中提取有用信息，并根据该信息采取行动或提供建议

表6-2　人工智能的研究领域（Zhang & Lu, 2021）

领域	介绍
专家系统	专家系统是一种具有专业知识和经验的计算机智能程序系统。通过对人类专家解决问题的能力进行建模，它使用人工智能中的知识表示和知识推理技术来模拟通常由专家解决的复杂问题。它可以达到与专家相同的解决问题的能力水平
机器人学	机器人学是一门与机器人的设计、制造、运行和应用有关的多学科交叉领域，具体包括机器人的设计、感知、控制和智能算法开发等研究内容。机器人学的目的是创造能够自主或半自主操作的系统，替代人类或其他机械执行无法完成的复杂、危险或重复性任务
决策支持系统	决策支持系统属于管理科学的一部分，它与"知识—智能"的关系密切，旨在提升决策过程的有效性，通过提供分析问题、建立模型、模拟决策的环境和过程来帮助管理者做出更好的决策
模式识别	模式识别是研究如何使机器具有感知能力。它主要研究视觉和听觉模式的识别

二、人工智能教育

人工智能教育（artificial intelligence in education, AIED）一般是指应用人工智能技术或应用程序来促进教学、学习或决策。人工智能的多学科交叉属性可以对教育科学多维度进行融合，并拥有在教育场景中较强的应用能力（周子荷，2021）。一方面，人工智能技术在教育中应用，可以让教育知识、心理知识和社会知识等以更深入、更微观的方式呈现；另一方面，人工智能可以为高效的学习创造条件，促进教育的开放，使泛在教育和个性化教育成为常态。

（一）人工智能教育范式

根据Ouyang 和 Jiao（2021）的分类，AIED可以分为 AI 指导—学习者作为接受者、AI 支持—学习者作为合作者，以及 AI 赋能—学习者作为领导者三种范式。

首先，第一种范式为 AI 指导—学习者作为接受者。AI 代表领域知识并指导学习过程，强调精心安排的内容序列的构建；而学习者作为 AI 服务的接受者，被要求对预先指定的知识序列做出反应、遵循学习程序和途径，并执行 AI 设定的学习活动，以实现预定义目标并遵循特定的学习路径。例如，Keren 和 Fridin（2014）指出，kindSAR 机器人能够通过互动游戏活动培养学生的元认知和几何思维。在游戏活动中，kindSAR 机器人与学生进行游戏交互，同时对学生进行思维训练和传授知识。在范式一中，AI 充当整个学习过程的指挥者，学习者接受 AI 的指导进行认知探究、解决问题并实现学习目标。但是，第一种范式强制学习者沿着 AI 系统提供的特定学习路径，较少考虑个体学习者的特征、需求和目标，难以基于学习者的状态确定学习者需要的信息并针对性地进行指导。为了解决范式一中 AI 无法捕捉学习者状态和过度干预的问题，学习者在范式二中扮演合作者的角色。

第二种范式为 AI 支持—学习者作为合作者。AI 作为支持工具降低了对学习者学习路径的控制，专注于个体学习者的学习过程；学习者作为系统的合作者，和 AI 建立积极的、双向的互动。一方面，人工智能系统从学习者处收集和分析新兴的、多模态的个性化数据作为输入，自适应地优化学生模型，以准确了解学习者的学习状况。例如，Kaser 等人（2017）使用动态贝叶斯网络模型来表示学生的多个技能的层次和关系，提高了学习者知识表示的准确性。另一方面，学习者可以与系统进行交流，了解系统的决策过程，为进一步的学习做出更好的选择。Metzler 和 Martincic（1998）开发了一个名为 QUE 的基于规则的智能辅导系统，旨在让学习者在学习中通过询问"为什么不"和"如果"问题探索自身错误反应与系统正确推理过程之间的差异。范式二通过学习者与 AI 之间的互动和持续协作，向以学习者为中心的人类学习迈出了关键一步。但是，AI 系统还需持续对学习者生成的数据进行收集和分析，向学习者提供实时数据分析和即时反馈，并为学习者提供实时的、探索性的学习机会。

第三种范式为 AI 赋能—学习者作为领导者。在这种范式下，AI 不再是学习过程的主导者，而是成为学习者的助手和协作者，赋能学习者成为学习过程的领导者。学习者可以自主地探索和制订学习目标，选择自己感兴趣的学习内容，并通过 AI 获得支持和反馈。AI 通过个性化和自适应的方式帮助学习者提高学习效果和效率。例如，Channa 等人（2021）借助智能辅导系统（ITS）协助学习者，学习者可以通过 AI 自主地选择学习内容和任务，例如学习资源、课程、项目等，并制订自己的学习计划；甚至系统能通过感知学习者的情感状态，来更有计划地帮助学习者。此外，AI 系统可以提供个性化的学习建议和指导，例如根据学习者的兴趣和能力提供不同难度的学习内容，帮助学习者更好地掌握知识和技能。同时，AI 系统可以通过数据分析和反馈帮助学习者评估自己的学习进度和成果，并提供自适应的学习建议和支持；学习者也可以通过反馈和参与，帮助 AI 系

统更好地适应自己的学习需求和特点。这种协作关系促进了学习者的自主性和自我管理能力的提升，同时也促进了AI系统的发展和进化。

（二）人工智能教育中教育和技术的关系

人工智能具有内涵丰富以及兼收并蓄的特点，主要包含学习科学和教育技术。人工智能在教育领域的应用中实现了两方面的共同发展，终将会使教育产生改变。Hoadley（2018）提出，学习科学的崛起有效促进了教育和技术的融合，产生创新性的改变，使教育的科学研究与教育的相关技术发展之间实现同步发展。教育领域的教育与学习过程为人工智能提供大量的素材；同时，人工智能领域的结构化程序表现出的教育过程的基本规律，也逆向促进了学习理论的迭代。不仅如此，人工智能技术、理论的发展也让教育领域的学者得以从不同的角度审视与教育相关的理论。例如，当前不少学者利用人工智能技术对心理学和教育学的交叉融合领域展开了研究。梁迎丽等人（2018）提出，为了有效地对学习者的情绪进行收集、分析、预测和教学干预，可以基于教育过程记录的视频、图片、声音和文本等数据，使用人工智能技术对学生的情绪进行量化分析、模式识别和获取；Petrovica 等人（2017）还提出教育领域可以采用人工智能技术，从认知科学、心理学等领域的模型中寻找科学理论支撑。在未来，人工智能教育应超越信息技术的单向应用，更加注重人工智能与教育实践的双向互动。教育和学习过程与人工智能技术是相互促进的：一方面，教育教学理论为人工智能在教育中的实践应用提供了理论基础；另一方面，人工智能技术的应用也能有效推动技术自身的持续发展。总而言之，在内部实现学科理论与教育技术应用的创新耦合，在外部推动技术和教育间的双向互动，是人工智能教育发展的关键（Luckin & Cukurova, 2019）。

三、人工智能教育的应用概述

（一）人工智能教育的应用发展

人工智能教育的应用发展始于20世纪50年代的计算机辅助教学（computer assisted instruction, CAI）。随着计算机技术的发展，各种基于计算机的教学方式逐渐涌现。PLATO系统（programmed logic for automatic teaching operation, 可编程自动教学系统）是最具代表性的CAI项目之一，由美国伊利诺伊大学开发，是世界上第一个全球化、交互式的计算机教育系统，为今后教育技术发展提供了许多启示。

20世纪80年代，随着人工智能技术的进一步发展，智能导学系统（intelligent tutoring system, ITS）开始蓬勃发展。智能导学系统是一种计算机化的教育软件，能够像教师一样，根据学生的学习情况为其提供有针对性的学习材料，并随时进行监督和评估。智能导学系统的发展，使得教育变得更加个性化和定制化。

在当今的人工智能教育中，个性化自适应学习已成为一种主流方式。张剑平认为，"自适应学习是在线教育开展个性化学习的产物，在线教育具备课堂教学所不具备的教学行为和学习行为的个人化特点，在线教育、个性化学习、自适应学习具备天然的相互依赖的关系"。这种学习方式基于学生的兴趣、能力和学习风格等多个因素，通过计算机技术来优化学习体验，为学生提供更加个性化的学习环境和学习资源。自适应学习的优势在于能够根据学生的个性化需求，提供较为精准的教学内容和教学策略，有助于提高学生的学习效率和成绩。

（二）人工智能教育的应用

目前我国各高校开始重视人工智能等新兴技术对教育教学工作产生的重大影响。在教育教学过程中引入各种新兴技术也体现出了这一趋势，涉及教学环境的设计、学习者的分析、教学内容确定、教学策略和工具选取、教学评价反馈、基于评价结果的管理和决策等传统教育领域的核心问题。但由于互联网时代数据的爆炸式增长、学习需求的不断产生，教与学过程和管理的感知、评价和干预成为挑战。在此背景下，人工智能技术能有力地辅助对情境的感知和采集、数据的分析和建模、大数据驱动的决策等复杂问题。

首先，人工智能教育能够支持学习者对其自身、学习者对其同伴以及教师对学习者学习状态的感知。人工智能技术可以辅助教师完成评估、监控和干预的任务，例如自动收集学习者在学习过程中的操作、行为、话语、生理等数据，借助人工智能算法识别学习者认知、元认知、行为、情感等方面的学习参与情况和状态，通过可视化的方式实时为学习者和教师提供反馈和监控。Zheng等人（2022）使用深度学习中的BERT算法，基于小组协作学习的过程性数据，构建了能够自动反馈小组成员讨论参与数量、参与时间、行为投入、情感投入、认知投入、元认知投入和社会交互情况的反馈系统，以便学习者进行反思，调整学习行为。

其次，人工智能教育可以实现更为高效和更为精准的学习评价和评估。人工智能教育通过整合多种人工智能算法、建立语言特征编码框架和预测模型的方式，为教师提供智能化的自动批阅和反馈功能，实现智能化的学习测评。例如，Maestrales等人（2021）使用机器学习算法，基于26000个源于化学和物理专业学习者的样本，训练了基于三维科学学习框架的自动评分模型。

最后，人工智能教育还能够提供个性化的学习支持和路径规划。具体而言，人工智能教育可以基于学习者的个体特征和学习过程性数据的分析结果，使用如关联规则、蚁群聚类、协同过滤、机器学习、深度学习等算法自动匹配并规划合适的教学资源、提示支架、学习活动和呈现形式等，实现个性化的干预和支持。例如，Huang等人（2023）采用贝叶斯和逻辑回归算法开发了具有个性化视频推荐功能的学习系统，系统能根据学习者的个人特征和学习情况提供不同的学习视频，以提高学习者的学习动机和参与度。此外，随着自然语言处理、生成式人工智能技术的发展，学习者能够使用自然语言与聊天机器人、与智能对话代理等工具进行交互，进行讨论协商、答疑解惑，以及获得学习评估和反馈等。例如，Nguyen（2022）探索了扮演新手角色和专家角色的智能对话代理对协作学习小组互动的影响，发现两种智能对话代理对协作小组的认知互动模式产生了不同影响。

第二节 人工智能教育常用算法

人工智能具备四大要素，即数据、算法、算力和场景。在算法层面，可以根据算法的原理分为不同大类（见图6-1）。首先，机器学习提供了人工智能的主流算法。机器学习是一类从数据中自动分析获得规律，并利用规律对未知数据进行预测的算法。根据学习策略的不同，机器学习可以分为直接采用数据方法的统计机器学习和模拟人脑的神经网络学习（深度学习）两类。统计机器学习又可以进一步根据学习方式的不同分为应用于分类与回归问题的监督学习、应用于各种聚类问题的无监督学习和强化学习三类。此外，统计机器学习中的图模型既可以用于监督学习，也可以用于无监督学习，取决于具体的算法模型和数据源所提供的信息。除了机器学习算法之外，还有各类群体智能算法，如遗传算法、如蚁群算法、粒子群优化算法等。

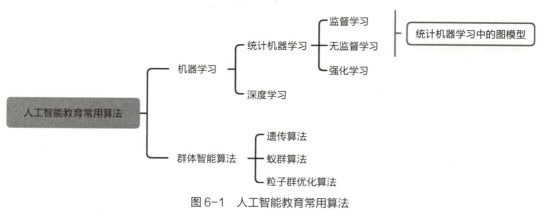

图6-1 人工智能教育常用算法

一、统计机器学习

（一）监督学习

监督学习（supervised learning）使用给定的标记数据集来训练机器学习模型，并利用该模型实现对新数据的预测。通俗来讲，"监督"的意思可以理解为处理的数据样本是"有标注的"。监督学习常用于处理回归（regression）和分类（classification）两大类问题。回归和分类的区别主要在于预测输出的差异。回归用来预测连续的数值，输出的是事物的值（定量输出），一般用于预测学生的学习表现，常用算法有决策树、随机森林、逻辑回归等；分类用来预测离散的数值，输出的是事物所属的类别（定性输出），一般用于分析学习行为与学习表现之间的关系，常用算法有线性回归和回归树等。

监督学习的过程主要分为六个步骤：数据收集、数据预处理、特征提取与特征选择、模型训练、模型评估与选择，以及模型应用。（1）数据收集，监督学习需要收集带标签的数据，收集尽可能多的数据标签有利于后续的特征提取。（2）数据预处理，主要目的是将数据整理成模型可使用的形式，如重复数据处理、缺失数据处理、数据标准化、数据编码、异常值处理等。（3）特征提取与特征选择，其本质是筛选出相关的特征，删除无关特征，并对数据进行降维，以帮助计算机提高模型训练的效果。常见的特征提取方法包括主成分分析、独立成分分析、线性判别分析等；常见的特征选择方法有过滤法、包裹法、嵌入法等。（4）模型训练，包括选择不同的模型、调整模型内部参数等。（5）模型评估与选择，即对机器学习模型进行评价，常见的指标有精度（accuracy）、查准率（precision）、召回率（recall）、P-R曲线图、ROC曲线（receiver operating characteristic curve, 接受者操作特征曲线）、AUC（area under the curve, ROC下的面积）。（6）模型应用，将符合标准的模型用于实际情境，解决具体问题。

监督学习的目标是从带标签的学习训练数据集中，找到一个"方法"，能够根据数据集的特征为数据集贴上正确的标签。这里的"方法"一般被称为"模型"，目前比较通用的模型包括逻辑回归、决策树和决策森林、支持向量机、K近邻等四类。这四类模型的原理、教育案例和实现方法在第五章教育数据挖掘及案例中已经进行过详细介绍。

（二）无监督学习

无监督学习（unsupervised learning）是指训练集数据未被标注的机器学习方法，通过无标记的数据进行自我巩固和归纳，从而构建出刻画无标记数据内隐含规律和特征的模型。"无监督"的意思可以理解为处理的数据样本是无标注的，即自然得到的数据。无监督学习的本质是学习数据中的统计规律或潜在结构，其模型表示了数据的类别、转化或概率，常用于处理聚类（clustering）、关系挖掘和降维（dimensionality reduction）。其中，聚类算法和关系挖掘的原理、在教育中的应用以及实现方法在第五章教育数据挖掘及案例中已经进行过详细介绍。

首先，聚类是指将对象集合中在某些方面有相似性的个体分组的过程，聚类后同一组的对象相互之间是相似的，不同组的对象之间是不同的；聚类后组内对象的相似性越大，组间对象的差异越大，则表明聚类的效果越好。聚类和分类的区别在于，聚类在数据处理前，对于数据的特征和类别是未知的，并基于已有算法对相似的数据进行分类；而分类在数据处理前，对于数据的特征和类别是已知的，再基于已知特征和已有算法给数据贴标签。常见的聚类算法包括：K均值聚类算法（K-means clustering）、凝聚层次聚类算法（aggregation hierarchy clustering）、DBSCAN 聚类算法（density-based spatial clustering of applications with noise）、谱聚类算法（spectral clustering）等。

其次，关系挖掘是一种数据挖掘技术，旨在发现数据集中实体（包括人、组织、事件或概念等）之间的关系、模式和相互依赖性。例如，社交关系挖掘包括了社交关系的形成机理、社交关系的语义化，以及基于社交关系人与人之间的交互（赵姝等，2017）。关系挖掘相关算法及原理、在教育中的案例及实现方法在第五章教育数据挖掘及案例中已经进行过详细介绍。

最后，降维是指一种压缩数据的方法，通常用于处理高维度数据。降维有助于精准分析，节约分析成本。降维分为线性降维和非线性降维两种类别，线性降维是指通过线性变换将高维数据映射到低维空间的降维方法，常见的算法包括主成分分析（principal component analysis）和线性判别分析（linear discriminant analysis）；非线性降维则是指

通过非线性变换将高维数据映射到低维空间的降维方法，常见的算法如局部线性嵌入（locally linear embedding）、核主成分分析等（kernel principal component analysis）（吴晓婷和闫德勤，2009）。

（三）强化学习

强化学习（reinforcement learning）是智能系统从环境到行为映射的学习，即随着环境的变动而逐步调整行为，评估每一个行动之后所得到的回馈是正向或负向，选择出对完善模型最有利的下一步行动，并在行动获得"奖赏"后调整更新模型，直至实现整体奖励最大化。因此，强化学习的学习目标是动态地调整参数，以达到强化信号最大。

强化学习涉及以下七个基础概念（见表6-3），分别是智能体（agent）、环境（environment）、状态（state）、策略（policy）、奖励（reward）、动作（action）和价值函数（value function）。

表6-3　强化学习的基础概念

概念	解释
智能体	在环境中做出决策和执行行为的主体
环境	智能体所处的情境。智能体与环境交互，环境被智能体的行为所影响的同时，也向智能体反馈奖励或惩罚等刺激
状态	当前环境对智能体产生的影响的信息，可看成是智能体对环境所给予的刺激的理解
策略	是一种映射，从环境的感知状态映射到在这些状态下要采取的行动。通俗来讲，策略是指智能体在当前状态下执行某种动作的具体依据，决定了智能体的行为。因此，策略既可以是一种函数或查找表；也可以涉及大量的计算，如搜索过程
奖励	定义了强化学习问题的目标，是指智能体在执行某种行为后，环境向强化学习智能体发送其所获得的收益。奖励可以是正值，也可以是负值，奖励信号是智能体改变策略的主要依据
动作	指智能体对环境产生影响的方式
价值函数	指从长远角度看，智能体的哪些状态或什么状态下采取的什么行为对智能体本身的有利程度。一个状态的价值是智能体从这个状态开始，到未来累计的奖励总和。奖励表明了状态的长期可持续性

强化学习的实现主要有四个步骤（见图6-2）：（1）智能体做出动作；（2）通过与环境的交互从环境中获取信息（寻求奖励）；（3）产生下一个状态并继续从环境中获取信息；（4）智能体根据当前的状态调整策略并产生新的动作，不断学习到状态与动作之间的映射，指导智能体做出最佳决策，最终将获得的奖励最大化。

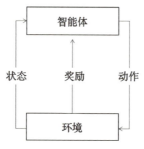

图6-2　强化学习简要流程

强化学习相关的算法可以分为模型无关算法（model free）和模型相关算法（model based）两类，如图6-3所示。模型无关算法使用更加广泛，不需要明确状态和之间的转移概率；模型相关算法是由状态之间的转移关系确定的，将决策问题转化成一个马尔可夫过程，从而用动态规划的方式得到最优解。

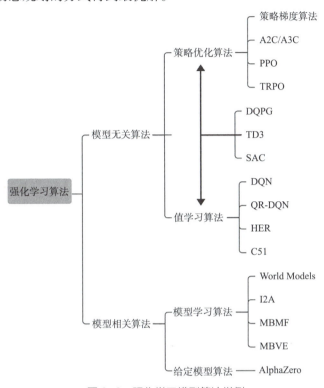

图6-3　强化学习模型算法举例

（四）统计机器学习中的概率图模型

统计机器学习中的概率图模型是人工智能领域内一大主要研究方向，既可以用于监督学习，也可以用于无监督学习，取决于具体情境下的数据特征及算法模型。

概率图模型（probabilistic graphical model）是一种用"图（graph）"来表示变量概率依赖关系的模型，简称图模型。图是指一种由节点和连接节点的边组成的数据结构。在概率图模型中，图的节点表示一个或者一组随机变量，而节点之间的边则表示两个（组）变量之间的概率相关关系。根据边有无方向性，概率图模型的分类如图6-4所示，可以分为：（1）有向图模型，即贝叶斯网络，其网络结构使用有向无环图；（2）无向图模型，即马尔可夫网络（又名马尔可夫随机场），其网络结构为无向图。具体来说，贝叶斯网络包括静态贝叶斯网络、动态的隐马尔可夫模型（hidden Markov model）及卡尔曼滤波器（Kalman filtering）等，马尔可夫网络则包括玻尔兹曼机（Boltzmann machine）、条件随机场（conditional random field）等。概率图模型相关算法介绍见表6-4。概率图模型算法不仅能够有效处理不确定性推理，也能够捕捉随机变量之间的关系。在教育场景下，概率图模型算法可用于计算相关联知识点之间的相互关系，在自适应学习中得到广

泛应用。

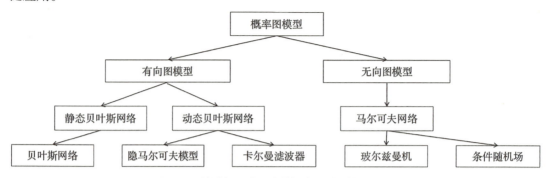

图6-4 统计机器学习中的概率图模型算法分类

表6-4 概率图模型相关算法介绍

类别	算法	原理
有向图模型（贝叶斯网络）	贝叶斯网络	贝叶斯网络是一个有向无环图，由代表变量的"结点"及连接这些结点的"有向边"构成。"结点"代表随机变量，"有向边"代表结点间由父结点指向子结点的关系，边上的条件概率表示关系的强度。贝叶斯网络是一种不定性因果关联模型，能有效地进行多源信息表达与融合。例如，在自适应学习领域，贝叶斯网络节点的概率值可以代表学习者对节点信息的掌握程度，节点的概率值代表用户的当前状态
	隐马尔可夫模型	隐马尔可夫模型是一个关于时序的概率模型，需要从可观察的参数中确定该过程的隐含参数，并基于隐含参数分析序列中的隐藏状态、相似的序列模式，以及它们之间的转换关系。隐马尔可夫模型的实现过程是：首先，假定状态序列是一个由马尔可夫链随机生成的、具有相应概率密度分布的、不可观测的序列。其次，每个状态对应生成一个观测结果，按时间顺序排列成观测序列。最后，状态序列、观测序列、时间相互对应，分别采用初始概率（某个隐藏状态开始的概率）、发射概率（隐藏状态对应某个可观测状态的概率）、转化概率（不同隐藏状态之间发生转化的概率）刻画隐藏状态的不同特征
	卡尔曼滤波器	卡尔曼滤波器是一种利用线性系统状态方程，通过系统输入输出观测数据，对系统状态进行最优估计的算法
无向图模型（马尔可夫网络）	玻尔兹曼机	玻尔兹曼机是一种由二值随机神经元构成的两层对称连接神经网络，其权值通过优化玻尔兹曼能量函数获得
	条件随机场	条件随机场是一种鉴别式概率模型，常用于标注或分析序列资料，如自然语言文本序列

二、深度学习（神经网络）

深度学习是模拟复杂的生物神经网络的一种机器学习，以人工神经网络为架构对数据进行特征学习，又称神经网络。人工神经网络是对生物神经网络结构和功能的一种数学模拟，用于对函数进行估计，其本质是通过众多参数，以及激活函数去逼真地模拟输入与输出的关系，因此可以将人工神经网络看成一个对输出变量进行估计的函数系。例如，神经元可以对多个输入进行求和，再经过函数处理得到输出［见图6-5（a）］；多个神经元可以组成神经网络［见图6-5（b）］或多层神经网络［见图6-5（c）］。

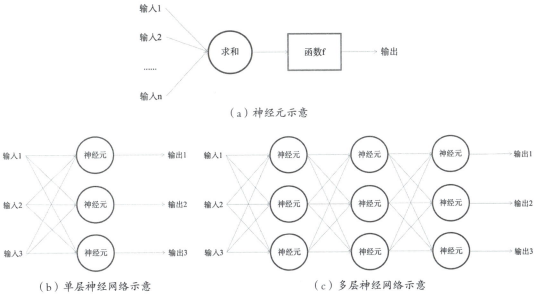

（a）神经元示意

（b）单层神经网络示意　　　　（c）多层神经网络示意

图6-5　神经网络示意

通过深度学习得到的深度网络结构即深度神经网络，按照结构可以分为三类，分别为前馈深度网络（feed-forward deep networks, FFDN）、反馈深度网络（feed-back deep networks, FBDN）和双向深度网络（bi-directional deep networks, BDDN）。前馈深度网络是由多个编码器层叠加而成，如多层感知机、卷积神经网络等；反馈深度网络由多个解码器层叠加而成，如反卷积网络、层次稀疏编码网络等；双向深度网络通过叠加多个编码器层和多个解码器层构成，如深度玻尔兹曼机、深度信念网络、栈式自编码器等。表6-5介绍了深度学习中卷积神经网络、递归神经网络、循环神经网络和BP神经网络四种基本神经网络算法的原理、优缺点及相关应用。

表6-5　基本神经网络算法介绍（陈德鑫等，2019）

卷积神经网络（convolutional neural networks, CNN）	
原理	卷积神经网络包括卷积层、池化层、神经网络层，能够在抽取数据特征的同时降低数据的维度。池化层、卷积层、神经网络的层级均可调整。卷积层负责特征抽取，即进行卷积运算；池化层负责降维，即将两个或多个对象混合在一起；神经网络层负责预测
优点	擅于提取图像数据的特征
缺点	需要大量标记的训练样本
应用	(1) 主要应用于计算机视觉领域，包括人脸识别、人体姿态估计等。何秀玲等人（2020）采用卷积神经网络提取学生行为图像的人体骨架信息，实现课堂行为自动化识别。徐振国等人（2019）开发了一种包含3个卷积层、3个池化层和1个全连接层的卷积神经网络，用以识别学生的面部表情特征以及识别学生情感 (2) 自然语言处理：语音处理和文本分类

续表

	递归神经网络（recursive neural network, RNN）		
原理	递归神经网络具有树状阶层结构且网络节点按其连接顺序对输入信息进行递归。在结构上，递归神经网络是空间上的展开，可处理树状结构的信息——高阶层节点为父节点，低阶层节点为子节点，最末端子节点通常为输出节点，每个节点都可以有数据输入或输出
优点	处理数据时易于实现优化计算、模式识别和联想记忆
缺点	需要大量的人工标注，长文本的处理效果不佳
应用	(1) 预测分析。可以将信息循环传递，较好地处理语义理解等方面的问题并进行预测分析。 (2) 自然语言处理。递归神经网络可以在自然语言处理中学习序列和树状结构，如基于单词嵌入的短语和句子连续表示

	循环神经网络（recurrent neural network, RNN）		
原理	循环神经网络能够存储输入之间的联系，即在某时刻的输出可以作为输入再次输入神经元，以保持数据中的依赖关系。在结构上，循环神经网络是时间上的展开，可处理序列结构的信息——循环单元是网络的有向图中以链式相连的元素，连接的类型包括循环单元—循环单元连接、输出节点—循环单元连接、基于上下文的连接；输出模式包括序列—分类器（单输出）、序列—序列（同步多输出）、编码器—解码器（异步多输出）
优点	擅于处理与序列数据相关的问题、擅于应用于自然语言处理
缺点	训练困难
应用	(1) 回归预测。例如，未晛（2022）以学生各阶段历史成绩为基础，结合考勤、宿舍卫生、校园纪律等行为特征数据，利用循环神经网络模型对课程成绩进行预测。金文慧等人（2021）采用循环神经网络建立"身体素质"与学生"性别、初始身体素质分、课程类别、活跃度、教师指导"的评估模型，用以预测未来学生的身体素质得分。 (2) 自然语言处理领域：文本分类、语音识别、语言建模、机器翻译等。例如，长短期记忆网络（long short-term memory, LSTM）是实际应用中极为有效的序列模型，常用于文本挖掘及分类，在文本分类中具有很高的精确率。双向循环神经网络（bi-directional RNN, BRNN）能够在两个时间方向上学习上下文，在音素识别上取得优异结果（杨丽等人，2018）

	BP 神经网络（back-propagation neural network, BPNN）		
原理	BP 神经网络是一种按照误差逆向传播算法训练，由输入层、隐含层和输出层构成的三层前馈神经网络，又称反向传播神经网络。基本 BP 算法包括信号正向传播和误差反向传播两个交替进行的过程：正向传播，即让信息从输入层进入网络，依次经过每一层的计算，得到最终输出层结果的过程；反向传播，即将输出结果和期待值进行比较，如果没有达到所预计的期望，则将误差沿原路径返回，通过修改各层神经元的连接权值，使误差信号变小。BP 神经网络的基本思想是梯度下降法，利用梯度搜索技术使网络的实际输出值和期望输出值的误差均方差最小后，系统停止学习
优点	性能成熟，具有较强的非线性映射能力和柔性的网络结构
缺点	学习速度慢，容易陷入局部最小值
应用	(1)模式识别：用一个特定的输出向量将它与输入向量联系起来。例如，汪旭辉和黄飞华（2007）运用了 BP 神经网络，将教学评价指标概念量化成确定的数据作为其输入，教学效果作为输出，建立教学质量评价模型。 (2)分类：把输入向量所定义的合适方式进行分类。 (3)数据压缩：减少输出向量维数以便于传输或存储

三、群体智能算法

群体智能算法，又称启发式算法，通过向自然界中的各种生命现象或自然现象学习，实现对问题的求解，具有自组织、自学习、自适应的特征。群体智能算法的运算不需要事先对问题进行详细的求解思路描述，因此对于某些复杂性高的问题，群体智能算法能够进行高效求解。常见的群体智能算法包括模拟基因进化的遗传算法（genetic algorithm, GA）、模拟蚂蚁觅食的蚁群算法（ant colony optimization, ACO）、模拟鸟类觅食的粒子群优化算法（particle swarm optimization, PSO）、模拟蜜蜂采蜜的人工蜂群算法（artificial bee colony algorithm, ABC）、模拟教师与学生教学的教—学优化算法（teaching-learning-based optimization algorithm, TLBO）、模拟人类思考问题的顾问引导搜索算法（consultant guided search, CGS）、模拟鱼群自由移动及觅食的人工鱼群算法（artificial fish school, AFS）、模拟烟花爆炸的烟花算法（fireworks algorithm, FWA）等。下面将简要介绍遗传算法、蚁群算法和粒子群优化算法的原理及流程。

（一）遗传算法

遗传算法（genetic algorithm, GA）是一种全局、并行、高效的随机搜索优化方法，其灵感来源于生物界"物竞天择，适者生存"的自然选择和遗传机理来寻找问题的最优解。遗传算法将问题的求解过程转换成类似生物进化中的染色体基因的交叉、变异等操作；在搜索过程中，遗传算法会根据当前算法的结果评价，选择保留最优解，抛弃较差解，从而不断改善当前解的质量，并自适应地控制搜索过程以获得问题的最优解。遗传算法的实现包含以下六个步骤（见图6-6）。

（1）随机初始化种群。在遗传算法中，种群中的每个个体代表问题的一个解。因此，设置进化代数计数器 $t = 0$，设置最大进化代数 T，随机生成 M 个个体作为初始群体 $P(0)$。针对不同的问题，可以设置不同的种群大小。

（2）计算粒子个体适应度函数值。为种群中的每个个体设置人工染色体，且每个个体都具有相应的适应度函数值，计算并评估解的质量 $P(t)$，$P(t)$ 代表个体的适应度。

（3）选择。选择、交叉、变异是遗传操作的三个算子。首先将选择算子作用于群体，旨在把优化的个体直接遗传到下一代或通过配对交叉产生新的个体再遗传到下一代。

（4）交叉。进一步将交叉算子作用于群体，即来自父代的染色体经过分裂和重组重新组成新的染色体，被作为自带的染色体。常见的交叉算子包括单点交叉、两点交叉、多点交叉、均匀交叉、算术交叉等。

（5）变异。将变异算子作用于群体，即子代染色体在一定概率上发生突变，染色体上某个位置的基因值变动。常见的变异算子包括均匀变异、基本位变异等，变异算子是遗传算法的核心关键。在计算过程中，群体 $P(t)$ 经过选择、交叉、变异运算之后，会得到下一代群体 $P(t+1)$。

（6）输出最优解。经过选择、交叉、变异等遗传操作后，重新使用适应度函数评估个体对环境的适应能力（即解的质量）。适应度高的个体在下一轮迭代中进行交叉操

作的可能性会更高，其基因也更容易传递给下一代；经过多轮迭代后，物种的基因便能够较好地适应环境，即寻找到问题的最优解。在遗传算法计算过程中，终止条件被判断为：若 $t = T$，则以进化过程中所得到的具有最大适应度个体作为最优解输出，即可终止计算。

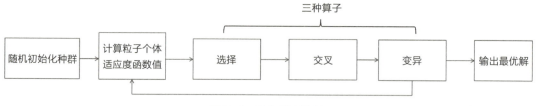

图 6-6　遗传算法流程

总而言之，遗传算法关注的对象是一个种群中的所有个体，并利用随机化技术指导搜索一个被编码的参数空间；遗传算法的核心内容包括参数编码、确定初始化群体、计算适应度函数、设计遗传算子（交叉、变异、选择）和运行控制参数等五个要素。

（二）蚁群算法

蚁群算法是一种用来寻找优化路径的概率型算法，具有分布计算、信息正反馈和启发式搜索的特征，是一种启发式全局优化算法。蚁群算法最早由意大利学者Dorigo等人于 1992 年提出，蚁群算法的核心思想是在求解问题的过程中，通过设置蚁群同时构造蚁群的多个解，并且蚁群不会因为单只蚂蚁寻找到较差解而受到影响。尽管单个蚂蚁的行为比较简单，但蚁群整体却可以体现出群体智能行为的涌现，即群体的智能超越了群体内个体智能的累加。蚁群觅食的群体智能实现主要有三个步骤。首先，单个蚂蚁在经过路径上释放信息素；其次，蚁群内的蚂蚁感知信息素，并沿着信息素浓度较高的路径行走，路过的蚂蚁都会在路上留下信息素；最后，蚁群基于信息素可以在不同的场景下快速寻找到达食物源的最短路径。

基于模拟真实蚂蚁觅食的经验，蚁群算法在实施过程中设置了人工蚂蚁，同时设置了启发式信息作为人工信息素信息，实现利用人工信息素指导单个智能体寻找最优路径（见图 6-7）。首先，单个智能体在行走的过程中释放信息素，从而与其他智能体进行交流。其次，个体释放的信息素能够吸引更多的智能体朝着更有可能的方向前进。最后，经过多次迭代，蚁群找到问题的最优解。根据信息素更新形式的不同，蚁群算法优化模型可以分为蚁周模型、蚁量模型和蚁密模型三类。

图 6-7　蚁群算法流程

蚁群的群体智能行为涌现得益于行为规则的两方面特征，即多样性和正反馈性（谢剑斌等，2015）。一方面，多样性是指蚂蚁在觅食时不会走进死胡同而无限循环，体现了算法的创新能力；另一方面，正反馈性使优良信息保存下来，体现了算法的学习强化能力，也被称为"自催化行为"。由此可见，蚁群算法具有以下四个特点：（1）采用正反馈机制，即更多的搜索过程会经过被证实的优质路径，使得搜索过程不断收敛，从而加速全局最优解的搜寻；（2）集体信息共享，即每个个体可以通过释放信息素来改变周围的环境，且每个个体可以与其他个体进行通信；（3）分布式并行处理，即搜索过程可以同时在多个方向和区间进行，大大增强了并行处理和全域搜索的能力，提高了求解效率；（4）启发式全局优化策略，借助于基于概率的决策规则，实现对解空间的全局探索，并通过动态调整避免陷入局部最优解，加强全局最优解的收敛性（郁磊等，2015）。蚁群算法中的每只蚂蚁都有相同的目标和密切合作的团队关系，主要通过信息素这一通信介质进行间接交流、获取信息提升个体智慧、向同伴传递新信息，并进一步调整算法的执行。

因此，蚁群算法在组合优化问题中具有独特优势，群体中的每个蚂蚁个体都能够与其他个体进行合作协调，通过释放信息素改变局部环境信息来进行间接通信，从而自组织、分布式地解决实际问题。

（三）粒子群优化算法

粒子群优化算法（particle swarm optimization, PSO）最早由Eberthart（埃伯哈特）和Kennedy（肯尼迪）提出，是一种基于群体协作的随机搜索算法，其灵感来源于鸟群觅食的特殊路径。在寻找食物的过程中，一群鸟在某区域内随机搜索食物，所有的鸟类个体都不清楚食物的具体位置。鸟群会遵循一种最优导向的原则，优先围绕表现最优的那只鸟进行搜索，并集中探索它周围的区域。在搜索过程中，鸟群通过彼此之间共享信息，使其他鸟了解到自己当前的位置，并根据收集到的信息判断当前的搜索路径是不是最优的。通过互相协作与信息交流，最优的搜索结果会在整个鸟群中传递，引导整个鸟群向食物源聚焦，从而获得最优解。

通过模拟真实鸟类觅食的经验，粒子群优化算法设计了一种无质量的粒子——代表问题的每个解——来模拟鸟群中的鸟，而问题的最优解就是鸟群需要寻找的食物的所在地。由于食物所在地（最优解）往往是大量鸟类聚集的区域，因此需要利用群体中所有个体间共享信息使得所有个体都趋向于聚集地。为了实现这一目标，每个粒子都具有两个属性，即速度（代表移动的快慢）和位置（代表移动的方向）。粒子所在的空间可以被延伸到高维向量空间，使用速度向量和位置向量计算。

粒子群优化算法的实现步骤如图6-8所示。首先，需要确定粒子群的大小，并对所有粒子进行位置和速度的随机化。其次，从蚁群随机粒子（随机解）出发，跟踪个体极值（粒子本身所找到的最优解）和全局极值（种群目前找到的最优解），通过适应度函数来评价解的质量，将其与当前已知的最优全局位置、最优个体位置进行比较，更新两者的值及粒子的位置向量和速度向量。最后，不断迭代更新直至达到最优解。

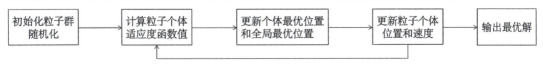

图6-8 粒子群优化算法流程

粒子群优化算法的本质就是模拟个体总是追随当前的优秀个体来调整自己状态的过程，通过个体的自我认知能力（认知成分）及群体的信息共享能力（社会成分）实现；群体中的个体不仅通过自身的经验学习，还通过社会群体中的最优个体进行学习，从而决定下一次搜索中的行为。粒子群优化算法具有易实现、参数少、精度高、收敛快等优点，广泛用于组合优化、图像处理等领域。

第三节　人工智能教育的应用

人工智能在教育环境中的应用主要包括智能学习追踪与测评、智能预测与分析、智能化推荐和智能机器人，反映了人工智能在教育中的应用趋势。

一、智能学习追踪与测评

智能学习追踪与测评是一种基于人工智能技术的学习评估方法，通过监测和分析学生的学习过程、行为和成绩来提供个性化的教育服务和反馈，从而帮助学生更好地理解、掌握和应用知识。在教育场景下，智能学习追踪与测评在教育场景中的应用可涉及多个方面，如自动化知识追踪、学习行为自动监测、学习情感自动监测，以及智能测评。

（一）自动化知识追踪

知识追踪是为了在学习者进行知识习得的过程中，对动态变化的知识状态进行建模。学习者的知识组件（knowledge component, KC）是指从一组相关任务的表现中推断出来的、学习者所获得的认知功能或结构的单位，如加法、减法、乘法和除法是数学中常用的知识组件。在知识追踪中，知识被视为知识组件的集合，知识追踪的目的则是估计学习知识组件的概率。

从机器学习的角度来看，知识追踪是根据含噪声的观测数据（正误序列）估计隐含变量（知识掌握）的预测问题。给定学习者在含有某特定知识点的一组学习任务上的正误序列 $X_1, X_2, \cdots, X_t$（t 为回答问题的次数），预测学习者下一次答题正误 X_t+1 的概率，并以此估计学习者的知识点掌握状态。

现有研究中有 3 类知识追踪模型：基于隐马尔可夫模型的贝叶斯知识追踪（Bayesian knowledge tracing, BKT）、基于逻辑回归模型的可加性因素模型（additive factor model, AFM），以及基于循环神经网络的深度知识追踪（deep knowledge tracing, DKT）。BKT 模型、AFM 模型和 DKT 模型这三类主流的知识追踪模型都是通过历史成绩数据来预测学习者的知识掌握状态或答题正确率，并在基本模型的基础上纳入不同的数据信息，以更好地反映学习者的学习过程，提高预测精度。以贝叶斯知识追踪模型为例，Zhang 等人（2018）提出了一种具有三种学习状态的贝叶斯知识追踪模型来判断学生的学习状态。相比于二分类法只能通过学习者在知识组测验中的答题情况区分"正确"和"错误"两种状态，三向决策贝叶斯网络引入了三个学习阶段及对应的学习状态——在学习过程开始的第一阶段，学生处于未学习状态，表现较差；在学生进入学习状态的第二阶段，学生的成绩逐渐由差变好；在学习过程的第三阶段，学生表现稳定且良好。基于隐马尔可夫模型的贝叶斯知识追踪可以嵌入自适应教育系统中，通过对学生的学习过程进行追踪和评估，为教师提供更准确的学生评估和诊断结果，帮助教师更好地理解学生的学习行为模式，从而为学生提供更加个性化和针对性的教育资源。

（二）学习行为自动监测

实现学生课堂行为自动检测识别、评估分析，对帮助教师准确了解学生学习状态和及时调整教学手段，促进教学质量提升有重要意义。学习行为自动监测是指通过技术手段（视频分析、音频分析等）收集和分析学生的行为数据，从而对学生的学习过程进行分析、解释和评估，以帮助教师更好地了解学生的学习行为和表现，促进学习者个性化学习路径的制定，为学生提供更好的学习体验和学习支持。以课堂教学为例，基于深度学习和计算机视觉的课堂行为识别与监测主要包括目标检测、特征提取和行为分类三个方面。

（1）目标检测一般采取检测面部、头部、身体骨架等方式作为学生目标检测依据。目标检测的精准度直接关系到行为识别效率与准确度。传统的目标检测方法包括差分法、光流法、高斯背景法、Vibe法及Viola-Jones算法；基于深度学习的目标检测包括R-CNN检测算法（regions with CNN features）、SSD检测算法、YOLO检测算法等。

（2）特征提取是指从视频图像数据中提取描述动作行为的特征的过程，行为特征性能好坏将直接影响行为分类结果。常用的特征提取方法包括外观形状特征、运动轨迹特征、骨骼关键点特征、时空兴趣点特征、三维图像特征，以及基于深度学习的抽象特征等。

（3）行为分类，即完成学生目标检测和行为特征提取后，需要对学生行为所属类别进行分类，目前主流方法包括：模板匹配方法、概率统计方法、深度学习方法等。

下面将分别介绍线下面对面教学环境和在线学习环境对学生学习行为进行自动监测的实例。在线下面对面教学环境中，赵春等人（2021）设计了学生课堂学习行为投入度测量与分析系统，为教师及时掌握学生课堂学习投入状态、优化教学设计与教学实施提供数据支撑。该系统将学生在课堂中的学习行为投入作为观测指标，通过摄像头拍摄课堂教学过程照片作为数据源，随后识别照片中学生的行为和动作，对学生的出勤率和行为投入度进行实时记录与分析。首先，研究邀请专家参加了学生课堂行为投入度观察指标遴选的问卷调研及访谈，并结合问卷数据和访谈反馈的分析结果，确定了学生课堂学习行为投入度的相关指标（见表6-6）。指标包括看黑板（含看老师）、看电脑、看书、举手回答、同伴讨论和看手机等五个行为（见图6-9）。

表6-6　学生课堂学习行为投入度指标

类别	学习活动	行为	动作状态
投入行为	上课听讲	看黑板	正坐＋看前方
		看书	低头＋手部与书本重叠
		看电脑	低头＋手部与电脑重叠
	互动交流	举手回答	举手
		同伴讨论	扭转身体
脱离行为	学习外活动	看手机	低头＋手部与手机重叠

看黑板	看电脑	看书	举手回答	同伴讨论	看手机

图6-9　学生行为识别（赵春等, 2021）

在计算机视觉技术的支持下，研究开发了包含三层的自动分析系统，分别为系统支撑层、图像识别层和数据分析层（见图6-10）。（1）在系统支撑层中，使用教室摄像头对学生的课堂学习行为进行图像采集；随后通过深度学习、计算机视觉等算法对随机抽取的1/10图像样本进行处理，制作课堂学习行为数据集并训练课堂学习行为模型。（2）图像识别层是学生课堂学习行为投入度测量与分析系统的核心模块，分为学习者识别和动作识别两部分。在学习者识别部分，系统利用摄像头拍摄课堂图像，完成图像分割后，通过多任务级联卷积神经网络和面部网络获取学生的人脸图片，并将图片上传至人脸识别接口。在动作识别部分，系统首先通过分析身体姿态识别个体动作，随后通过目标识别、位置判定等方式，进一步识别"看书""玩手机""玩电脑"等动作类型。（3）在数据分析层，首先，研究使用指标函数和模糊数学的隶属度函数，对课堂学习行为投入指标进行无量纲处理。其次，采用层次分析法与熵值赋权法计算课堂学习行为投入指标的综合权重。各指标的主观权重序列Wi由5名领域专家构建，客观权重序列Vi由无量纲化后的各指标数据计算得出，综合权重结合了主观权重与客观权重。最后，系统进行课堂学习行为投入度计算，并分析评估了课堂整体行为投入度、学生个人行为投入度，以及可能的发展趋势。

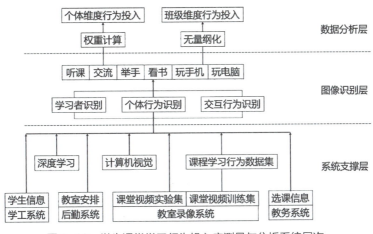

图 6-10　学生课堂学习行为投入度测量与分析系统层次

此外，学习行为自动监测可以应用于在线学习环境，通过学习者的在线对话数据、操作日志等数据反映学习者的学习行为。Owatari 等人（2020）开发了一款面向在线课堂学生的实时学习分析仪表板，旨在为教师和学生提供大规模在线课堂授课过程中的学生学习状态。仪表盘基于学生使用电子教科书的操作日志（如时间戳、用户 ID、课本 ID、操作类型和页面等），以文字和可视化图片结合的方式呈现学生的基本信息、操作行为、学习重点等。仪表板顶部显示了学生学习的汇总信息，包括使用电子教科书的学生人数、大多数学生正在浏览的页面以及教师正在讲解的页面；热图显示了在特定时间浏览每一页的学生人数，供教师查看学生的学习进度；高亮部分汇总了学生在课本上绘制的重点内容。

总体而言，学习行为自动监测能帮助教师精确且高效地监控群体或个别学生的学习情况，使教师能够迅速发现并跟踪关注出现异常学习行为的学生。在优化教学设计和实施上，学习行为自动监测可以展示听课和交互行为随时间的变化，以及学生之间对比情况等信息，使教师能了解学生在学习过程中的表现，并对教学设计或教学实施进行相应调整。例如，教师可以基于系统的反馈，调整教学环节的时长，引入互动环节，以优化教学流程。总之，学习行为自动监测是教师提升教学水平的有效手段，使教师能高效、准确地测量和分析学生的学习行为投入，帮助教师了解学生的学习表现、客观评估教学效果。

（三）学习情感自动监测

随着人工智能、学习分析技术的兴起和发展，教育领域的情感计算逐渐转向数据多元化和分析智能化，利用机器学习、深度学习等智能算法，从数据融合的角度分析学习情感成为当前研究的前沿。情感计算涉及计算机科学、认知科学和心理学等多个研究领域，通过计算机实现人类情感的识别、解释、建模和分析。在教育研究的领域内，情感计算的应用主要集中在学习情绪识别，即对学习者的情绪状态进行精确判断。学习情感计算的目标是优化不同的教育教学场景，旨在提升教师教学质量、促进学生学习。例如在在线学习环境中，学习情绪是学习过程的一个关键因素，分布在在线课程的各个阶段，

具有多样性、复杂性、多变性的特征。学习情感计算在个性化学习资源推荐、自适应试题生成、自动评估和干预等方面具有重要的应用价值。下面将介绍在线学习环境下学习情感模型构建的研究案例，重点阐述学习情感模型训练的数据源、过程和结果。

翟雪松等人（2022）运用深度学习和数据融合的方法，构建了在线教育环境下单源数据和多源数据融合的学习情感计算模型，弥补了学习者姿态变化带来的面部识别缺陷；并进行多源情感数据的协同分析，以实现数据的交叉印证和相互补偿。首先，研究采用具有自动对焦功能的高清摄像头收集数据，筛除图像不完整、面部被遮挡、图像不清晰等数据，随后数据被标注为开心、困惑、平静、厌倦四种情感标签。其次，该研究对数据集进行划分，数据集包括面部表情和人脸姿态图像各3939张。面部表情数据集包含了学习者平静、困惑、厌倦和开心等情绪状态下的面部图像；人脸姿态数据集包含上述四种情绪状态下的面部姿态特征点，包括脸部轮廓、眼睛、眉毛、嘴巴和鼻子等部位的人脸姿态。人脸姿态特征点生成过程如表6-7所示。面部表情和人脸姿态数据集均被划分为训练集、验证集和测试集三个部分：训练集包含2363张图像，约占总数据的60%；验证集包含788张图像，约占总数据的20%；测试集包含788张图像，约占总数据的20%。

表6-7　不同情绪面部特征表现

情感	特征表现
开心	脸颊提升和眼轮匝肌外圈收紧；下颏下移；嘴角倾斜向上；眉毛稍微下弯；脸部拉长
困惑	眉毛降低并靠拢；眼睑拉紧；眼睛睁大；提升上嘴唇；下唇向下；皱眉；脸部向上抬起或向下压低
平静	眼睛、眼皮无明显变化；嘴角稍微向上或水平；眉毛呈自然状态，无明显弯曲；脸部无明显偏斜
厌倦	皱鼻；提升上嘴唇；嘴角向下（撇嘴）；下唇向下；嘴角拉伸；嘴唇分开；眉毛压低，并压低上眼睑；脸部向左或右偏斜

最后，该研究进行了多模态数据融合模型设计。研究面部表情和人脸姿态的特征提取基于卷积神经网络模型，其基本结构是由输入层、卷积层、池化层、全连接层和输出层构成的。研究选取了VGG-16和ResNet-50卷积神经网络作为情感计算的深度学习神经网络并比较了其效果。结果表明，在相同的学习情感数据集和训练次数设定情况下，VGG-16的识别效果整体优于ResNet-50的识别效果。该研究在理论上为多源数据融合在学习者情感计算的有效性方面提供模型基础，在实践上为在线教育环境下的学习情感计算提供了有效的技术路径。

学习情感计算旨在应用于教育教学的不同场景，提升教师教学质量，以及促进学生学习。在大规模在线教育中，学习情感计算将在个性化学习资源推荐、自适应测验、无差错学习等教育场景应用中发挥重要作用。

（四）智能测评

智能测评是指利用计算机技术和人工智能算法来实现对人类认知和行为的测量、分析和评估，以获得更加准确和客观的评价结果，具有自动化、智能化、个性化、多样化、实时反馈等特征。智能测评在教育场景中可以帮助学生更好地了解自身学习情况，促进教师更好地了解学生的学习状态和需求，从而促进学生学业进步、提高教学质量，以及实现教育资源的优化配置。

智能测评的经典案例之一是英语作文自动评分系统（automated essay scoring, AES），即通过计算机执行特定的策略对英语作文进行评分。AES任务中的性能评价指标包括皮尔逊相关系数（Pearson's correlation coefficient, PCC）、斯皮尔曼相关系数（Spearman's correlation coefficient, SCC）和二次加权Kappa系数（quadratic weighted Kappa coefficient, QWK）。QWK值是最常用的指标，可以评估预测结果和真实结果的一致性，QWK值的范围在-1到1之间，越接近1代表预测结果和真实结果的一致性越高。

基于统计机器学习的AES系统通常需要手动提取文章长度、单词复杂度、平均句长等特征，以实现预测分析。常见的基于统计机器学习的AES评分方法可分为回归、分类、排序三种。例如，Phandi等人（2015）提取了字符长度、词法错误、与主题的相关性等文本特征，并进一步采用线性回归算法（bayesian linear ridge regression, BLRR）进行评分预测。再如，Vajjala等人（2018）使用了支持向量机的一种变体——序列最小优化算法（sequential minimal optimization, SMO），利用TOEFL11和FCE（first certificate of English）数据集进行训练，研究了不同种类的语言特征对评分预测的影响。

基于深度学习的AES系统通常采用嵌入得到词向量来表示文章中各个词的语义，然后采用循环神经网络（RNN）或卷积神经网络（CNN）对文本进行深层特征提取与分类。在AES系统中，数据集由从单词到句子的特定序列构成，不同的词语之间相互关联。因此，可以采用处理数据点之间时间相关性的递归神经网络（RNN）分析词语或句子的序列数据。然而，传统RNN模型在处理长序列时常遭遇长期依赖问题，即模型难以保留较早出现在序列中的信息。研究者提出长短期记忆网络（LSTM）模型用以优化RNN模型面临的长期依赖难题。例如，Alikaniotis等人（2016）展示了将整篇文档作为独立序列输入训练LSTM模型的方法；Taghipour等人（2016）将卷积神经网络（CNN）与LSTM相结合，利用CNN层提取n-gram级别的特征，利用LSTM层抽取文档级的语义特征。周险兵等人（2021）提出了基于多层次语义特征的神经网络（MLSF）模型，旨在解决AES方法中深层与浅层语义特征割裂、缺乏多层次语义融合的问题。该模型首先运用CNN捕获局部语义特征，随后通过混合神经网络获取全局语义特征，从而深入分析作文内容。此外，通过篇章级的主题向量抓取主题层面的特征，并针对深度学习模型难以处理的语法错误及语言丰富度问题，引入少量人工特征以从浅层次分析文章的语言学属性。通过特征融合技术，该模型实现了自动化作文评分，其在KaggleASAP竞赛公开数据集的所有子集上表现突出，平均二次加权的卡帕值（QWK）高达79.17%，充分证明了其在AES任务中的有效性。

除了浅层的基于统计机器学习的特征提取、深度的基于神经网络的特征提取之外，AES系统还经常使用自然语言处理中的预训练模型，例如Word2Vec、GloVe、BERT等。

二、智能预测与分析

智能预测与分析旨在通过预测模型促进学习效率的提升和学习体验的优化，主要通过分析历史和当前的学习活动数据，对学习者未来的成绩、目标达成情况以及能力水平等进行预测。智能预测与分析研究主要包括预测成绩的理论模型构建、验证模型效果实证研究实施、算法准确性对比、新算法开发、预警因素探索和研究综述等多个方面。机器学习、情感分析、模式识别等技术的进步，尤其是深度神经网络技术在教育领域的应用，为预测学习结果的研究提供了强大的技术基础。目前，智能预测与分析已经广泛应用于K-12、高等教育的课程及教学中，帮助教师和学习者改善教学与学习效果。具体而言，在教育领域的实际应用中，智能预测与分析一般用于预测学习者的学业表现，以及识别学习中存在的风险学习者。

（一）学业表现预测

学习者学业表现预测一般基于人工智能算法与模型，通过学习者的累计平均学业成绩/平均绩点、人口统计数据（年龄、性别、母语、户籍等）以及其他在线平台日志学习相关的指标与数据，来预测学习者是否能完成并通过课程。例如，Gašević等人（2016）使用特定课程模型和广义预测模型，通过学习者的Moodle系统日志数据和作业提交结果来预测学习者的学业表现，并发现结合不同来源的数据也有助于改善学习者学业表现的预测结果。Lykourentzou等人（2009）通过因子分解机、随机森林和多元线性回归模型，实现对雅典大学两门入门课程通过率的预测。他们发现，随着课程发展，学习者课程通过率从刚开始的75%～85%到在最后阶段可以达到97%～100%。此外，除了预测学习者能否通过某一门课程以外，许多教育实践与研究进一步拓展了智能预测与分析的应用范围，预测学习者能否完成整个学位的学习与是否辍学。例如，Daud等人（2017）收集巴基斯坦多所大学的学习者数据，使用与学习者家庭支出、家庭收入、个人信息和学生家庭资产相关的变量，结合教育数据挖掘、学习分析及分类模型来预测学习者的学位获取情况。Neumann等人（2017）通过使用初始预测模型和综合预测模型，利用学习者攻读硕士学位时的第一门课程的数据预测了学习者硕士学位的完成情况。

下面将详细介绍一个学习绩效预测模型的构建案例。孙建文等人（2022）基于在线教学场景下学习者的异步讨论行为特征构建并比较了基于不同算法的多维特征学习绩效预测模型。该研究以华中师范大学一门SPOC（小规模限制性在线课程）课程论坛上的164位学生为实验对象，通过社会网络和时间信息两类特征构建预测模型对学习绩效进行预测，并对比不同的特征因素对预测准确性的影响。

一方面，研究构建了以人口背景、行为频数、社会网络、时间信息等为核心的特征分类框架作为分析和量化异步讨论环境下学习绩效影响因素的基础（见表6-8）。第一类特征为人口背景特征集，包括学习者的性别。第二类为行为频数特征集，包括学习者回帖和发帖的总发帖次数和学习者在论坛发帖总字数的发帖长度。第三类是社会网络特征集，包括直接回复网络和移动窗口网络两个维度（见图6-11）。直接回复网络特征由学习者之间的回复层级反映，S代表主题帖，R1和R2表示主题帖S的下一级回复帖，RR1、RR2和RR3代表R1的二级回复帖。移动窗口网络特征由学习者在论坛的共同参与情况反映，若主题S的帖子总数小于N，则所有帖子被视为相互连接；若大于N，则在主题S中设置一个大小为N的窗口，窗口移动时，窗口内的所有帖子被视为相互连接。第四类是时间信息特征集，分别从显性和隐性时间两个维度定义特征：显性时间特征包括在线讨论时长和在线讨论天数；隐性时间特征包括积极性（学习者回复主题帖的速度）、规律性（每个讨论主题下学习者首次参与回帖的纵向时间特征）等。

表6-8　学习者特征分类和细分指标

特征类别	细分依据	具体指标
人口背景	人口背景	性别
行为频数	行为频数	发帖次数
		发帖长度
社会网络	直接回复 移动窗口	出度
		入度
		接近中心度
		中介中心度
		特征向量中心度
时间信息	显性维度	在线讨论总时长
		在线讨论总天数
	隐性维度	积极性
		规律性

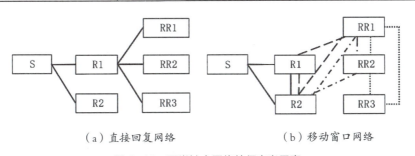

（a）直接回复网络　　　　　（b）移动窗口网络

图6-11　两类社会网络特征定义示意

另一方面，根据指标体系构建预测模型。第一步，为避免各类特征数值取值范围的差异对分类预测的干扰，对所有数值属性进行标准化处理。第二步，在满足正态分布的标准下，依据学习者期末成绩将其学习水平划分为80分以下低水平、80～94分中等水平、94分以上高水平三个层次。第三步，使用逻辑回归、决策树、多项式支持向量机、高斯核支持向量机和神经网络五种算法，基于在线异步讨论行为分别构建不同算法的学习绩效预测模型。最后，采用五折交叉验证法对各个模型进行参数调整与性能评估，利用准确率、F1值等指标全面评估模型的预测结果。

研究结果表明，移动窗口和回复关系两类社会网络特征对学习绩效的预测能力存在显著差异，基于移动窗口网络特征的预测能力优于传统回复网络［见图6-12（a）］；引入

的积极性和规律性两个隐性时间特征进一步提升了学习绩效预测的准确性，准确率最高可达 87.44%［见图 6-12（b）］。

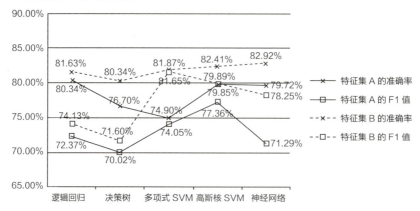

（a）基于移动窗口（A）和回复关系（B）社会网络特征集的预测性能对比

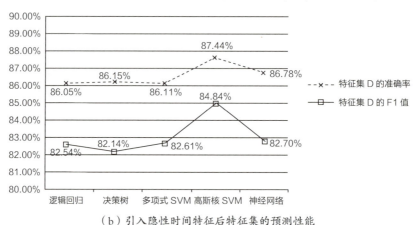

（b）引入隐性时间特征后特征集的预测性能

图 6-12　预测模型性能结果

该研究结果表明，在社会网络方面，移动窗口网络的特征预测能力显著优于传统的回复网络模型。因此，应当增强交互分析中对移动窗口技术的应用，并且重视学习者互动在提高学习绩效中的关键作用。在学习时间方面，学习者会在学习中产生如在线讨论的时长和频率等显性的时间数据，可用于初步预测学习者未来的学习绩效，为教育工作者提供教学干预依据。未来的研究应更侧重于跨学科的合作，利用新型传感器技术收集在线学习环境下学习者的多模态数据，捕捉学习者的生理、心理、行为等信息，分析帖子中反映的学习者认知风格，及挖掘帖子语义信息的社交网络特征等。同时，还可以在智慧教室教学环境中引入学习者的线下学习行为数据，构建融合线上线下多维特征的数据集，这不仅可以拓宽学习行为分析的范围，还能显著提升学习成效预测的精确度。

（二）风险学习者预测

预测学习过程中存在的风险学习者并识别其失败的因素是智能预测与分析的另一个主要应用领域。由于在课程学习的过程中，容易存在学习者辍学或者不通过的风险，及时预测风险学习者可以更好地指导教学干预和教育资源的分配，帮助教师及时采取干预措施、鼓励风险学习者增加投入，以提高这类学习者最终的学习绩效。风险学习者预测指的是通过学习者的学习行为以及相关指标，预测其在某一课程/学期中存在的学习风险，并给予教师、学习者反馈，进行及时有效的干预措施。例如，Lacave等人（2018）通过四门大学课程中攻读计算机学位的学生的学业表现和人口变量数据，使用贝叶斯网络技术调查了高等教育中计算机科学专业学生的失败因素。Yang等人（2020）在两门物理学入门课程中，利用随机森林分类建立并检验了一个识别风险学生的预测模型。Baneres等人（2019）在计算机科学一年级本科课程中，提出了一种基于机器学习算法的自适应预测模型并开发了一个早期反馈预警系统，通过对教师和学习者的反馈与提醒，以帮助展开对课程学习中的风险学习者的识别及干预。

下面详细介绍一个风险学习者预测模型的构建案例。Adnan等人（2021）提出了一个预测模型，在该研究中使用了各种机器学习和深度学习算法对风险学习者预测模型进行训练和测试，以根据学生的学习行为来预测潜在的风险学习者。

首先，为尽早预测并确定学生的表现，该研究将课程长度平均分为5个阶段（即课程完成的20%、40%、60%、80%和100%阶段），创建不同的衡量指标。具体而言，相对分数（relative score, RS）变量表示学生在课程模块完成5个阶段的相对表现。当课程模块进行到相应阶段时，创建表示延迟提交数量（late submission, LS）的变量。当课程模块完成各个阶段时，创建评估分数（assessment score, AS）变量和学生虚拟学习环境（virtual learning environment, VLE）交互变量。VLE交互变量以点击流形式表示，包含sum_clicks和mean_clicks两类变量，分别表示课程模块完成各个阶段时的总点击量和平均点击量。

其次，为预测有风险的学生在不同课程阶段的表现，研究使用了关于学生人口统计变量、VLE交互变量和学习评估AS变量进行预测，分析流程如图6-13所示。课程被分为长度相等的6个阶段，即0%、20%、40%、60%、80%和100%。在课程不同阶段，分别选择6个机器学习算法，包括随机森林、支持向量机、K邻近、额外树分类器、AdaBoost分类器、梯度提升和深度前馈神经网络对预测模型进行训练和测试。基于MOOC学习者的数据集，算法将学生的表现分为四类，即退出（无法完成课程的学生）、失败（完成课程但无法获得及格分数的学生）、及格（完成课程并取得及格分数）和优异（完成课程并取得优异成绩）。

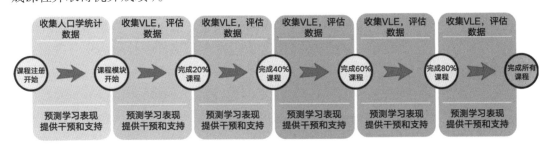

图6-13　预测和干预风险学生流程

最后，模型预测结果表明，学生的评估分数、参与强度和时间相关变量是在线学习的重要因素。其中，采用随机森林训练的预测模型在课程长度为0%、20%、40%、60%、80%和100%时效果最好，平均精度为0.60%、0.79%、0.84%、0.88%、0.90%、0.92%，平均回忆率为0.59%、0.79%、0.84%、0.88%、0.90%、0.91%，平均f分数为0.59%、0.79%、0.84%、0.88%、0.90%、0.91%，平均准确率为0.59%、0.79%、0.84%、0.88%、0.90%、0.91%。

最佳干预时间的选择对干预和鼓励学生改善学习行为有重要意义。基于随机森林预测模型的预测结果，在课程时长的20%后对学生进行干预时效果最佳。此外，如果学生的人口统计变量中包含了关于学习者全面和具体的细节信息，那么教师可以在课程开始时进行干预，以鼓励他们投入更多时间在学习中。此外，预测模型可以为教师的教学干预提供实例和数据支持。例如，一位教师基于预测模型给出了教学干预和反馈："根据我们的预测模型，你的评估分数达到了50%的成功率。你这周的努力值得表扬。如果你认真听讲下周的课程，你的名次会进一步提高。如果你下周按时提交所有的评估，你的累计成绩将达到60%。"类似地，可以通过恐吓、威胁的方式引导有风险的学生改善他们的学习行为，例如："根据我们的预测模型，你的评估分数一直较低。但如果没有人因为评估分数低而被退学，那就太好了。"

三、智能化推荐

由于网上可用信息的数量和复杂性的大幅增加，用户需要花费大量的时间去检索有用的信息。在教育领域中，随着人们对个性化学习、自适应学习关注的增长，传统的"一刀切"教育模式难以满足人们的知识需求，迫切需要一种更为高效和科学的个性化教育模式，在降低学习成本的同时较好地达成学习目标。鉴于此，为了实现给每位学生精准匹配教育资源的目标，需要攻克如何自动识别学习者特征、有效统筹和分配学习资源、制定个性化学习路径等研究难题。智能化推荐基于信息过滤、数据挖掘和预测算法，通过分析学习者的历史兴趣和偏好信息，以构建学习者画像，从而确定学习者现在和将来可能会喜欢的项目。当前的智能化推荐主要包括学习资源推荐和学习路径推荐这两个方面的应用。

（一）学习资源推荐

学习资源推荐是智能化推荐研究中最受关注的领域，其中，如何利用数据挖掘和语义本体技术对资源内容进行描述进而完成学习资源推荐是当前研究的热点。Benhamdi等人（2017）开发了一款在线学习的学习资源推荐系统，该系统可以根据学习者的个人偏好、学习兴趣、背景知识和知识的记忆情况，提供合适和个性化的学习资源，提高学生的在线学习质量。Christudas等人（2018）使用兼容遗传算法（compatible genetic algorithm），根据学生事先选择的学习偏好提供个性化的学习内容，提高了学生在线学习的学习绩效和学习满意度。Cárdenas-Cobo等人（2020）开发了名为CARAMBA的系统，为学生的在线编程学习提供持续的资源推荐和建议，提高了学生的编程能力。赵蔚等人

（2015）基于学习者特征信息和领域知识结构，使用自适应学习系统为学生的编程学习提供个性化资源，提高了学生的学习动机、学习效率和学习绩效。

下面将介绍一个学习推荐系统开发和设计的详细案例。Lin 和 Chen（2020）开发了一个深度学习推荐系统，该系统包含增强现实技术（augmented reality, AR），可供计算机专业和不同学习背景的学生进行编程学习。该研究使用Unity 3D开发增强现实功能的跨平台游戏引擎。推荐功能构建在Unity Machine Learning Agents上，允许Unity脚本接收来自Python脚本的数据。此外，研究采用循环神经网络RNN对动态数据和序列数据进行建模，以更准确地学习用户和物品的特征，实现有监督的学习资源推荐。

首先，AR系统结合AI和深度学习技术，通过学生的编程和操作过程，为难以理解学习过程的学生推荐不同的学习任务，提高学生对相关编程语言的逻辑性和应用能力。图 6-14 呈现了基于AR系统的深度学习系统的运行机制，该系统主要由AR学习系统模块和个性化学习模块组成。其中，AR学习系统模块包括三个部分：（1）AI深度学习推荐功能（AI recommendation），系统推荐与程序语法和逻辑相关的学习任务，并基于学生的学习过程提供练习机会；（2）AR目标对象（augmented reality object），包括学习任务和学习材料的呈现和管理；（3）学习任务和材料（learning mission and material），根据不同编程语言编译的学习单元，提供不同的AR学习材料和任务供学生查询和练习。此外，个性化学习模块包括：（1）学习过程模块（learning process），呈现系统记录学生的学习和操作过程；（2）学习成绩模块（learning achievement），即教师根据为学生进行评分；（3）编码提示模块（code hinting），系统根据任务为学生提供相关的提示内容。

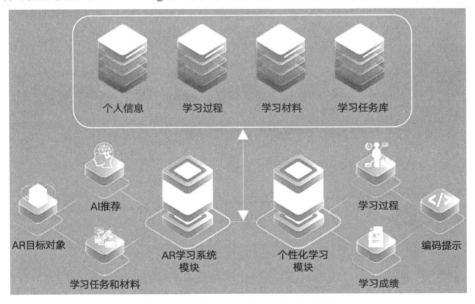

图6-14　基于AR系统的深度学习系统

其次，该系统为教师和学生提供不同的功能，如图6-15 所示。教师系统包括 4 个功能：（1）账号（account），教师可以添加、修改、删除学生的账号权限，并可以查看学生的专业、性别等相关信息；（2）材料库（material bank），教师可根据学生的学习进度和章节内容，对学习材料进行增删；（3）任务库（mission bank），教师可以根据学生的学习进度和章节内容，增加、修改和删除学习任务；（4）学习档案（learning portfolio），教师可以掌握和控制学生的学习状况，随时调整教学方法或进度。另外，学生系统也包括4个模块：（1）知识传授模块，学生可以根据自己的学习进度选择阅读不同的章节；（2）编程任务模块，该模块为学生提供基于AR的编程语言学习任务；（3）常用语法模块，该模块为学生提供常用的编程语言语法；（4）测试模块，每章会为学生提供相关的编程测验，进行测评。

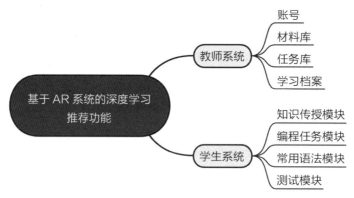

图6-15　基于AR系统的深度学习推荐功能

在学习活动中，所有学生都在移动设备上使用深度学习推荐系统完成编程语言学习和学习任务。图6-16展示了学生的操作流程。学生单独登录到学习系统后，系统中通过AR技术为不同的学习单元提供相关的学习任务。系统中的三维动态对象与真实环境相结合，学生可以将所学知识内容进行分解、编码和应用，进而完成学习任务，达到学习目标。

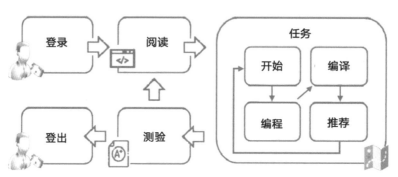

图6-16　学生在学习任务中的操作流程

在实际应用阶段，该研究招募了97名大学生探究该系统的实际应用效果。学生被随机分为两组，实验组的学生使用有深度学习推荐功能的AR系统进行学习，对照组的学生使用没有深度学习推荐功能的AR系统进行学习。结果表明，在学习成绩方面，实验组学生优于对照组学生；在计算思维能力方面，实验组的学生明显优于对照组的学生；在计算思维的各个维度中，创造力、逻辑计算、批判性思维和解决问题的能力在两组学生中存在显著差异，实验组学生在各个维度上均优于对照组。因此，基于深度学习的学习资源推荐系统能够有效地改善学生的编程学习效果并提升学生的计算思维。

（二）学习路径推荐

学习路径推荐是解决大规模在线学习中个性化学习推荐的另一重要方法。学习路径推荐是对学习者的学习顺序进行推荐的一种策略，主要有基于特征属性的推荐、基于学习模型的推荐和基于群体路径的推荐三种类型。此外，一个完整的个性化学习路径推荐系统应该包括挖掘学习者个性化特征、基于学习者个性化特征生成目标学习路径，以及评估目标学习路径的优劣性三个部分。例如，Govindarajan 等人（2016）构建了为学习者推荐个性化学习路径的方法。首先使用聚类对学习者的个人特征进行分类，然后使用进化算法，根据学习的过程性数据得出动态的推荐学习路径。为了提高学习路径的适配度，研究结合了协同投票机制和进化算法，首先根据学习者对不同学习资源的反馈进行难度评级，然后采用最大似然估计法分析学习者的学习能力和学习目标，最后利用基于最大似然估计的遗传算法得出最优的学习路径。Xu 等人（2016）针对大学本科学生学习的多样性，结合学生的需求和学习背景，采用前馈搜索算法对课程选择序列进行优化，并采用强化学习方法来选择课程序列，以使学生在最短时间内满足毕业条件的同时获得最高的GPA（平均学分绩点）。

下面将详细介绍一个学习路径推荐的构建案例。申云凤（2019）基于在线学习行为分析，建立了个性化学习路径推荐模型，并采用人工神经网络分类和蚁群优化路径推荐等多重智能型算法，以尊重学习用户个体化差异。在个性化学习路径推荐实现环节，模型采用协同过滤推荐和蚁群算法相结合的方式有效避免了协同过滤推荐中的马太效应问题，以降低不同学习用户群之间的差距。

首先，相似学习用户建构可以揭示在线用户学习风格和学习水平的个体差异特征，是实现个性化推送的重要依据。相似学习用户建构主要包括四个步骤。

（1）在线用户的学习行为量化。留存于网络平台日志中的学习行为数据是在线用户个性化学习风格的具体体现，通过对学习行为数据的人工神经网络算法分类可以建立不同学习特征用户群。假定学习者所有的学习行为是一组输入变量$X=\{X_1, X_2, X_3, \cdots, X_m\}$，数据的权重值与输入变量一起作为输入层数据，进入隐藏层。

（2）预定阈值$\theta(s_j^l)$的判定与计算。隐藏层由若干隐藏节点构成，每个隐藏层节点具有不同的阈值θ，用于标度不同学习行为所对应的学习风格。预定阈值$\theta(s_j^l)$是对不同学习行为阈值θ的权重，是计算学习风格分类的重要标准，如表6-9所示。

表6-9　预定阈值θ计算规则与学习风格分类

学习行为类别	学习风格	学习行为	$\theta(s_j^l)$的计算规则
信息加工	活跃型／沉思型	发帖主题	次数与平均量相比较，大于平均值为活跃型，反之为沉思型
		回复主题帖	
		主题帖点击	

续表

学习行为类别	学习风格	学习行为	$\theta(s_j^1)$ 的计算规则
信息感知	感觉型/直觉型	访问例题详解	对观看例题详解效能值（次数、耗时）与概念型问题效能值（次数、耗时）进行占比计算，大于平均占比数为感觉型，反之为直觉型
		概念型问题	
信息输入	视觉型/语言型	基于视频的学习	观看视频/PPT进行学习的效能值（耗时、覆盖率）计算，大于平均值为视觉型；观看文档进行学习的效能值（耗时、覆盖率）计算，大于平均值为言语型
		基于PPT的学习	
		基于文本的学习	
信息理解	综合性/序列性	知识树	利用知识树和导航按钮的比率大于1为全局型，反之为序列型
		导航按钮	

（3）确定学习者的学习风格属性。在隐藏层中，激活函数 $g(z)$ 的自变量为学习行为输入变量 x 和权重 w 的线性组合 $s_j^1 = \sum w_{ij}^1 x_i$，$z = w_1 x_1 + \cdots + w_m x_m = \sum^m j = 1 x_j w_j$，$w_j$ 表示学习行为权重，一般采用熵值法进行确定，根据学习行为的差异程度确定客观权重。$g(z)$ 与隐藏层预定阈值或特征值 $\theta(s_j^1)$ 进行比较，如果 $g(z)$ 大于预定阈值 $\theta(s_j^1)$，$g(z)$ 为 1，可以预测学习者具有某种学习风格属性；反之，$g(z)$ 为 -1，可以预测学习者具有相对的学习风格属性，如图 6-17 所示。

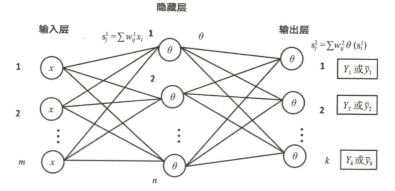

图 6-17　学习风格之人工神经网络算法

（4）构建相似学习用户模型。相似学习用户指具有相近认知水平和相似学习风格的群体。相近的认知水平根据学习者在测试模块中的成绩划分，随后计算该学习者群体学习风格的相似程度。筛选具有相近偏好的学习者群体通常使用改进的 Prefix Span 算法。

其次，研究通过算法建模实现个性化学习路径推荐。个性化学习路径推荐模块主要计算学习路径并形成学习路径推荐列表。学习路径的计算包括两个部分。第一，依据相似学习用户模型形成协同过滤推荐路径 TopN-1。协同过滤（collaborative filtering, CF）推荐是一种最为经典的推荐类型，是通过计算相似用户学习路径，把共同选择的知识项目推荐给相似用户的一种算法。相似用户学习路径的实现是一个离线计算过程，依据相似学习用户的签到数据，利用 LDA 算法投影构建区域图，再运用网格聚类获得相似学习用户学习路径（见图 6-18）。第二，通过蚁群算法找到概率优化路径 TopN-2，并进行关联度计算形成个性化推荐路径。其中，使用蚁群算法进行个性化学习路径推荐的前提是找到蚁群算法参数与个性化在线学习特征的对应关系。信息素和启发信息是蚁群算法中最重要的参数，其数值确定方式决定着最终推荐结果。

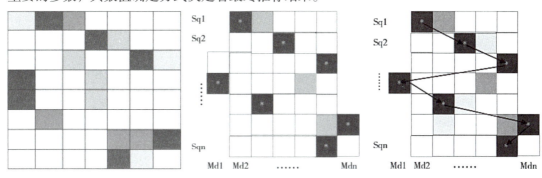

（a）区域主题分布概率　　　（b）网格聚类　　　（c）区域寻路构建

图6-18　相似学习用户学习路径计算

最后，针对该智能化学习路径推荐机制，该研究采用网页数据采集器在网络平台日志中抓取了50名学习用户的学习数据信息。研究依据相似学习用户模型建立方法对50名学习用户建立了8组相似用户群，并计算出协同过滤推荐TopN-1。根据蚁群算法对参数进行初始化计算，计算获得最大概率化知识项目推荐TopN-2。TopN-1与TopN-2有序合并后，获得个性化推荐路径。

研究在8组相似用户群中各随机抽取5名学习用户进行个性化学习路径推荐，分别获得个性化学习路径推荐迷途导控率、个性化学习路径推荐前后知识项目签到密度对比，以及个性化学习路径推荐后的成绩发展趋势。其中，学习迷途导控有效性，是学习用户运用了个性化学习路径推荐程序后与以往相比，知识项目签到增加比率来度量，知识项目签到浓度越高，学生在线学习过程中学习迷途问题获得解决的程度越高。研究结果显示，个性化学习路径推荐对学习用户学习迷途都具有一定的导控性，表现为接受推荐学习用户的签到密度明显高于推荐前学习用户签到密度。并且，获得路径推荐后学习用户成绩都有所提高，特别是成绩为60～70分和70～80分的学习用户成绩提高最为显著。

四、智能机器人

智能机器人是人工智能技术在教育领域中应用的一种创新技术形式。相较于传统的机器人，智能机器人结合了人工智能、智能传感器等多种智能化技术，可以应用于STEM教育、语言教育、特殊教育等不同的场景中，允许学习者通过与智能机器人交互的方式获得知识，改善学习者的学习体验。目前，智能机器人作为人工智能技术驱动的应用程序和工具，越来越多地用于基础教育和高等教育中，并为教学设计的创新和变革提供了新的机遇。智能机器人在教育中的应用具有多方面的潜力，如提高学习者对于学习过程的兴趣与参与度；促使学习者的问题解决能力、计算思维、创造力等认知能力的发展；通过与学习者的交互、合作来支持学习者的社交能力、协作技能等的发展。例如，当教授的内容需要进行直接的物理操作时，机器人可以指导学习者的身体技能，如书写、投篮，康复治疗等。此外，机器人已经被提议用于帮助有视觉障碍的人和孤独症儿童。

具体而言，智能化机器人的应用主要分为两种主要类型，包括编程机器人和社交机器人。接下来具体介绍两种类型机器人在教育中的应用实例。

（一）编程机器人

编程机器人是一种编程教学和学习工具，可以用编程语言进行设计和操作，并完成不同的任务。编程机器人鼓励学生使用图形或文本编程语言操作机器人，并在这个过程中发展解决问题的技能。由于编程机器人具有人工智能技术和传感器技术的支持，它们能够与操作的学生一起工作或自主工作。例如，Rodriguez Corral 等人（2016）在计算机课程中应用了一种具有传感、无线通信和输出功能的球形机器人来教授面向对象的编程语言。Cao等人（2021）使用了LEGO MINDSTORMS EV3的人工智能机器人执行信息技术课程中的教学任务，以促进学生的编程学习及创新、操作能力。

下面将详细介绍一个运用编程机器人进行教学的案例。Ferrarelli 和 Iocchi（2021）设计了结合编程机器人的物理实验教学模式。学生通过移动机器人进行编程学习牛顿物理实验的内容。在学习过程中，学习者能够设计、实现并可视化物理概念，并使用机器人作为认知工具或思维工具。

具体而言，该案例开展了Lab2GO-Robotica项目，针对来自不同学校的高中生（15 ～ 19岁），要求他们在老师的指导下组成小组，建造和编程一个移动编程机器人。该项目基于MARRtino移动机器人开发平台，这是一个硬件和软件开源平台，集成了人工智能和机器人技术，并使用简单的编程接口解释如何构建和编程机器人。MARRtino是一个简单的差速驱动、基于机器人操作系统（robot operating system, ROS）的机器人，利用了ROS社区开发的所有可用的开源组件。机器人的硬件部分包括盒子底盘、带有编码器的电机、控制电机的 Arduino Mega 2560 运行固件、Motor Shield 驱动的两台电机、12V电池、显示电池电压的 LED 显示屏、操控电源开关、充电器，以及可用于运行高级程序的树莓派；还附有如扬声器、麦克风、摄像头、激光器和其他可连接到树莓派USB端口的传感器。研究开发了一个运行在树莓派上的ROS节点，节点通过串行协议与Arduino Mega连接，并允许通过标准ROS主题控制机器人轮子和读取编码器。MARRtino与其他类似的基于ROS的平台（如turtlebot 2, 3）兼容，并且带有一个便于学生操作的构建工具包（见图6-19）。

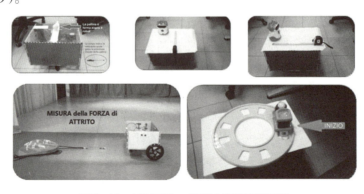

图 6-19　MARRtino机器人物理实验环境

尽管ROS以最简便的方式在MARRtino项目中集成了先进的组件，但对于高中生来说操作难度较高，且参与项目的大多数学生未掌握任何一门编程语言，难以在短时间内学习操作。因此，研究开发了一个便于学生使用ROS功能的软件层。软件层包含一个基于ROS机器人的后端和一个基于网页的前端，用户能使用图形用户界面启动和管理在机器人上运行的ROS节点（真实机器人或虚拟机中的模拟器）、传感器节点（用于摄像机、激光和声呐）、音频服务器（用于语音合成和语音理解）、导航节点（用于映射、定位、路径规划和避障）、物体识别功能（基于预训练的卷积神经网络模型）、人脸检测、人员检测、人员跟踪，以及多模态交互管理器与触摸屏（如安装在机器人上的平板电脑）。网页图形用户界面可以从任何配备Wi-Fi的设备访问，机器人树莓派板上运行的MARRtino软件在启动时启动无线接入点和web服务器，不需要任何其他网络基础设施或设备即可允许用户直接连接到机器人。

在启动ROS节点后，学生就可以对机器人进行编程，使用高级命令激活机器人的特定行为。学生可以利用简单的命令编写Python程序，并使用机器人完成大部分的编程练习。网页中还嵌入了Blockly应用程序（见图6-20），Blockly是一个开源的基于块的可视化编程工具，对用户较为友好。此外，学生可以适当地使用先进的人工智能和机器人技术，如动态环境中的导航、通过深度学习识别物体、使用云服务进行语音识别等。

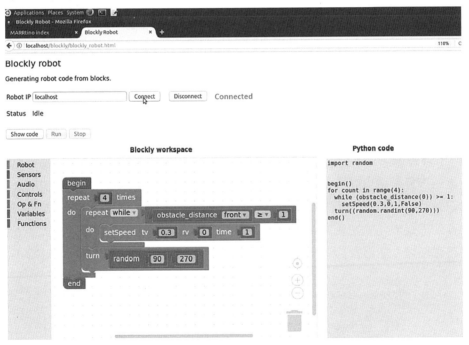

图6-20　Blockly编程平台

为检验编程机器人的实际效果，研究招募了61名大学本科生参与了三阶段实验。首先，实验的第一阶段进行前测，所有61名学生参加了关于机器人和人工智能技术现状、项目组织的简短研讨会，并填写了问卷以评估学习者的物理知识、技术态度和协作能力。其次，实验的第二阶段旨在构建移动机器人并教授编程的基本概念，44名学生参加了编写机器人解决物理问题的活动；活动共计 16 个小时（每周 4 次会议，每次 4 个小时），由教师和两名研究生支持；会议期间，学生们在 4 小时内建造了机器人，并安装了控制机器人所需的软件，在 12 小时内学习了 Python 编程的基础知识，以及运行模拟器的方法。实验的第三阶段旨在利用机器人编程以解决物理问题，共有 29 名实验组的学生参与。活动时长共计 16 个小时（4 次会议，每次 4 个小时），学生通过编程机器人执行物理实验活动以解决具有挑战性的问题。最后，在实验的第四个阶段进行后测，评估学生的物理概念知识掌握、技术态度和协作工作能力。前后测的分析结果表明，使用编程机器人的教学模式显著提高了学生对牛顿第一定律、牛顿第二定律等物理知识和概念的理解。

（二）社交机器人

社交机器人是另一种常见的智能机器人，能够和学生进行口头和身体上的互动，可以扮演学习者的教师、受指导者或学习伙伴的角色，以传递知识、提高学生的操作技能和增强学习体验。现有的教育实践和研究已经证明社交机器人能够有效提高学习者的认知和情感结果。例如，Verner 等人（2020）使用真人大小的人形机器人 RoboThespian 作为导师，向小学生传递科学知识和概念。Tanaka 等人（2015）开发了一个作为受指导角色的 Pepper 机器人，儿童通过教授 Pepper 机器人英语词汇发音的方式学习英语。Huang 等人（2016）通过模仿病人肢体行为的机器人设计，帮助护理专业的学生进行病人转移培训。

下面将详细介绍一个社交机器人辅助儿童语言学习的案例。Chen 等人（2020）使用了一款 Tega 社交机器人帮助 5 ～ 7 岁的儿童进行语言学习，并探究了在社交机器人扮演导师、受指导者、学习同伴三种不同的角色时，不同的儿童—机器人互动范式如何影响儿童的学习和情感投入。

Tega 是一款专为儿童设计、具有吸引力和表现力的社交机器人。机器人高约 11 英寸（1 英寸=2.54 厘米），有一个可挤压拉伸的身体和毛绒外观（见图 6-21）。Tega 可以发出类似儿童的声音，做出充满感情的肢体动作，并可以调节说话速度。它还能够通过内置麦克风记录儿童的语音，使用谷歌的自动语音识别服务解码儿童的话语，并进行简单的自然语言处理提取儿童的说话意图，从而实现对问题的简单口头回答。该机器人已应用于各种教育环境，能够在持续数周的研究中完成如讲故事、词汇学习、解谜等不同的学习任务。

图 6-21　Tega 社交机器人

先研究设计一个基于游戏的词汇学习场景，儿童和Tega社交机器人一对一地在平板电脑协作完成Word Quest（单词探索）词汇游戏。实验环境包括一台计算机、在触控平板电脑上运行的Word Quest词汇游戏、Tega社交机器人，以及一个在互动过程中捕捉儿童面部表情的前置摄像头（见图6-22）。计算机安装了引导机器人自适应行为的算法，使用机器人操作系统的开源协议管理游戏、机器人的行动，并同时记录实时的交互数据。

图6-22　社交机器人支持的学习环境

Word Quest游戏应用程序中（见图6-23），儿童和机器人被要求在指定场景中完成任务。玩家（儿童或机器人）可以在场景中移动，放大或缩小，点击物体，并阅读物体单词。任务内容是儿童使用机器人轮流在游戏场景中找到目标词汇对应的物体，以学习单词的含义。例如，游戏询问"你能找到深红色的物体吗"，句子中含有陌生词语"crimson深红色"，当儿童和机器人正确收集到四个场景中的深红色物体时，任务就完成了。

图6-23 彩图效果

图6-23　Word Quest游戏应用程序

在游戏中，机器人分别扮演导师、受指导者和学习同伴三个角色，每个角色机器人

会触发不同的行为模式。（1）扮演导师角色时，机器人知道所有单词的意思，熟练掌握知识，在整个游戏过程不会出现错误，并会询问儿童是否需要帮助，向儿童提供有价值的、正确的反馈。（2）扮演受指导者角色时，机器人表现为一个缺乏词汇知识的新手，正确解决问题的概率为40%。机器人不会向儿童解释单词的意思，并表现出好奇心和积极的学习态度，偶尔会向孩子寻求帮助或要求解释它的错误。因此，儿童只能通过机器人的反复试验来学习单词的意思。（3）扮演学习同伴角色时，机器人被定位为能够相互帮助和自适应的伙伴，在每次回合中调整其互动风格（导师或受指导者）以匹配孩子的知识水平。例如，当儿童在游戏任务中遇到困难时，机器人可以动态地扮演导师的角色，主动地展示正确的对象并解释其含义；当儿童需要巩固知识时，机器人可以切换为受指导者角色，向出现错误或向孩子寻求帮助。扮演角色的自适应机制是使用强化学习模型实现的。

为了检验机器人不同角色的效果，研究招募了一所公立学校59名5～7岁的儿童参与了词汇学习实验。研究结果表明，扮演导师角色的机器人对儿童的词汇习得有积极作用；扮演受指导者的机器人对儿童面部表情产生了较大影响；扮演学习同伴角色的机器人对儿童的词汇学习和情感参与的积极作用相较其他两种角色更大。

第四节　人工智能教育的伦理道德

尽管AI在教育领域的应用为学习者提供了更多的学习机会和个性化学习方式，但由于AI技术本身发展尚未完善、使用者的技术素养参差不齐、社会法律法规的滞后性等因素的综合影响，同时也引发了一系列伦理风险（Akgun & Greenhow, 2022）。例如，2019年金华市孝顺镇中心小学的"监测头环"事件、亚马逊Echo智能音箱Alexa劝主人"自杀"等事件，均预示着人工智能教育应用潜在巨大的风险和伦理问题。

AI在教育领域中应用的潜在伦理道德问题可大致从人权伦理、技术伦理和责任伦理三类展开。需要注意的是，这些风险不是相互独立的，它们之间可能相互影响、相互作用。首先，智能教学技术可能侵犯教育主体的基本权利，引发人权伦理问题。其次，在技术层面上，人为操作、数据算法安全和技术滥用可能会对教育产生负面影响。最后，问责制度不明确也是一个重要的伦理风险。因此，我们需要正视AI应用于教育所带来的伦理问题和风险，在教育和技术伦理建制内对AI应用于教育进行合理有效的伦理规范和监管，确保人工智能教育的可持续性和公正性，以最大限度发挥人工智能的教育价值。

一、人权伦理风险

人权伦理风险是指在AI技术应用中，可能存在侵犯学生、教师和其他教育主体的基本人权问题，包括但不限于隐私保护、数据收集和使用、公平性和歧视性等问题。人权伦理风险的产生是因为AI技术应用会收集、分析和利用大量的个人数据，而这些数据有可能被泄露、滥用、被盗用或者被用于歧视性决策等，从而可能对人权产生潜在的威胁。

首先，人工智能教育可能会产生纯粹技术化、单向知识化的倾向，从而削弱教育对于教育主体人文性和多元性的关注。AI系统能够智能适应学生学习，其实是基于"分解还原"机制为学生提供个性化学习服务的，即先收集数据信息再将数据分解，将实际数据结果与标准预设目标相比，从而向学生推荐个性化的学习内容。但如果仅注重个性化推荐，容易掉入"信息茧房"，出现纯粹技术化、单向知识化的倾向，反而忽略了学生的全面发展。同时，学生可能会过分依赖人工智能的辅助，而忽视了学习中的真实性和人际互动。因此，教育者应该关注学生的情感和人际交往，倡导多元文化和多元知识；同时，还需要建立评价机制，鼓励学生的多元发展和创新思维，避免单一化的标准评价方式。

其次，公平和歧视问题是AI技术在教育领域应用的另一个重要风险。AI技术的出现可以帮助教育者更好地了解学生，提供个性化的学习支持和评估，但也会带来不公平和歧视。在实际使用层面，AI技术可能会导致对某些学生的歧视和偏见。例如，AI技术可能会将学生按照种族、性别和社会经济地位等因素进行分类（Kebritchi et al., 2017），基于这些因素对学生进行评估和选拔。此外，在评估因素不够全面或者数据不足时进行AI评估，可能会对学生产生不公平的影响。例如，学生可能会因所处的社会经济地位而被低估，或因为不足的学校教育资源而被忽略。为了避免产生公平和歧视问题，教育者和开发者采用多样化和全面的数据来制定个性化的学习计划和评估标准，避免对学生带来不公平的影响。

在技术推广层面，AI技术确实在突破传统教育对于时间、空间上的限制有极大的贡献，逐渐消除了教学空间的壁垒，让优质的教育资源能进入世界各地，却不能完全消除因经济条件和社会阶级造成的对优质教育资源和设备的限制。先进的教育技术及教育资源、先进的教学设施及全面的信息资源往往集中于发达地区的家庭和学校。互联网接入、技术支持、设施完备性、资金投入以及用户基本素质等多重现实因素的累积效应，造就了显著的"数字鸿沟"，严重阻碍了教育公平的实现（Akgun & Greenhow, 2022）。

最后，人机融合还面临着学习、教学过程的控制权归属问题。尽管AI技术能极大地辅助甚至替代教师参与教学过程（Lin & Johnson, 2021），但其所提供的价值方向是无法被确保为完全积极正向的。AI技术在未来的教学过程中又该扮演何种角色，当机器人被赋予了更多的权利之后，该如何为学生提供更好的学习服务与体验，仍是悬而未决的问题。

二、技术伦理风险

技术伦理风险是指人工智能技术应用过程中可能产生的涉及技术方面的伦理问题。这些问题主要由技术方面的缺陷、错误或滥用引起，可能会给社会和个人带来不良影响。

首先，在数据维度，人工智能教育所需要的数据采集、数据处理和数据使用可能会造成用户心理压力、隐私泄露和数据所有权不清的风险。（1）在人工智能数据库的数据积累环节，数据信息的采集实际上是源于对教师教学行为和学生学习行为的一种外

部监控，会使用户对自身的行为和想法产生不安全感（Akgun & Greenhow, 2022）。例如，BrainCo公司生产的"赋思监测头环"在金华市孝顺镇中心小学投入使用后，因其时刻对学生上课和学习状态的监控，反而影响了学生的学习动机、专注力和学习效果。（2）在数据信息的使用和传播环节，数据的分析和处理过程中不可避免地会产生数据、隐私泄露的风险（Regan & Jesse, 2019）。无论在数据收集和使用、数据存储和传输或者是数据共享和开放中，隐私都极容易被侵犯，造成不计其数的安全问题，使数据用户的隐私泄露遭到前所未有的威胁，如垃圾邮件、精准广告推销、精准页面推送和骚扰电话等个人信息售卖产业链。（3）用于人工智能教育数据面临所有权归属不清的困境（Regan & Jesse, 2019）。AI教育系统的运行需要大量数据和算法支持，教育数据由学生上传至学校或组织，又由教育科技公司进行处理和反馈，涉及个人、教师、家长、教育机构、教育科技公司等多个利益相关者，因此产生了"数据的所有者是谁""谁能够使用这些数据""这些数据该如何使用和分析"，以及"数据是否可以在云端或数据库支持共享"等信息隐私争论和问题。

其次，在算法维度，人工智能技术采用的算法局限可能会产生和加强偏见，同时也伴随着人权伦理问题。例如，AI教育系统会基于旧有的数据信息对用户进行预测分析，提供未来可能的发展路径，以提示教育者和学习者调整当前的行为。但是，大部分算法是参考过去的行为、历史案例中的平均化数据，或者在分析时采用了不合适的算法（Miao et al., 2021），输出的预测结果可能会为用户贴上错误标签，用行为模式取代实际结果，从而造成刻板印象、偏差和偏见。这对用户的成长发展实际上是一种"预测性干扰"，会危及学生和教师在学习和教学上的自主权，引发公平和自我自由的问题（Murphy, 2019），甚至还会延续现有的社会歧视和分层偏见。

最后，在技术使用层面，技术滥用是人工智能技术在教育领域应用的一个重要的伦理风险。人工智能技术作为沟通人类与教育内容的媒介角色日渐凸显，但同时也伴随着因滥用产生负面作用的风险，如非授权滥用、低安全滥用、超伦理滥用、非必要滥用等，这违背了人工智能服务于人类教育发展的宗旨（朱晓瑜和赵静岚，2021）。例如，人脸识别技术在教育领域的应用可能会导致学生的个人信息被收集和使用，而这些信息可能会被用于不合理或不道德的目的，如用于商业目的或用于对学生的监控和评估。

三、责任伦理风险

责任伦理风险是指在人工智能教育中，由于技术和人的不确定性以及信息不对称等因素，难以明确界定教育主体和技术在教育中的责任，进而导致责任的混淆和不明确，最终可能造成伦理冲突和社会风险。责任伦理风险的产生是人工智能教育的复杂性、动态性和不确定性等特点所引起的。因此责任伦理风险包含技术责任风险、教育主体责任风险、教育责任风险。

首先，技术责任风险最为突出，技术责任风险是指在人工智能技术应用过程中，因为技术本身的局限或者人为因素导致技术出现故障或者错误，进而造成损害或者风险的情况。人工智能教育中的AI教育产品的规则、算法和程序由系统创建者事先编写完成，与人工智能系统的建构自身并无直接关系。但由于人工智能教育涉及学生、教师、管理者、设计者、程序员等多方利益相关者，当权威、权力和影响力牵涉到各方利益时，人工智能教育如何决定选择以谁的利益为最高优先级（Lin& Johnson, 2021）。这涉及利益相关方的权益和责任问题，需要进行公正、合理的权衡和协商（Holmes et al., 2022）。如果协商结果存在偏差，那么人工智能教育系统中的数据偏差可能会导致对某些学生进行不公正的评价，影响到他们的学习和未来的职业发展。另外，人工智能教育系统也可能会因为技术原因出现漏洞和错误，导致系统的评估和决策产生误差，从而影响到学生的学习成果和发展前途。为避免技术责任风险的出现，在开发和使用人工智能教育系统时，需要充分考虑技术的限制和缺陷，同时注重数据的质量和准确性，遵循相关的伦理原则和规范，保障学生的权益和隐私，减少因技术原因引起的不确定性和风险。

其次，人工智能教育存在责任归属确定的空缺。在人工智能教育产品的自动化决策过程中，若出现问题或故障致使学习或教学活动受阻，便涉及责任归属的核心问题。具体而言，是否可以期待人工智能系统本身对其行为承担责任？其他相关方，包括产品的使用者、管理者和设计者，应当如何分担责任？随着人工智能在教育领域应用的不断深入，如何规范人与人、人与机器以及机器与机器之间的相互关系，建立一套完善的智能技术问责机制？这不仅涉及对人和机器的权利与责任进行明确界定，还包括对各类不当行为及其后果承担的直接与间接责任的划分，从而确保人工智能教育产品的健康发展和应用的道德合规性。

最后，人工智能教育中存在教育责任风险。传统的教育责任主要是指教师对学生的教育责任，如传授知识、培养能力和素质等。而在人工智能教育时代，教师和教育机构还需要承担对学生使用人工智能技术的后果和影响的责任（Scherer et al., 2021）。教育机构和教师需要确保所使用的人工智能教育技术安全可靠，不会对学生的人身安全和隐私造成威胁（Kebritchi et al., 2017）。同时，他们也需要承担对学生在使用人工智能教育技术过程中遭受的伤害或损失的责任。教育机构和教师需要在人工智能教育中强化道德、伦理和社会价值观教育，培养学生的公民素质、社会责任感和道德观念，防止人工智能技术被滥用或误用，造成不良后果（Howard & Tondeur, 2023）。在此进程中，教师和学生需要加强对人工智能教育的理解和认识，学会如何使用这些工具并且培养学生对AI技术的批判性思维，不仅仅是盲目接受和使用。

本章小结

本章主要介绍了人工智能技术在教育场景的方法、应用及其案例，旨在帮助读者从教育的视角梳理人工智能落地教育的场景。本章具体阐述了人工智能教育的基本概念、教育场景中常用的人工智能算法和原理、人工智能的具体教育应用，最后提出了人工智能教育可能面临的伦理和道德风险。

☑ 知识要点

1. 人工智能教育一般指应用于教育领域的人工智能技术或应用程序来促进教学、学习或决策，涵盖了教育领域的学者对人工智能技术的应用与发展。

2. 人工智能技术能有力地辅助对情境的感知和采集、数据的分析和建模、大数据驱动的决策等复杂问题，在教与学过程中可实现学习体验改善、个性化培养、教学流程重构和学习模式创新。

3. 人工智能算法包括机器学习算法，如统计机器学习和深度学习算法；此外，还有各类群体智能算法，如蚁群算法、遗传算法等。

4. 人工智能在教育中的应用大致包括智能学习追踪与测评、智能预测与分析、智能化推荐，以及智能机器人等。

5. AI在教育领域中应用的潜在伦理道德问题大致包括人权伦理、技术伦理和责任伦理三类，这些风险不是相互独立的，它们之间相互影响、相互作用。

❓ 思考题

1. 人工智能赋能教育的关键技术有哪些？请选择一种或几种人工智能技术，阐述这些技术的运用如何辅助解决现存的教育问题。

2. 请设想一个具体的学习环境，思考如何在其中融入人工智能技术以改进学生的学习和教师的教学。

3. 请批判性地思考当前人工智能在教育领域的应用可能面临哪些困难和挑战，以及这些问题可以如何获得有效解决。

参考文献

Adnan M, Habib A, Ashraf J, et al, 2021. Predicting at-risk students at different percentages of course length for early intervention using machine learning models[J]. IEEE Access, 9: 7519−7539.

Aher S B, Lobo L M R J, 2013. Combination of machine learning algorithms for recommendation of courses in E-Learning System based on historical data[J]. Knowledge-Based Systems, 51: 1−14.

Akgun S, Greenhow C, 2022. Artificial intelligence in education: Addressing ethical challenges in K-12 settings[J]. AI and Ethics, 2(3): 431−440.

Alikaniotis D, Yannakoudakis H, Rei M, 2016. Automatic text scoring using neural networks [J]. arXiv preprint arXiv:1606.04289.

Benhamdi S, Babouri A, Chiky R, 2017. Personalized recommender system for e-learning environment[J]. Education and Information Technologies, 22(4): 1455−1477.

Baneres D, Rodríguez-Gonzalez M E, Serra M, 2019. An early feedback prediction system for learners at-risk within a first-year higher education course[J]. IEEE Transactions on Learning Technologies, 12(2): 249−263.

Cao X, Li Z, Zhang R, 2021. Analysis on academic benchmark design and teaching Method improvement under artificial intelligence robot technology[J]. International Journal of Emerging Technologies in Learning, 16(5): 58−72.

Cardenas-Cobo J, Puris A, Novoa-Hernandez P, et al., 2020. Recommender systems and scratch: An integrated approach for enhancing computer programming learning[J]. IEEE Transactions on Learning Technologies, 13(2): 387–403.

Channa F R, Sarhandi P S A, Bugti F, et al, 2021. Supporting Self-Regulated Learning by Affect Detection and Responding in AI-driven Learning Systems[J]. Ilkogretim Online, 20(5): 3205–3211.

Chen H, Park H W, Breazeal C, 2020. Teaching and learning with children: Impact of reciprocal peer learning with a social robot on children's learning and emotive engagement[J]. Computers & Education, 150: 103836.

Christudas B C L, Kirubakaran E, Thangaiah P R J. An evolutionary approach for personalization of content delivery in e-learning systems based on learner behavior forcing compatibility of learning materials[J]. Telematics and Informatics, 2018, 35(3): 520–533.

Daud A, Aljohani N R, Abbasi R A, et al., 2017. Predicting student performance using advanced learning analytics[C]// Proceedings of the 26th International Conference on World Wide Web Companion. Geneva: International World Wide Web Conferences Steering Committee.

Dong F, Zhan Y, Yang J, 2017. Attention-based recurrent convolutional neural network for automatic essay scoring[C]// Proceedings of the 21st Conference on Computational Natural Language Learning (CoNLL 2017). Vancouver: Association for Computation Linguistics.

Ferrarelli P, Iocchi L, 2021. Learning Newtonian physics through programming robot experiments[J]. Technology, Knowledge and Learning, 26(4): 789−824.

Gašević D, Dawson S, Rogers T, et al, 2016. Learning analytics should not promote one size fits all: The effects of instructional conditions in predicting academic success[J]. The Internet and Higher Education, 28: 68−84.

Govindarajan K, Kumar V S, Kinshuk, 2016. Dynamic Learning Path Prediction—A Learning Analytics Solution[C]// 2016 IEEE Eighth International Conference on Technology for Education (T4E). Mumbai: IEEE.

Hoadley C, 2018. A short history of the learning sciences[M]// Fischer F. International handbook of the learning sciences. Lodon: Routledge.

Holmes W, Porayska-Pomsta K, Holstein K, et al, 2022. Ethics of AI in Education: Towards a Community-Wide Framework[J]. International Journal of Artificial Intelligence in Education, 32(3): 504−526.

Howard S K, Tondeur J, 2023. Higher education teachers' digital competencies for a blended future[J]. Educational technology research and development, 71(1): 1−6.

Huang Z, Lin C, Kanai-Pak M, et al, 2016. Impact of using a robot patient for nursing skill training in patient transfer[J]. IEEE Transactions on Learning Technologies, 10(3): 355−366.

Kautzmann T R, Jaques P A, 2019. Effects of adaptive training on metacognitive knowledge monitoring ability in computer-based learning[J]. Computers & Education, 129: 92−105.

Kebritchi M, Lipschuetz A, Santiague L, 2017. Issues and challenges for teaching successful online courses in higher education: A literature review[J]. Journal of Educational Technology Systems, 46(1): 4−29.

Keren G, Fridin M, 2014. Kindergarten Social Assistive Robot (KindSAR) for children's geometric thinking and metacognitive development in preschool education: A pilot study[J]. Computers in Human Behavior, 35: 400−412.

Klašnja-Milićević A, Vesin B, Ivanović M, et al, 2011. E-Learning personalization based on hybrid recommendation strategy and learning style identification[J]. Computers & Education, 56(3): 885−899.

Lacave C, Molina A I, Cruz-Lemus J A, 2018. Learning analytics to identify dropout factors of computer science studies through Bayesian networks[J]. Behaviour and Information Technology, 37(10−11): 993−1007.

Lin L, Johnson T, 2021. Shifting to digital: informing the rapid development, deployment, and future of teaching and learning: Introduction[J]. Educational Technology Research and Development, 69: 1−5.

Lin P H, Chen S Y, 2020. Design and evaluation of a deep learning recommendation based augmented reality system for teaching programming and computational thinking[J]. IEEE Access, 8: 45689−45699.

Luckin R, Cukurova, M, 2019. Designing educational technologies in the age of AI: A learning sciences-driven approach[J]. British Journal of Educational Technology, 50(6): 2824−2838.

Lykourentzou I, Giannoukos I, Nikolopoulos V, et al, 2009. Dropout prediction in e-learning courses through the combination of machine learning techniques[J]. Computers & Education, 53(3): 950−965.

Maestrales S, Zhai X, Touitou I, et al., 2021. Using machine learning to score multi-dimensional assessments of chemistry and physics[J]. Journal of Science Education and Technology, 30(2): 239–254.

Marbouti F, Diefes-Dux H A, Madhavan K, 2016. Models for early prediction of at-risk students in a course using standards-based grading[J]. Computers & Education, 103: 1−15.

Metzler D P, Martincic C J, 1998. Explanatory Mechanisms for Intelligent Tutoring Systems[M]// Goettl BP, Halff HM, Redfield CL, et al. Intelligent Tutoring Systems. Berlin: Springer Berlin Heidelberg.

Miao F, Holmes W, Huang R, et al, 2021. AI and education: Guidance for policy-makers[R]. United Nations Educational, Scientific and Cultural Organization.

Murphy R F, 2019. Artificial intelligence applications to support K–12 teachers and teaching: A review of promising applications, challenges, and risks[J/OL]. Santa Monica, CA: RAND Corporation. https://www.rand.org/pubs/perspectives.PE315.html.

Neumann Y, Neumann E, Lewis S, 2017. The robust learning model with a spiral curriculum: Implications for the educational effectiveness of online master degree programs[J]. Contemporary Issues in Education Research, 10(2): 95−108.

Nguyen H, 2022. Let's teach kibot: Discovering discussion patterns between student groups and two conversational agent designs[J]. British Journal of Educational Technology, 53(6): 1864–1884.

Ouyang F, Jiao P, 2021. Artificial intelligence in education: The three paradigms[J]. Computers and Education:

Artificial Intelligence, 2: 100020.

Petrovica S, Anohina-Naumeca A, Ekenel H K, 2017. Emotion Recognition in Affective Tutoring Systems: Collection of Ground-truth Data[J]. Procedia Computer Science, 104: 437−444.

Phandi P, Chai K M A, Ng H T, 2015. Flexible domain adaptation for automated essay scoring using correlated linear regression[C]// Proceedings of the 2015 Conference on Empirical Methods in Natural Language Processing.Lisbon: Association for Computing Lingvistics.

Pliakos K, Joo S-H, Park J Y,et al, 2019. Integrating machine learning into item response theory for addressing the cold start problem in adaptive learning systems[J]. Computers & Education, 137: 911−103.

Regan P M, Jesse J, 2019. Ethical challenges of edtech, big data and personalized learning: Twenty-first century student sorting and tracking[J]. Ethics and Information Technology, 21(3): 167−179.

Rodríguez Corral, J M, Morgado Estévez, A, Cabrera Molina D, et al, 2016. Application of robot programming to the teaching of object-oriented computer languages[J]. International Journal of Engineering Education, 32(4): 1823−1832.

Scherer R, Howard S K, Tondeur J, et al, 2021. Profiling teachers' readiness for online teaching and learning in higher education: Who's ready?[J]. Computers in human behavior, 118: 106675.

Shahiri A M, Husain W, 2015. A review on predicting student's performance using data mining techniques[J]. Procedia Computer Science, 72: 414−422.

Susnjak T, Ramaswami G S, Mathrani A, 2022. Learning analytics dashboard: A tool for providing actionable insights to learners[J]. International Journal of Educational Technology in Higher Education, 19(1): 12.

Taghipour K, Ng H T, 2016. A neural approach to automated essay scoring[J]. Proceedings of the 2016 conference on empirical methods in natural language processing, Novermber 1−5, Austin: 1882−1891.

Tanaka F, Isshiki K, Takahashi F, et al, 2015. Pepper learns together with children: Development of an educational application[C]// 2015 IEEE-RAS 15th international conference on humanoid robots (Humanoids). Seoul: IEEE.

Tarus J K, Niu Z, Yousif A, 2017. A hybrid knowledge-based recommender system for e-learning based on ontology and sequential pattern mining[J]. Future Generation Computer Systems, 72: 37−48.

Vajjala S, Lučić, 2018. OneStopEnglish corpus: A new corpus for automatic readability assessment and text simplification[C]// Proceedings of the thirteenth workshop on innovative use of NLP for building educational applications. New Orleans: Association for Computing Lingvistics.

Verner I M, Cuperman D, Gamer S, et al, 2020. Exploring affordances of robot manipulators in an introductory engineering course[J]. International Journal of Engineering Education, 36(5): 1691−1707.

Xu J, Xing T, Van Der Schaar M, 2016. Personalized course sequence recommendations[J]. IEEE Transactions on Signal Processing, 64(20): 5340−5352.

Yang J, Devore, S., Hewagallage D, et al., 2020. Using machine learning to identify the most at-risk students in physics classes[J]. Physical Review Physics Education Research, 16(2): 20130.

Zhang C, Lu Y, 2021. Study on artificial intelligence: The state of the art and future prospects[J]. Journal of

Industrial Information Integration, 23: 100224.

Zhang K, Yao Y, 2018. A three learning states Bayesian knowledge tracing model[J]. Knowledge-Based Systems, 148: 189−201.

Zheng L, Long M, Niu J, et al, 2023. An automated group learning engagement analysis and feedback approach to promoting collaborative knowledge building, group performance, and socially shared regulation in CSCL[J]. International Journal of Computer-Supported Collaborative Learning, 18(1): 101–133.

陈德鑫, 占袁圆, 杨兵, 2019. 深度学习技术在教育大数据挖掘领域的应用分析[J]. 电化教育研究(2): 68−76.

郭炯, 荣乾, 郝建江, 2020. 国外人工智能教学应用研究综述[J]. 电化教育研究(2): 91-98, 107.

何秀玲, 杨凡, 陈增照, 等, 2020. 基于人体骨架和深度学习的学生课堂行为识别[J]. 现代教育技术(11): 105−112.

金文慧, 宦集体, 黄正锋, 等, 2021. 基于循环神经网络的体育课程俱乐部制对大学生身体素质影响的相关性研究: 以芜湖职业技术学院为例[J]. 安徽师范大学学报（自然科学版）(6): 608−612.

梁迎丽, 刘陈, 2018. 人工智能教育应用的现状分析、典型特征与发展趋势[J]. 中国电化教育(3): 24−30.

申云凤, 2019. 基于多重智能算法的个性化学习路径推荐模型[J]. 中国电化教育(11): 66−72.

孙建文, 胡梦薇, 刘三女牙, 等, 2022. 多维异步在线讨论行为特征分析与学习绩效预测[J]. 中国远程教育(5): 56−63.

孙众, 吕恺悦, 骆力明, 等, 2020. 基于人工智能的课堂教学分析[J]. 中国电化教育(10): 15−23.

汪旭晖, 黄飞华, 2007. 基于BP神经网络的教学质量评价模型及应用[J]. 高等工程教育研究(5): 78−81.

未眠, 2022. 基于人工智能LSTM循环神经网络的学习成绩预测[J]. 中国教育信息化(4): 123−128.

吴晓婷, 闫德勤, 2009. 数据降维方法分析与研究[J]. 计算机应用研究(8): 2832−2835.

夏林中, 罗德安, 刘俊, 等, 2020. 基于注意力机制的双层LSTM自动作文评分系统[J]. 深圳大学学报（理工版）(6): 559−566.

谢剑斌, 兴军亮, 张立宁, 等, 2015. 视觉机器学习20讲[M]. 北京: 清华大学出版社.

徐振国, 张冠文, 孟祥增, 等, 2019. 基于深度学习的学习者情感识别与应用[J]. 电化教育研究(2): 87−94.

杨丽, 吴雨茜, 王俊丽, 等, 2018. 循环神经网络研究综述[J]. 计算机应用(S2): 1−6, 26.

郁磊, 史峰, 王辉, 等, 2015. MATLAB智能算法30个案例分析（第2版）[M]. 北京: 北京航空航天大学出版社.

翟雪松, 许家奇, 王永固, 2022. 在线教育中的学习情感计算研究: 基于多源数据融合视角[J]. 华东师范大学学报（教育科学版）(9): 32−44.

赵春, 舒杭, 顾小清, 2021. 基于计算机视觉技术的学生课堂学习行为投入度测量与分析[J]. 现代教育技术(6): 96−103.

赵姝, 刘晓曼, 段震, 等, 2017. 社交关系挖掘研究综述[J]. 计算机学报(3): 535−555.

赵蔚, 姜强, 王朋娇, 等, 2015. 本体驱动的e-Learning知识资源个性化推荐研究[J]. 中国电化教育(5): 84−89.

周险兵, 樊小超, 任鸽, 等, 2021. 基于多层次语义特征的英文作文自动评分方法[J]. 计算机应用(8):

2205−2211.

周子荷, 2021. 教育领域技术原始创新的历史、逻辑与未来——兼论人工智能的教育意蕴 [J]. 开放教育研究 (2): 34−41.

朱晓瑜, 赵静岚, 2021. 人脸识别技术滥用问题及治理对策 [J]. 中国安全防范技术与应用 (4): 33−37.

## 第七章

数据驱动教育研究的挑战及问题

根据党的二十大报告关于加快建设数字中国的系列部署，教育系统将积极深入实施教育数字化战略行动，构建网络化、数字化和个性化的教育体系，数据驱动的教育实践和研究已经成为教育领域中的一个新兴发展方向。其中，深化大数据运用是提高教育数据管理水平、构建全面支持体系、推动教育治理能力优化和教育数字化转型的重要技术驱动力量。然而，在教育领域进行数据驱动的研究仍然存在多方面的挑战和问题，包括数据隐私与伦理道德问题、唯数据主义与理论终结论问题、数字鸿沟与技术壁垒、数据驱动教育研究的可测量性和可解释问题等。本章主要从以上五个视角切入，阐述数据驱动的教育研究领域和教育数字化战略过程中面临的问题及挑战，并基于此提出批判性的思考和建议。未来如何克服、解决这些挑战与问题将成为数据驱动的教育领域发展及建设数字化教育体系的重点关注方面。

第一节　数据隐私与道德伦理

以数据科学为基础的教育研究转型与发展，使得教育数据化的趋势变得愈发明显。在一定程度上，基于大数据的技术的确能够通过超强的学习和分析能力，帮助教师和学生改善教与学的过程。然而，在收集、存储和应用数据的过程中，可能会产生个人隐私泄露或数据被不当使用的危险，这就会存在数据隐私与道德伦理问题。具体来说，数据隐私包括信息隐私、信息匿名的挑战，而道德伦理方面同样面临着数据监视、个人自主权判断、属性歧视和数据归属的问题（Regan & Jesse, 2019）。

在信息隐私方面，教育大数据对学生的个人隐私安全构成潜在威胁。以教育数据挖掘与学习分析为例，在数据采集的过程中，学生可能被智能设备进行追踪，他们的学习表现会被标记与分析，这一过程是否得到学生本人的许可，以及这一个过程是否合理、规范等，这些都是需要谨慎对待及处理的问题。例如，在课堂收集数据的过程中，教师利用摄像头捕捉学生上课的行为，包括他们是否在学习、是否存在走神的情况等，这一过程的确可以帮助教师更好地了解学生的学习情况，但是会涉及学生的个人隐私问题。同时，大量的教育数据采集不仅包括学生的学习情况，还可能包括学生的家庭信息。相关隐私信息的泄露将带来不良影响，所以，如果学生的数据信息使用不当，可能会产生

严重的后果。此外，即使得到适当的同意，一些学生可能会反对学校教师采集与使用他们的数据。并且，尽管存储在数据集中的教育数据通常删除个人身份变量，但这种去识别化数据的匿名在大数据时代受到挑战，有的情况下算法能通过特定的特征精准识别出个体，重新识别学生身份变得非常容易。

在道德伦理方面，教育大数据中的道德和隐私问题是复杂的，需要理解学生的个人自主权和教学机构之间的权力关系。大数据不仅需要长时间的监控活动和提取活动数据，还需要对这些活动进行分析以确定未来可能的活动。例如，使用学生的先验学习数据来做入学决策，可能会导致拒绝部分学生进入学习项目中。然而，目前在大数据研究中获取参与者同意的标准具有挑战性。一方面，因为大多数教育数据已经存在于学校及教育机构的数据库中，教育研究者难以在后续的研究中联系到参与者及征询他们的同意。另一方面，使用教育大数据进行研究的伦理困境是在使用可公开访问的数据源时，要保持研究的完整性，因为那些可能生成这些数据的人不同意使用他们的数据。此外，这也引申出了使用学生数据进行预测建模存在的伦理道德问题。首先，数据驱动的教育决策可能挑战了学生和教师的自主权，即个人按照自己认为最好的方式管理自己生活的能力。其次，大数据使用数学算法和人工智能根据个人信息与他人信息的集合对个人进行预测，这引发了关于公平、偏见的延续和社会分层的问题。输出的预测结果可能会为用户贴上错误标签，用行为模式取代实际结果。学习者和教师可能无法解释不同个体预测结果的偏差，并且此类差异可能涉及社会道德不允许的种族、民族、性别或其他输入信息。例如，如果分析指出一个学生的数据显示其在学习过程中存在困难，那么教育研究者或者教育机构在道德上是否有义务帮助这个学生，即使产生学习困难的原因可能是复杂的社会和经济背景。最后，个人数据的所有权问题一直存在争论。在教育领域，学生的数据跨越个体、教师、管理者、研究者等不同利益相关者和层次，产生了"数据的所有者是谁""谁能够使用这些数据""这些数据该如何使用和分析"，以及"数据是否可以在云端或数据库中支持共享"等信息隐私争论和问题。

目前，随着大数据和云计算的普及，数据隐私和安全问题可能会变得更加复杂。因此，强密码策略、防火墙、数据加密和反病毒软件等技术仍在研发中，这些技术可以在一定程度上降低丢失或泄露大数据的风险。此外，为了解决道德和隐私问题，学校及教育机构需要考虑创建数据治理模型、数据保护政策和数据可以使用环境准则。再进一步，有必要建立使用教育数据的全球伦理、道德及隐私准则。在教育研究采集与分析教育数据，以及跨机构共享研究数据时，需要经过相关的数据伦理、道德及隐私准则审查，以降低存在伦理隐私问题的风险。

第二节　唯数据主义与理论终结论

数据科学作为驱动教育研究范式转变和创新发展的重要动力，它可以在一定程度上提高教育实践与研究的效率和科学性，但与此同时，大数据在教育研究领域中的应用也容易产生两种错误倾向：唯数据主义和理论终结论。

一方面，唯数据主义过分强调数据在教育研究中的重要性和全能性，忽视了数据固有的局限，如片面性、欺骗性和依赖性。具体而言，数据的片面性源于其表达事物形式的局限，尤其是教育领域，道德示范、情感交流和人文精神等要素是难以用数据精确表达的，且常被视为"噪声"的教学意外事件也同样具有深刻的教育意义。数据的欺骗性体现在数据可被捏造以服务于特定目的。数据的依赖性反映了数据的价值取决于研究者的价值取向和思维方式。另一方面，理论终结论认为大量的数据应用预示着理论研究的消亡。大数据主张通过自下而上的知识发现和基于证据的分析预测方法，从不确定性中探索确定性。然而，许多学科缺乏客观和统一的数据源，导致学术研究难以达成一致的认识和结论，体现了学科特性与大数据规律寻求统一的矛盾。理论终结论忽视了教育理论在大数据应用和教育研究中的核心作用，错误地认为大数据能够取代教育理论的价值。

虽然教育研究者们希望能够弥合教育理论与教育大数据应用之间的鸿沟，但目前大部分数据驱动的教育研究仍然以利用学习数据资源为基础，而非以将其与提高学生学习的教学方法相结合为目标。因此，数据驱动的教育研究中也存在质疑的声音，即数据科学技术的使用是否能真正提高教育的质量？虽然大数据技术可以将教师和学生从教育的冗余任务中解放出来，但它仍然缺乏解决关键教育问题的能力。例如，大数据在教育中的价值之一是预测建模的广泛使用。然而，教育问题非常复杂，很难在数学模型中进行处理与分析。如果要建立能够准确识别有可能不及格的学生模型，就需要对计算上难以解决问题的可能触发因素进行彻底的分析，然而教育中难以计算的问题包括学生的社会经济挑战如家庭背景、健康状况、可用资源和家中的生活条件等各个方面。因此，通过数据模型所表征的学生特征也不一定是完全准确、科学的。

因此，在大数据时代，教育研究者在思想上应辩证审慎地看待大数据，既要充分认识大数据给教育研究带来的难得机遇，同时也要警惕对教育研究中大数据的过度依赖。现有的理论和实践均已证明，"基于数据"的教育研究范式要求研究者具有更高的理论功底和思维水平。无论是在众多数据集中挖掘具有价值的研究方向、探索数据蕴含的深层价值，还是将大数据作为研究手段和分析工具，均依赖于研究者扎实的理论基础。所以，在教育实践与研究中，教育研究者和教师需要考虑为什么及如何使用数据科学，思考大数据在教学设计和教学过程中所扮演的角色，所依据的学习理论或概念，同时不能忽略教育原理、教学设计、人文关怀等教育学科的根源，从而真正达到数据与教学融合、技术赋能教育的目的。总体而言，教育中的大数据只是一种资源和一种工具，它告知信息但不解释信息，它指导人们去理解，但有时也会引起误解，其关键在于数据被如何使用。教育研究者需要谨慎合理地使用大数据，既不能将其拒之门外而错失了教育科学研究范式转型的大好机遇，也不能一味崇拜大数据而滑向教育研究的唯数据主义和理论终结论。

第三节　数字鸿沟与技术壁垒

大数据驱动下的教育范式转变及发展可能会使未来的教育实践与研究更趋向于技术导向，而这在一定程度上可能会导致数字鸿沟和技术壁垒。一方面，大数据技术已经逐渐成为一些教育机构竞争力的来源，因为研究人员、教育者可以从海量数据中提取有用的信息，并使用它来提高教学与学习效率。因此，拥有较大数据资源和技术的地区及学校会在教育发展中具有竞争优势。与此同时，大数据、互联网技术不发达的地区及学校则会处于劣势地位，从而导致教育发展不公平的数字鸿沟问题。与此同时，数据驱动的教育研究对研究者及教育实践者有更高的数字化要求，特别是确定需要使用哪些数据、如何获取各种数据、使用何种技术支持数据使用、如何使数据可视化等，这需要使用统计学、经验推理、应用定量、计算机和信息可视化的知识。然而，大多数教育工作者不具备数据分析所需的素养，即便是教育研究人员也很可能并不熟悉与大数据研究相关技术和数据库的使用，因此许多对数据科学感兴趣的教育工作者和研究人员想进入数据驱动的教育研究领域，也面临着缺乏专业技能和相关素养的难题。

另一方面，在数据科学驱动的教育研究中，经常需要访问大数据系统及具有高速运算能力的计算机设施，以便于高效处理大量的数据。因此，数据收集、存储和开发技术往往伴随着巨大的成本，这个过程往往既耗时又复杂。这在很大程度上可能会带来教育研究中与数据捕获、存储、分析和可视化等相关程序的高昂成本与技术壁垒。此外，尽管互联网发展飞速，许多学术机构正在通过多种渠道收集各种形式的教育数据，但这些数据保存在不同的数据库中，这给汇总、管理和分析数据带来了额外的挑战与困难。因此，数据集成的挑战也很突出，特别是当数据有结构化和非结构化格式，并且需要从不同的来源进行集成时，不同机构数据系统之间的非互通性加剧了这个过程的困难度。此外，缺乏数据共享协议和数据治理模型可能构成跨机构数据集成和比较的额外技术壁垒。另外，对收集和报告的数据质量进行验证也存在挑战。由于缺乏标准化的技术措施和指标，大数据产生的信息质量完全取决于所收集数据的质量和所使用的措施或指标的稳健性，因此难以进行国与国之间的比较。

总体而言，大数据的价值在于基于共同创建治理结构的能力，因此，各教育机构、组织及国家之间应该协同合作，打破数字鸿沟与技术壁垒，形成教育大数据及数据收集、分析、验证等技术的连通性和共享性，共同改善全球的教育质量。同时，使用大数据进行教育研究需要数据科学家和教育研究者的共同参与，只有当不同的学科真正交叉合作，才能够对教育问题做出较为正确的洞察和理解。

第四节　数据驱动教育研究的可扩展性

数据驱动的教育研究应该具有可扩展性（Pelánek，2020）。研究的可扩展性越大，就越容易快速响应教学变化、更容易适应学生和环境的变化、为大量学生提供支持，以促进更高效和持续的学习（Moro et al., 2023）。这最直接地体现在技术方面，真实教育实践环境需要收集数据集、利用数据集和使用扩展的学习分析技术，这意味着教育研究应该更加关注技术的计算效率。但是，学生建模研究往往只关注预测的准确性，却忽略了在真实情境下的计算效率。例如，在贝叶斯建模方法中，在不同场景的实际应用时还要面临复杂的参数拟合计算障碍。此外，若要将研究成果从实验室应用到真实环境，还需要解决系统开发和教育内容的可扩展性问题。实现这个过程需要思考如何开发可扩展的智能学习系统，以及如何高效地开发和维护智能学习系统的内容。

同时，数据驱动的教育研究在开发和优化学习分析系统或工具以及提高它们的性能时，需要考虑将这些工具扩展至实际教学情境中的必要性和可行性。例如，尽管复杂模型可以提高对学生学习知识预测的准确性，但其性能可能并不会显著高于简单的模型，且缺乏证据证明在实际教学中使用该类模型的必要性。此外，可拓展性还需要关注数据可能出现的错误和缺陷。在计算机科学和软件工程中"调试"的概念为数据驱动的教育研究提供了启示，即我们应承认当前的研究、设计的系统存在错误，并开发技术来实时检测和修正未来可能出现的错误。例如，检测学习内容中出现的错别字、系统提供的错误答案和公式、模型的参数错误、使用错误的前提假设等。当前，已有研究开始关注为了提高教育研究的可扩展性，如修改系统的哪些部分可以获得最大的增益，应该关注学习系统设计的哪些方面等。

第五节　数据驱动教育研究的可解释性

认识发现教育中的客观规律，是教育研究与实践的主要目的。在当下，以数据为工具研究教育的客观发展规律，是时代背景下的新兴研究范式。在处理大量数据时，机器自动化的计算可以一定程度上提高数据关系的可信程度。教育研究的可解释性旨在解析教育现象中多样且复杂的关系，将其与先验假设建立关联，得出符合逻辑、时空一致的结论，即对教育规律的挖掘和解释。

数据驱动教育研究的可解释性源自对模型使用机理的理解、选择的阐述，以及现实的教育需求。教育算法模型是挖掘教育数据价值的主要表现形式，模型的可解释性一直备受关注。早在 2012 年，Dejaeger 等人（2012）就指出在教育数据挖掘中模型的可解释性和模型的性能同等重要。对于模型的使用者而言，理解模型是其使用模型的前提，使用者不会信任和使用无法理解的模型；对于技术开发者而言，只有透彻理解模型之后才能诊断模型故障、缓和过拟合的发生以及迁移训练好的模型；对于领域专家而言，具有可解释性的模型可以带来新的知识乃至促进新理论的提出。此外对模型可解释性的提高可为教育决策提供支持。一方面，教育决策的执行者和受益者均为人，只有决策模型能够阐明理由时，人们才会信服并采纳这些决策。另一方面，若模型难以解释或理解，则无法通过这些模型获得教育见解和发现，进而阻碍新发现的提炼和使用。

尽管数据驱动教育研究的学者们很早就意识到了模型可解释性的重要性，但在这个

领域中的学者大多以缺乏工程技术背景的社会科学家为主，从而阻碍了计算机学科的研究方法和成果在研究中的运用。刘桐和顾小清（2022）认为，当前针对数据驱动教育研究中的算法和人工智能运用可解释性的研究成果还相对较少，研究深度也不够，且提出的很多方法依旧存在瓶颈与局限性。

第一，高维数据结构复杂，难以理解。目前，矩阵是主流人工智能算法的数据输入形式，如将图像转换为二维矩阵或多维张量。转化为矩阵输入虽然便于算法处理，但失去了与原始数据实质意义的联系。例如，在自然语言处理领域，词嵌入技术通过机器学习方法将每个字或词映射为向量空间中的一个高维向量，但由于每个维度缺乏具体的实际意义，难以被人们理解。

第二，多模态数据之间的信息对接和意义构建具有挑战性。目前普遍的做法是将高维向量进行合并处理，而对数据的意义进行建构主要依赖于后续的模型分析，但为何进行合并的理由却难以解释。从数据采集、清洗到模型的输入、训练及输出的整个数据应用周期中，教育的实质意义往往未被充分考虑，可能导致对教育活动的描述偏差，从而减少了模型可解释性的空间。

第三，缺乏对建立模型外其他数据挖掘阶段可解释性研究的重视。目前可解释性的研究主要集中在机器学习模型上，即如何解释已建好的模型等。然而，建立机器学习模型仅仅是数据挖掘流程中的一个步骤，目前缺乏对其他数据挖掘阶段可解释性方面的探究。

第四，社会科学的研究方法、理论及范式缺乏可解释性研究，忽略了人的主观理解因素。鉴于模型的可解释性本质上是一个主观概念，且数据驱动研究跨越多个学科领域，因此融合认知心理学等社会科学的研究成果和方法将有助于推动可解释性研究的深入发展。

第五，跨模型的可解释性研究缺乏统一的评估准则。当前大部分的可解释性研究局限于特定模型或结构相近模型的分析，跨模型可解释性的探讨较为罕见。这可能源于不同模型类型之间可解释性的衡量标准存在差异，难以进行统一研究。这一局限不仅存在于数据驱动的教育研究，也阻碍了机器学习领域对可解释性问题的深入研究与进步。

未来数据驱动教育研究的可解释性将重点关注数据合成、以透明白盒与追因溯源的模型融生，以及人在回路（human in the loop）的混合智能。首先，鉴于教育数据的分布式和碎片化特征，可以通过构建教育语义编码标准和数据交换的规范，实现数据的一致性和标准化，将数据转化为人类和机器均可理解的形式。其次，应在教育场景中采用可解释的"白盒"模型，使模型参数或数据特性的教育意义更加透明和明确。同时，在模型设计阶段设立溯源机制，可借用区块链技术思想建立在多个参与方之间记录和共享信息的数字化记录系统（即分布式账本，distributed ledger），帮助人们有效追溯所有的机器决策步骤，减轻可解释的难度。最后，解释过程应考虑人的信息接收习惯和偏好，设计以人为本的解释渠道，贯穿数据输入、模型训练、测试、部署等全阶段，设立让人参与全过程的并行反馈通道，形成人机交互的混合智能环境。

本章小结

本章从数据隐私与伦理道德问题、唯数据主义与理论终结论问题、数字鸿沟与技术壁垒、数据驱动教育研究的可测量性以及可解释问题等五个角度出发，阐述数据驱动的教育研究领域面临的挑战。未来需重点关注如何克服、解决这些挑战与问题。基于以上问题和挑战，本章也提出了一些粗浅的批判性思考和建议，为研究者提供了如何促进未来数据驱动的教育领域发展、如何利用数据改进教学模式并提供指导方向。

知识要点

1. 在收集、存储、流动和应用数据的过程中，可能会产生信息隐私、信息匿名的挑战，以及数据监视、个人自主权判断、属性歧视和数据归属等道德伦理问题。

2. 大数据在教育研究领域中的应用，容易产生过于夸大数据在教育研究中的价值唯数据主义倾向和认为数据洪流将带来理论研究终结的理论终结论。

3. 大数据驱动下的教育范式转变可能会导致数字鸿沟和技术壁垒，如教育发展不公平的数字鸿沟问题、教育工作者可访问性限制、数据采集成本过高等。

4. 数据驱动的教育研究应该具有可扩展性；优化学习分析系统或工具的性能时，还要考虑它们的可应用性。

5. 教育任务角度的可解释性工作重点是探索教育现象中的复杂多样关系，应与先验假设之间建立关联。

思考题

1. 请阐述数据驱动的教育研究面临的挑战，并举例说明。
2. 请思考未来数据驱动的教育研究该采取哪些措施来应对这些挑战？

―――――――― 参考文献 ――――――――

Daniel B K, 2019. Big Data and data science: A critical review of issues for educational research[J]. British Journal of Educational Technology, 50(1): 101–113.

Daniel B, 2015. Big data and analytics in higher education: Opportunities and challenges[J]. British journal of educational technology, 46(5): 904−920.

Dejaeger K, Goethals F, Giangreco, A, et al, 2012. Gaining insight into student satisfaction using comprehensible data mining techniques[J]. European Journal of Operational Research, 218(2): 548−562.

Moro C, Mills K A, Phelps C, et al, 2023. The Triple-S framework: Ensuring scalable, sustainable, and serviceable practices in educational technology[J]. International Journal of Educational Technology in Higher Education, 20(1): 7.

Regan P M，Jesse J，2019. Ethical challenges of edtech, big data and personalized learning: Twenty-first century student sorting and tracking[J]. Ethics and Information Technology, 21(3): 167–179.

Pelánek R，2020. Learning analytics challenges: Trade-offs, methodology, scalability[C]// Proceedings of the Tenth International Conference on Learning Analytics & Knowledge. New York: Association for Computing Machinery.

李振，周东岱，董晓晓，等，2019. 我国教育大数据的研究现状、问题与对策：基于CNKI学术期刊的内容分析[J]. 现代远距离教育, (1): 46–55.

刘三女牙，周子荷，李卿，2022. 再论"计算教育学"：人工智能何以改变教育研究[J]. 教育研究, (4): 18–27.

刘桐，顾小清，2022. 走向可解释性：打开教育中人工智能的"黑盒"[J]. 中国电化教育, (5): 82–90.